新文科建设教材 国际经济与贸易系列

ECONOMIC GLOBALIZATION
AND THE CONTEMPORARY CHINESE ECONOMY

经济全球化与当代中国经济

赵春明 主编

清华大学出版社
北京

内 容 简 介

本书共包括九章内容：经济全球化总论，经济全球化与中国对外贸易的高质量发展，经济全球化与中国对外直接投资的纵深发展，经济全球化与中国金融体制的深化改革，经济全球化与中国参与全球价值链，经济全球化与国际经贸规则的新动向，经济全球化与国家经济安全，经济全球化与双循环新发展格局，经济全球化与共同富裕。

本书旨在为读者学习经济全球化与当代中国经济的新发展提供鲜活实例和理论思考，因此既可作为相关专业的主干教材供学生学习，也可作为辅助读物供广大社会民众阅读参考。

本书封面贴有清华大学出版社防伪标签，无标签者不得销售。
版权所有，侵权必究。举报：010-62782989，beiqinquan@tup.tsinghua.edu.cn。

图书在版编目(CIP)数据

经济全球化与当代中国经济/赵春明主编.—北京：清华大学出版社，2024.1
新文科建设教材.国际经济与贸易系列
ISBN 978-7-302-64653-2

Ⅰ.①经… Ⅱ.①赵… Ⅲ.①经济全球化—教材 ②中国经济—教材 Ⅳ.①F114.41 ②F12

中国国家版本馆 CIP 数据核字(2023)第 182370 号

责任编辑：张　伟
封面设计：李召霞
责任校对：王荣静
责任印制：杨　艳

出版发行：清华大学出版社
网　　址：https://www.tup.com.cn，https://www.wqxuetang.com
地　　址：北京清华大学学研大厦 A 座　　　邮　编：100084
社 总 机：010-83470000　　　邮　购：010-62786544
投稿与读者服务：010-62776969，c-service@tup.tsinghua.edu.cn
质量反馈：010-62772015，zhiliang@tup.tsinghua.edu.cn
课件下载：https://www.tup.com.cn，010-83470332

印 装 者：大厂回族自治县彩虹印刷有限公司
经　　销：全国新华书店
开　　本：185mm×260mm　　印　张：14.25　　字　数：299 千字
版　　次：2024 年 1 月第 1 版　　　　　　　　印　次：2024 年 1 月第 1 次印刷
定　　价：59.00 元

产品编号：098428-01

前　言

党的二十大报告指出："从现在起，中国共产党的中心任务就是团结带领全国各族人民全面建成社会主义现代化强国、实现第二个百年奋斗目标，以中国式现代化全面推进中华民族伟大复兴。"与西方国家的扩张主义和殖民主义道路不同，中国的现代化道路以包容性的态度追求与世界各国实现互利共赢、共同发展，具体来说，就是在经济全球化的历史进程中，中国充分把握机遇，发挥比较优势，将自身发展嵌入全球分工体系和价值循环中，打破发达国家对全球发展格局的固化和垄断，同时以自身发展更好地维护世界和平与发展，为人类社会进步注入互利性力量，进而带动世界经济的增长，促进经济全球化的健康与持续发展。

本书是教育部课程思政示范课程的配套教材，同时被列入北京师范大学"十四五"规划教材重大教改项目，由赵春明负责撰写大纲并进行全书统稿，编写人员分别来自北京师范大学、对外经济贸易大学、北京邮电大学、国际关系学院、江西财经大学、云南大学、西北师范大学等院校。具体编写分工如下：第一章，赵春明；第二章，赵春明，刘珊珊；第三章，江小敏；第四章，刘振林；第五章，赵春明，吕越；第六章，谷均怡；第七章，陈开军；第八章，赵春明，班元浩；第九章，李震。

感谢所有为本书出版付出辛勤劳动的人们！

赵春明
2023 年 5 月

目 录

第一章 经济全球化总论 ······ 1

    第一节 经济全球化的含义与演进 ······ 1

    第二节 逆经济全球化思潮的兴起及其成因 ······ 7

    第三节 新型全球化与人类命运共同体 ······ 11

    【本章复习思考题】 ······ 13

    【本章荐读书目】 ······ 13

    【即测即练】 ······ 14

第二章 经济全球化与中国对外贸易的高质量发展 ······ 15

    第一节 当代国际贸易发展的主要特点与新特征 ······ 15

    第二节 数字贸易与发展趋势 ······ 21

    第三节 从"丝绸之路"到"一带一路"倡议 ······ 30

    第四节 中国对外贸易高质量发展的内涵与举措 ······ 36

    【本章复习思考题】 ······ 43

    【本章荐读书目】 ······ 43

    【即测即练】 ······ 43

第三章 经济全球化与中国对外直接投资的纵深发展 ······ 44

    第一节 跨国公司的发展历程与新阶段 ······ 44

    第二节 国际直接投资的经济效应与当代特征 ······ 56

    第三节 中国从引进外资大国转向对外直接投资大国 ······ 64

    第四节 中国典型企业的国际化道路比较 ······ 71

    【本章复习思考题】 ······ 73

    【本章荐读书目】 ······ 74

    【即测即练】 ······ 74

第四章 经济全球化与中国金融体制的深化改革 ······ 75

    第一节 从实体经济到虚拟经济 ······ 75

第二节 美国次贷危机和欧洲主权债务危机的警示 …………………………… 80
   第三节 中国经济从"脱实向虚"到"脱虚向实" ………………………………… 84
   第四节 数字货币发展趋势与人民币国际化前景 …………………………… 91
   【本章复习思考题】 …………………………………………………………… 98
   【本章荐读书目】 ……………………………………………………………… 99
   【即测即练】 …………………………………………………………………… 99

第五章 经济全球化与中国参与全球价值链 …………………………………… 100
   第一节 全球价值链的含义与发展阶段 ……………………………………… 100
   第二节 全球价值链的理论与进展 …………………………………………… 103
   第三节 中国参与全球价值链的实践与演变 ………………………………… 106
   第四节 构建国际经济竞争新优势 …………………………………………… 113
   【本章复习思考题】 …………………………………………………………… 120
   【本章荐读书目】 ……………………………………………………………… 121
   【即测即练】 …………………………………………………………………… 121

第六章 经济全球化与国际经贸规则的新动向 ………………………………… 122
   第一节 世界贸易组织的主要职能与基本原则 ……………………………… 122
   第二节 世界贸易组织的发展与改革 ………………………………………… 129
   第三节 国际经贸规则的新动向 ……………………………………………… 138
   【本章复习思考题】 …………………………………………………………… 144
   【本章荐读书目】 ……………………………………………………………… 145
   【即测即练】 …………………………………………………………………… 145

第七章 经济全球化与国家经济安全 …………………………………………… 146
   第一节 国家经济安全的含义界定与特征 …………………………………… 146
   第二节 经济全球化影响国家经济安全的主要途径 ………………………… 157
   第三节 新时代维护国家经济安全的主要措施 ……………………………… 169
   【本章复习思考题】 …………………………………………………………… 175
   【本章荐读书目】 ……………………………………………………………… 175
   【即测即练】 …………………………………………………………………… 175

第八章 经济全球化与双循环新发展格局 ……………………………………… 176
   第一节 构建双循环新发展格局的国际背景 ………………………………… 176
   第二节 构建双循环新发展格局的国内基础 ………………………………… 185

第三节　构建双循环新发展格局的主要举措与路径 …………………… 193
【本章复习思考题】 ……………………………………………………… 197
【本章荐读书目】 ………………………………………………………… 197
【即测即练】 ……………………………………………………………… 198

第九章　经济全球化与共同富裕 …………………………………………… 199

第一节　共同富裕的内涵与必要性 ……………………………………… 199
第二节　对外开放与贫富差距的缩小 …………………………………… 209
第三节　推进共同富裕的基本路径 ……………………………………… 213
【本章复习思考题】 ……………………………………………………… 216
【本章荐读书目】 ………………………………………………………… 216
【即测即练】 ……………………………………………………………… 217

第一章

经济全球化总论

【本章学习目标】

(1) 了解经济全球化的发展与演变;
(2) 考察逆经济全球化思潮兴起的成因;
(3) 分析中国倡导新型全球化与人类命运共同体的意义与价值。

【本章基本概念】

经济全球化;生产全球化;市场全球化;逆经济全球化;新型全球化;人类命运共同体

第一节 经济全球化的含义与演进

一、经济全球化的含义

根据国际货币基金组织(International Monetary Fund,IMF)的定义,经济全球化是指通过贸易、资金流动、技术创新、信息网络和文化交流,使各国经济在世界范围内高度融合,形成相互依赖关系。经济全球化主要包括两个方面,即生产全球化和市场全球化。

(一) 生产全球化

生产全球化,是指从世界各地采购货物和提供服务,以利用不同国家在生产要素(如劳动力、能源、土地、资本等)成本和质量上的差异,在国际范围内形成一个相互依赖的有机整体的过程。在经济学中,也经常用"离岸外包"或"跨国外包"来描述这种现象。波音公司的飞机生产就是一个典型的例子。

我们所熟知的波音777喷气式客机,其机身由8家日本供应商提供,门和翅膀由新加坡供应商提供,起落架由意大利供应商提供。事实上,波音777价值的30%都是由外国公司提供的。

另一个例子是我们所熟悉的苹果手机(iPhone)。众所周知,中国的鸿海精密工业股份有限公司(即"富士康")是全球最大的苹果手机生产商,提供了全球90%以上的苹果手机。但是,如果我们仔细研究苹果手机的生产,会发现苹果手机远非"美国制造"或"中国制造"这么简单。事实上,苹果手机的组成部件来自世界不同国家:其中,闪存与触摸屏来自日本;应用处理器来自韩国;摄像头与GPS(全球定位系统)接收器来自德国;蓝牙来自美国;而仅最终的组装环节才到了中国。因此,生产的全球化实际上将产品生产的不同环节在地理上分散开来,在全球范围内形成了一个巨大的价值链,不同国家的企业负责从事产品某些环节的生产活动。在这条价值链上,其所贡献的"增加值"也有所不同。苹果手机的总成本为179美元。其中,日本企业贡献了59美元,德国企业贡献了27美元,韩国企业贡献了23美元,而中国企业在最后的组装环节仅贡献了6.5美元。这意味着生产的全球化对各国在国际商务活动中的利益分配也会产生巨大的影响。

在生产全球化的初期,离岸外包多发生于制造业内部。然而,随着通信技术的发展,特别是互联网的广泛应用,外包的范围已经扩大到了服务业。我们熟知的印度软件业就是一个典型的例子。此外,一些大的通信公司,如AT&T、Verizon等,都在印度、菲律宾等国家设有电话接听中心。因此,如果你打通这些公司的电话,却听到了浓重的印度口音,那么多半接听电话的人其实正身在印度。服务外包的一个非常明显的好处是可以利用各国的时差。比如,美国的软件程序员可以在美国的白昼期间编写好程序,然后将程序发送给印度的程序员进行纠错,当美国程序员起床的时候,纠错后的程序就已经出现在他们的电子邮件当中了。

在生产全球化的环境下,有时很难界定一个产品究竟是"美国货"还是"韩国货"或者"日本货"。按照克林顿时期经济顾问罗伯特·雷奇(Robert Reich)的说法,离岸外包和生产全球化的盛行已经造就了一大批"全球货"。但是正如市场的全球化一样,企业也不应对生产的全球化过于乐观。事实上,还存在许多各种各样的障碍使企业不能在世界范围内最优地组织生产。这些障碍包括:正式和非正式的国家之间的贸易障碍,对外国直接投资的障碍,运输成本,不同国家存在的经济风险和政治风险等。但是,尽管存在这些障碍,总的来说,全球化生产的大趋势仍然无法逆转。现代企业是这一趋势的最大驱动者,而它们推动生产全球化的行为,也只不过是在生产全球化这一大背景下所作出的最优反应而已。

(二) 市场全球化

市场全球化,是指历史上独特的和分离的市场合并成一个巨大的全球市场的过程。这种市场的全球化主要由两个因素推动:首先,跨国贸易壁垒的下降使商品更容易在全球范围内进行贸易。这种贸易壁垒的下降既体现为交通运输技术的改善所导致的交通运输成本的下降,也体现为各国贸易自由化所导致的关税、配额等人为贸易壁垒的下降。其次,在很大程度上,消费者的偏好也在不断趋同。现在世界各地的消费者很多都在使用花旗信用卡,用索尼的游戏机,吃麦当劳的汉堡包,喝可口可乐和星巴克咖啡,用宜家的家具。这些常常被当作偏好趋同的典型例子。

但是，值得注意的是，市场的全球化并不意味着国内市场就一定从属于世界市场。事实上，在许多方面，不同国家之间仍然存在巨大的差异。如消费者的口味和喜好、分销渠道、文化价值观念与法律法规等。这些差异意味着企业需要不断地调整其产品营销策略和其他行为来做到"入乡随俗"。

事实上，在市场全球化方面，在消费品市场中，不同国家消费者的偏好差异还非常明显。市场全球化最集中的体现是工业原料和中间品市场。这些市场包括铝、石油等原材料市场以及微处理器、计算机内存芯片、商用喷气式飞机等工业用品市场，甚至包括股票或债券等金融市场。

在市场全球化的环境下，两家企业可能在全球多个国家针锋相对。比如，可口可乐公司和百事可乐公司的竞争是全球性的，而汽车行业的福特和丰田，飞机制造业的波音和空客公司，游戏行业的任天堂和索尼，其竞争也是在世界范围内无处不在。如果一个公司进入一个还没有其他竞争对手的国家，那么用不了多久，其他竞争对手一定也会效仿，以阻止更多的竞争对手获得先发优势。当企业在世界不同国家间相互追赶的同时，它们也带去了各自的技术、产品、理念、文化，这反过来使各国市场变得越来越相似。在有些行业内，现在已经没有必要再谈论"美国市场""欧洲市场""中国市场"了，有的仅是一个统一的"全球市场"。

二、经济全球化的发展与演变

全球化历程延续至今，已极为深刻地改变了人类社会的发展轨迹。15世纪末的地理大发现第一次把世界连成了一个整体，新航路的开辟一举打破了以往世界各地区之间的隔绝状态，自此人类社会开始由分散成长踏上整体发展的一体化进程。如果将此视为全球化的逻辑起点，则全球化浪潮发展演变至今已历500余年。而一些更广为人们所认同的观点认为，全球化在跨入21世纪之前主要经历了三大历史阶段，如世界知名的媒体专栏作家、普利策新闻奖获得者托马斯·弗里德曼（Thomas Friedman）在其所著的《世界是平的：21世纪简史》一书中，就形象又直观地将其划定为全球化1.0版本、全球化2.0版本以及全球化3.0版本。从纵向的时间维度来看，人类全球化已依次走过了第一次世界大战爆发之前的早期全球化、第二次世界大战结束之后的中期全球化以及"冷战"结束以来的晚期全球化三大阶段。而从横向的内容维度来看，人类全球化则大体表现为商品的全球化、资本的全球化以及信息的全球化三个阶段。当然，此纵横二者之间并非泾渭分明，而是纵横交错、相伴而行，只不过在全球化的某一个历史阶段中会表现出相较其他阶段更为突出的某一方面的特征。

具体来看，迄今为止，经济全球化的发展大体经历了以下三次浪潮。

（一）经济全球化的第一次浪潮

第一次全球化浪潮出现在18世纪中叶至19世纪中期，主要表现为殖民背景下的贸易扩张。当时，以英国、法国为代表的发达工业国凭借武力手段，通过强迫殖民地国家降低甚至取消关税的方式将后者变成原料供应地、商品倾销市场和资本输出场所，"核心-边缘"的国际分工出现。这个阶段所谓的"自由贸易"实质上是建立在殖民主义基础上的不平等贸易。19世纪是全球化相对持续稳定发展的时期，全球贸易在19世纪初还处于相对较低的水平。1820—1850年，全球贸易以大约年均2.3%的速度增长。1850—1870年，这一速度上升到了5%。在整个19世纪，全球贸易增长都快于世界收入的增长。工业革命减少了贸易保护并且降低了交通运输成本，这对贸易的扩展或者说全球化第一次浪潮的发展来说是一种极大的促进，西方国家出口占国内生产总值的比例由19世纪中叶的5%左右增长至1880年的10%。

综合来看，18—19世纪资本主义市场经济的巨大发展，形成了第一次经济全球化浪潮：不仅主张商品贸易自由化、国际投资自由化，而且主张人员的国际流动自由化，即移民自由。第一次全球化浪潮对人力、资本等各资源更为自由地流动起到了极大的促进作用。

（二）经济全球化的第二次浪潮

第二次全球化浪潮出现在19世纪下半叶至20世纪初，主要表现为技术进步推动的资本在全球范围内的扩张。一方面，电力、通信、交通技术的进步大大降低了人类跨越空间的成本；另一方面，技术创新催生了垄断资本主义。两个方面共同作用，大大促进了世界对外的直接投资。例如，1900—1914年，世界对外投资总额几乎翻了一番，达到430亿美元。这一时期资本的全球扩张仍然具有明显的殖民主义色彩，不过由于第一次世界大战和第二次世界大战戛然而止。

19世纪后期到第一次世界大战前，工业化进一步推动了国际贸易（international trade）的发展，蒸汽动力广泛应用于铁路和航运，这极大地改善了国际交通运输状况，海外投资和技术扩散促进了英国以外的其他国家的工业化进程与国际市场竞争，工业化带来原材料需求急剧上升。到1913年，有155个国家和地区参与了国际贸易，而19世纪早期，这个数字还不到1913年的一半。19世纪70年代确立的金本位制保证了国际支付体系的稳定。世界贸易量自1870年以来以大约年均3.5%的速度增长，而同期世界产出的年均增长大约是2.7%。据俄裔美国经济学家西蒙·库兹涅茨（Simon Kuznets）估计，到第一次世界大战前夕，世界出口的价值占全球收入的16%~17%。值得一提的是，这一时期贸易强度的显著提升不仅体现于发达经济体，而且包括许多发展中经济体。例如，拉丁美洲的出口在1860—1900年从占国内生产总值的近10%大幅上升到18%，亚洲经济从大约1%上升到5%，非洲经济则处于二者之间。

第二次全球化的浪潮持续时间并不长，甚至许多学者并未将第一次全球化浪潮与第二次全球化浪潮划分得特别清晰，但实际上第二次全球化浪潮对资本主义乃至整个世界产生的影响是十分深远的。

(三) 经济全球化的第三次浪潮

第二次世界大战后,世界迎来了第三次经济全球化扩张的浪潮,主要表现为美国主导建立了一系列国际经济合作机制和国际机构,如布雷顿森林体系、国际货币基金组织、世界银行(World Bank,WB)、关税及贸易总协定(General Agreement on Tariffs and Trade,GATT)等,以及以美国为主导形成的汇率机制和自由贸易机制。尽管第二次世界大战后殖民地体系逐步瓦解,但历史上形成的"核心-边缘"模式仍然发挥着作用,不平等的分工局势未能改变。在第二次世界大战后繁荣期,西方主要国家采取了凯恩斯主义政策,认为政府管制和干预主义措施是必要的。同时,由于当时这些国家经济繁荣,资本积累压力不大,流向海外的内在动力小。再加上"冷战"格局的影响,这一时期的经济全球扩张中贸易的成分远大于资本扩张,因而未形成真正意义上的经济全球化。20世纪70年代,西方主要发达国家结束了战后繁荣期,出现了严重的"滞胀"问题。为了摆脱危机,以里根和撒切尔政府为代表的西方国家纷纷抛弃凯恩斯主义政策,转而实行弗里德里希·哈耶克(Friedrich Hayek)主张的新自由主义思想,大幅度减少政府干预,将国有企业私有化,并采取措施推动投资和贸易自由化。

在此背景下,发达国家的资本开始大规模流向发展中国家,出现了彼得·迪肯(Peter Dicken)称之为"全球产业转移"的现象。特别是20世纪90年代初"冷战"结束后,发达国家的对外投资呈现爆发式增长。与此同时,经济危机迫使西方企业不断调整生产方式,从过去的垂直一体化、大规模生产的福特主义方式转向零部件"外包"、灵活生产的后福特主义方式。这使得供应链逐渐拉长,零部件生产的地区专业化分工越来越明显,带来了供应链贸易的大幅增长。例如,尽管产业集群日趋流行,但当前东亚内部贸易中70%以上是中间产品的贸易。因此,发达国家大规模对外投资、生产方式的转变、信息技术的进步以及新自由主义思潮的流行,共同推动世界正在成为一个越来越紧密的社会经济空间,从而形成经济全球化的第三次浪潮。

值得指出的是,上述三次经济全球化发展的浪潮,特别是第三次经济全球化浪潮,在对世界经济的发展作出重要贡献的同时,也积存了不少问题、面临不少挑战、存在不少弊端。进入21世纪,各国人民要求共同发展、共同繁荣已经成了时代的潮流,只有世界各国、各地区的人民,共同正视经济全球化中存在的问题、面临的挑战特别是积存的弊端,并从中总结经验教训,共同寻找解决问题、应对挑战和消除弊端的新办法、新措施,共同确立经济全球化运行的新模式、新路径、新规则和新理念、新指导思想,才能使经济全球化摆脱当前的许多困难和困惑,实现向更加民主、公正、合理的新型经济全球化转变。

三、经济全球化发展的驱动力

学术界通常认为,经济全球化背后有两个重要的宏观驱动因素:首先是阻止商品、资本和要素流动的贸易壁垒在第二次世界大战结束后不断下降。其次是技术变革,特别是在最近几十年里发生在通信、信息处理和交通运输技术方面的革命性变革。

(一) 贸易壁垒的不断下降

20世纪20—30年代,世界大多数国家对国际贸易和外商直接投资(foreign direct investment,FDI)存在着极大的限制。其中一个典型的例子是对制造品征收很高的进口关税。征收进口关税的典型目的是保护国内产业免受外国竞争。然而,这一政策带来的最终结果往往是其他国家实施报复性行为,即各国都提高对其他国家的进口关税水平。

在这一背景下,一些世界主要国家(地区)意识到只有建立一个独立的国际组织,才能获得全球范围内贸易壁垒的下降。因此,关税及贸易总协定应运而生,而关税及贸易总协定成为我们所熟知的世界贸易组织(World Trade Organization,WTO)的前身。关税水平在GATT创立之后获得了全球范围内的下降,其中大多数西方发达国家(地区)从20世纪20年代的20%~40%的关税水平降到了目前2%~4%的水平,其削减力度可谓非常之大。

在削减关税等贸易壁垒的同时,许多国家(地区)也在积极地放开对外商投资的限制。根据联合国的数据,1992—2009年,九成新出台的关于外商直接投资的法律法规都为外商投资的进行创造了更宽松的环境。中国在加入WTO以后,也很大程度地减少了其对外商投资的限制。

需要说明的是,各国(地区)贸易壁垒的不断下降并不是自然而然发生的,而是各国(地区)在国际组织的协调下利益博弈的结果。事实上,虽然贸易壁垒已不可能倒退到20世纪20—30年代的水平,但短期内贸易壁垒的上升仍是可能并实际存在的。比如,2008—2009年的全球金融危机,许多国家(地区)由于担心就业率和产出的剧烈下降,纷纷对贸易采取了一系列的临时保护措施。

(二) 技术变革

过去几十年尤其最近一些年来,通信技术取得了革命性的发展。随着卫星、光纤、无线技术、大数据、5G(第五代移动通信技术)、人工智能、区块链等技术的使用,通信技术所能传播的信息量飞速增加。另一个重要的发明是微处理器,随着时间的推移,微处理器的成本不断下降,但运算量不断上升(这被称作"摩尔定律",即每18个月,处理器的运算速度就会增加1倍,而制造成本会减少1/2)。这带来了通信成本的急剧下降。1930—1990年,伦敦与纽约之间3分钟的电话费用从不可思议的224美元降到了3美元,而到1998年,这一费用已经降到了36美分。

20世纪90年代以来,互联网的普及同样极大地推动了全球化的进程。对于国际商务而言,互联网创造了许多新的商机,如电子商务、网络直播、众筹等。在很大程度上,互联网的出现抹平了地区和时区对人的限制。消费者和生产者可以实现全球范围内的方便对接,生产者可以在全球范围内联系到合适的供应商,这使消费和生产在全球范围内进行变得更为容易和快捷。随着互联网的进一步完善与发展,加上物联网等的发展,数字经济(digital economy)得到快速发展,全球产业链将在更多空间和深度上构建起来,从而直接推进全球化的深化发展。

除了通信技术的突飞猛进外,交通运输在第二次世界大战以后也出现了几次巨大的技术变革。从经济意义上讲,最重要的突破是商业喷气式飞机巨型冷柜的出现以及集装箱运输的引入。飞机的出现主要缩短了人与人进行面对面沟通所需要的时间,而集装箱运输的引入使不同模式运输方式之间的相互切换变得更加方便。在集装箱出现以前,将货物从一种运输模式转换到另一种运输模式是相当费时、费力的过程,有时可能需要几百个工人几天的工作。当20世纪70年代集装箱出现以后,这整个过程可能仅需要十几个工人。随着集装箱运输的引入,运输成本急剧下降,从而使得将货物运输到世界其他国家或地区的成本大大降低,推动市场和生产全球化的进程。

以上所提到的技术变革,不管是通信技术方面还是交通运输方面,都既促进了生产的全球化,又促进了市场的全球化。

从生产全球化的角度来看,信息技术的发展使很多企业可以在全球范围内实现生产布局。对于很多国际型的企业来说,保持各国子公司之间信息的畅通是非常重要的。例如,戴尔公司一直使用计算机网络来控制其全球供应链。当戴尔公司的官网收到订单以后,订单信息会立即传输到位于世界其他国家的零部件供应商那里,这些供应商可以在最短时间内获取戴尔公司的订单信息并及时调整它们的生产决策。信息的高速传输已经使戴尔公司可以做到其负责组装的子公司只用准备三天内的存货,大大节约了生产成本。戴尔公司还利用现代通信技术将其客服业务外包给印度。当美国的消费者需要售后服务时,他们将被转接到位于班加罗尔的客服中心,由那里的英文客服专员为其解答问题。另外,海路运输技术的发展使在日本、韩国等国家采购的零部件能够在最短时间内被运到中国进行组装,而组装后的成品电脑又能在最短时间内运到美国市场。

从市场全球化的角度来看,首先,交通运输成本的下降大大扩展了潜在消费者群体的范围。比如说,在没有空运的情况下,中国消费者想购买荷兰的郁金香基本是不可能的。但是当空运技术达到一定水平后,郁金香可以在花期内从荷兰被运输到中国,因此,中国的消费者开始有了对荷兰郁金香的需求。其次,航空技术的发展使不同国家人与人的交流变得更为频繁,加速了文化的收敛和融合,因此有助于创造一个整体性更强的全球市场。另外,信息技术的发展意味着不同国家的新闻、电影、娱乐节目和广告可以被全世界其他国家所共享,这一进一步加速了国与国之间文化的融合,使消费者的偏好趋于相同,因此创造了统一的市场。①

第二节 逆经济全球化思潮的兴起及其成因

一、逆经济全球化思潮的兴起

所谓逆经济全球化思潮,就是与全球化进程背道而驰,重新赋权于地方和国家层面,主张

---

① 赵春明.国际商务[M].北京:北京大学出版社,2016:12-16.

贸易保护主义和单边主义的思潮。逆经济全球化思潮的兴起,可以表现于民间、国家和理论三个层面。

(一) 民间层面

从 20 世纪 80 年代开始,在西方国家召开重要国际会议[国际货币基金组织与世界银行年会、世界贸易组织谈判、G8(八国集团)峰会、联合国地球峰会等]期间,就已经出现了零星的游行抗议活动,抗议内容主要是反对跨国公司压榨劳动力、反对贸易自由化带来的失业和反对破坏全球生态。这一阶段,抗议人群规模较小,社会影响力也相对有限。

1999 年,首次出现了抗议经济全球化的万人级大规模示威游行,逆经济全球化的民间运动全面开启。1999 年 11 月 30 日,世界贸易组织第三届部长级会议在美国西雅图召开,会议主要议程是进行新一轮的多边自由贸易谈判。约 700 个非政府组织和 5 万余名反全球化人士(主要包括工会成员、宗教人士、环保人士、小农场主等)经提前组织,走上街头进行示威游行,反对举行自由贸易谈判。游行过程中还出现了暴力骚乱事件,示威者砸毁了被视为全球化象征的麦当劳连锁餐厅,吸引了全世界的高度关注。此后,大规模、高频度的抗议全球化的民间运动持续发生,并在 2000—2001 年达到高潮。大规模游行抗议国际货币基金组织和世界银行会议的民间运动数量在 2000—2001 年大幅增加,显示美国民间逆经济全球化热情极为高涨,究其原因,可能是这一时期正是美国经济增长转弱、劳动力失业转升的转折期,大量因失业和衰退而不满的美国民众走上街头进行游行抗议,而总部位于华盛顿的国际货币基金组织和世界银行成了主要的被冲击目标。

(二) 国家层面

2008 年美国次贷危机引发国际金融风暴之后,全球增长复苏乏力,国际政治经济形势展现出极大的不稳定性和不确定性,世界范围内单边主义、民族主义、贸易保护主义等逆经济全球化思潮泛起。

2017 年美国总统特朗普上任后,将"美国第一"或"美国优先"的全球利益再分配作为其执政核心,宣布美国退出跨太平洋伙伴关系协定(TPP)等国际性组织,要求重新谈判北美自由贸易协定(NAFTA),甚至威胁退出世界贸易组织。这些行动成为当前新一轮逆经济全球化的重要表现。

(三) 理论层面

从理论层面来看,逆经济全球化思潮的主要内容是,从不同视角反思和批判当今阶段仍由西方国家主导的经济全球化。其中,比较重要的经济学理论包括"贸易保护论""边缘化依附论""比较优势陷阱论"等。贸易保护论认为,自由贸易政策存在固有缺陷,往往带来国际的过度竞争,造成失业人口增加和居民生活水准下降,因此要实现公平、协调、可持续发展,必须放弃自由贸易政策。边缘化依附论认为,不平衡发展是资本全球扩张的核心现象,发达国家与不发达国家的分界、核心国家与边缘国家的分界始终存在,边缘的不发达国家即使有所发展,也只能是依附于核心的发达国家,而无法实现自主发展。比较优势陷阱论认为,发达国家可以通过资本和技术替代劳动获得劳动密集型产品,从而具备垄断竞争性优势;而发展中国家却很难通过劳动和禀赋资源获得技术、资金密集型产品,从而陷入比较优势陷阱。这些逆经济全球化理论从不同视角提出了当今经济全球化发展的不足和弊端,对于发展中国家如何正确融入经济全球化具有一定的参考价值和现实意义。

二、逆经济全球化思潮兴起的成因

(一)经济全球化红利分配存在严重不均

经济全球化实现了资源在全球范围内的相对有效配置,带来了"全球化红利"。但是,这种红利并没有均衡地分配到各个国家和各个产业。

全球化红利在国别间的分配不均主要表现为,因全球价值链分工差异而产生的国别收入差异。在美国等西方国家主导下的经济全球化,使世界各国分别在消费国-生产国-资源国的三元结构中寻找自己的定位。这一全球分工结构决定了经济红利的分配不均首先表现在国别间。高附加值产品与低附加值产品之间存在价格差,商品贸易繁荣的同时,收入的国别差距也在进一步扩大。16世纪以来,国别间的收入差距并没有得到显著改善,人均GDP(国内生产总值)差距仍在不断扩大。在这一过程中,消费国得到了全球供应的廉价商品,生产国实现了产能、技术、资本的积累和劳动力素质的提升,但更多依赖资源出口的资源国和价值链低端的生产国并未享受到这种红利,主要表现为在全球化进程中出现的经济增长低迷、资源透支、效率低下、产业不振等问题。

除了全球化红利在国别间的不均衡分配外,国内贫富差距也没有得到显著改善。发达经济体中,美国的基尼系数最高,2014年已达0.48。2014年,美国前20%的高收入户,收入占全体住户总收入比例高达51.9%,而最后20%的低收入户,收入占比持续萎缩,国内贫富差距仍在加剧。这也能够在一定程度上解释,为什么世界逆全球化运动的核心人群主要来自发达经济体特别是美国。全球化使大量相对廉价的劳动密集型产品和资源密集型产品从发展中国家涌入发达经济体市场,对相关产业造成了冲击。与此同时,在发达经济体内部逐渐失去竞争优势的产业不断向国外转移,造成本国的产业空心化趋势。这些都使得以传统农业和传统制造业为代表的"旧经济部门"利益受损,部门内出现利润下滑和失业率提高。这些全球化进程中的利益受损产业和部门更乐意响应逆经济全球化的呼声。在美国,以失业工人、工会成员和小农场主为代表的产业人群往往是参与逆全球化民间运动的重要组成部分。

(二)跨国经济风险传染不断加剧

伴随着经济全球化的不断深入,特别是金融一体化的程度提高,跨国经济风险传染不断加剧。

全球化实现了高速流通的现代金融市场，并为丰富的金融产品和不断创新的金融衍生产品开创了便捷的流动渠道。但是，一旦现代金融市场出现问题，如金融资产价格大幅波动、金融市场受到意外冲击、金融机构倒闭等情况，就可能引发金融危机，并通过信号放大、公众预期、唤醒效应等方式对其他国家金融市场产生冲击，实现危机的传染。2008年美国金融危机带来的全球经济衰退就是典型的例子。考察全球21个主要发达经济体在1960—2007年遭遇经济衰退的次数和引致衰退的危机种类，也能说明这个问题。1960—1985年，衰退主要由石油危机引发，即发达经济体受到全球石油价格变化影响而产生经济衰退；而1985—2007年，衰退主要由金融危机引发，即金融市场发生波动带来经济衰退。此外，经济衰退呈现出高同步性，多个经济体在同一时间段内发生衰退的情况多次出现，并且大规模的衰退往往与美国经济衰退直接关联。由于美国在全球化中处于全球价值链分工的顶端，美国的经济衰退往往产生广泛的传染效应，拖累更多经济体转向衰退。在美国1975年、1980年、1990年、2001年4次衰退进程中，都可以观察到类似的情况。

（三）其他非经济因素的重要影响

除了直接表现为经济特征的因素外，各类非经济因素也在经济逆全球化升温中产生重要推动力。

1. 民族主义情绪持续发酵

全球化对各国传统意义上的民族国家意识和国家文化认同产生一定的冲击，特别是西方发达经济体的意识形态和价值观在新自由主义和文化霸权主义的指引下，已经严重威胁到其他一些国家的民族认同和文化主权，并开始引发民族主义的激烈反击。民族主义情绪可能升级为地缘政治冲突和国际经济争端。究其原因，民族主义强调维护本国、本民族利益，谋取经济上的平等权利和独立自主发展，但这恰恰可能与发达经济体主导下的全球产业分工结构产生抵触，从而影响国际贸易关系、资本流通和劳动力输出。

2. 社会冲突不断加剧

全球化带来的劳动力自由流动虽然在很大程度上优化了人力资源配置，但也引发了一系列社会冲突问题，如国际移民可能给迁入国带来就业岗位挤出、社会治安变差、公共服务挤占、人均福利下降等问题。社会冲突最突出的表现是以欧洲难民危机为代表的全球化背景下的难民问题。基于区域一体化和边界开放政策，欧盟根据《欧洲移民与难民庇护公约》，愿意接收合法难民。但是，由于国际难民主要来自人均收入水平较低的国家，普遍表现为学历水平较低、职业培训不足，往往只能从事低技能需求的劳动。经济相对发达、缺乏低技能劳动力的一些西欧国家愿意接收大规模难民，但是经济相对落后、国内就业压力较大的南欧国家对难民普遍表示抵触，在负担难民的分配上产生了矛盾。同时，难民潮带来的就业挤占、福利占用、环境恶化、治安隐患等问题，加剧了部分国家的排外情绪，进而滋生了以反难民为重要特征的逆全球化情绪。

3. 环境问题不断恶化

高投入、高消耗和高污染的产业集中体现在全球化大工业生产活动中,稀缺资源的全球流动使资源过度使用和资源透支成为常态,全球环境恶化使环境保护和可持续发展成为逆全球化运动的主要出发点之一。

4. 政治博弈孕育风险

政治保守主义和狭隘立场直接对应经济逆全球化倾向,在全球经济危机频发和复苏乏力的背景下,为了转移国内矛盾,可能出现政治博弈,并通过国家意志和政府行为对经济政策的制定产生直接影响。2020年英国正式退出欧盟,本身也是英国国内各方政治力量博弈和较量的结果。①

第三节 新型全球化与人类命运共同体

尽管目前世界范围内出现了逆经济全球化的思潮,但经济全球化是大势所趋,正像习近平总书记所指出的那样:世界经济的大海,你要还是不要,都在那儿,是回避不了的。想人为切断各国经济的资金流、技术流、产品流、产业流、人员流,让世界经济的大海退回到一个一个孤立的小湖泊、小河流,是不可能的,也是不符合历史潮流的。② 在此情形下,中国提出并倡导的新型全球化与人类命运共同体思想为经济全球化的健康和持续发展指明了前进的方向。

一、新型全球化

新型全球化是习近平主席在2017年1月达沃斯论坛的主旨演讲中提出的一个新概念和新思想,其要点:一是让经济全球化进程更有活力、更加包容、更可持续,实现经济全球化进程再平衡;二是结合国情,正确选择融入经济全球化的路径和节奏;三是注重公平,让不同国家、不同阶层、不同人群共享经济全球化的好处等。党的十九大报告进一步指出,要促进贸易和投资自由化便利化,推动经济全球化朝着更加开放、包容、普惠、平衡、共赢的方向发展。

欧美式的传统全球化是以"承诺-协议-制度与组织"为平台的模式,而中国倡导的新型全球化则是以"共识-共商-项目"为平台的模式,其主要特征是开放、包容、普惠、平衡、共赢,因此新型全球化思想为扭转逆经济全球化思潮提供了新思维和新方向。其中,新型全球化思想特征的一个重要表现就是我国推行的"一带一路"倡议。

"一带一路"倡议从三个方面创新了文明的逻辑:一是以文明交流超越文明隔阂;二是以文明互鉴超越文明冲突;三是以文明进步超越义明优越感。"一带一路"倡议将埃及文明、巴

---

① 赵伟.全球经济新常态系列报告(三):从大历史观,看逆全球化[EB/OL].(2018-04-16). https://max.book118.com/html/2018/0416/161758758.shtm.
② 中共中央文献编辑委员会.习近平著作选读:第一卷[M].北京:人民出版社,2023:555.

比伦文明、印度文明、中华文明串联在一起,通过由铁路、公路、航空、航海、油气管道、输电线路和通信网络组成的综合性立体互联互通的交通网络,推动内陆文明、大河文明的复兴,推动发展中国家脱贫致富,推动新兴国家持续成功崛起,进一步为经济全球化的健康发展注入持续不断的动力。

"一带一路"倡议扬弃传统全球化,开创新型全球化,其前景正在于其打造了一个开放、包容、均衡、普惠的合作架构。所谓开放,就是从发展中国家向发达国家开放,再到相互开放;所谓包容,就是公平合理分享全球化成果,实现国与国之间、内陆与沿海之间的共同发展;所谓均衡,就是实现南北均衡、产业均衡和地域均衡;所谓普惠,就是让各国老百姓从全球化中有更多的获得感、参与感和幸福感。

二、人类命运共同体

人类命运共同体最早是在党的十八大上提出的,这一具有社会主义性质的价值理念可以促进全球治理体系进行实践的变革。在当前和平和发展的大背景下,尽管各国在不同的社会制度下总体和平相处,但是国家间依然存在利益冲突,所以各国在追求本国利益的同时也要兼顾他国的合理利益,谋求各国共同利益的实现。人类命运共同体的提出,为各国思考关于人类存在和发展问题提供了新的意识导向,它强调共同体和共同价值存在。这一思想的核心是提倡合作共赢,在政治上倡议平等和相互尊重,在经济上主张互惠互利,在文化上主张和而不同,在国际规则上主张寻找最大公约数。

因此,人类命运共同体思想的内涵可以表述为:坚持对话协商,建设一个持久和平的世界;坚持共建共享,建设一个普遍安全的世界;坚持合作共赢,建设一个共同繁荣的世界;坚持交流互鉴,建设一个开放包容的世界;坚持绿色低碳,建设一个清洁美丽的世界。

人类命运共同体是经济全球化发展的必然选择。从经济全球化的实践中可以看出,经济全球化存在着内在的基本矛盾,即资本主义基本矛盾的世界性呈现:一国内部的生产不断社会化与生产要素私人占有之间的矛盾,经济全球化与生产要素的私有制和国有制之间的矛盾,以及由此所带来的增长和分配、资本和劳动、效率和公平等矛盾。这些矛盾最终必将导致全球经济的无序和失控。近些年来,全球经济在某种程度上的紊乱和衰退正是这些矛盾深化的结果。显然,这些矛盾和危机是不可能在资本逻辑的框架内得到解决的,甚至资本逻辑越是发展,这些矛盾就越是尖锐,危机就越是深重。因此,克服经济全球化的内在矛盾及其带来的各种危机,需要开辟一条既立足于资本逻辑又超越资本逻辑的新路,而人类命运共同体则正是通向未来新社会的必由之路。也就是说,只有以人类命运共同体为发展方向,经济全球化才能克服自身的限制而趋向于一个新的境界。

此外,站在唯物史观的立场上,从世界历史发展进程和趋势来看,经济全球化以人类命运共同体为必然归宿,也是不以人的意志和资本的意志为转移的客观规律。马克思在谈到人类历史发展时,认为人类历史发展有两条道路：一是人的发展道路,认为人的发展要经历三个基本的历史阶段,即"人的依赖关系""以物的依赖性为基础的人的独立性"和"自由个性";二是社会的发展道路,强调从"原始的共同体"到"虚幻的共同体"再到"真正的共同体",这是人类社会发展的客观规律。实际上,这两条道路是统一的,在马克思看来,人和社会是不可分割的,因此,可以把人的发展三个阶段看作三种共同体中人的三种生存状况,或者说,三种共同体是人的三种生存状况的体现。无论是从两条道路来看还是从统一的过程来看,从第二个阶段向第三个阶段发展是人类社会发展的必然趋势,而且,第二个阶段为第三个阶段创造条件。经济全球化无疑是第二个阶段的典型或极致表现,而人类命运共同体则是第二个阶段向第三个阶段发展的过渡形式。因此,经济全球化只有向人类命运共同体转化才能完成自我救赎,而人类命运共同体只有通过经济全球化的方式才能获得自身进一步发展的坚实基础。由此可见,我国提出的构建人类命运共同体思想正是基于对人类历史发展规律的遵循,以及对唯物史观关于人类社会发展理论的遵循。

总之,构建人类命运共同体是以中国道路为基础提出的中国方案,是中国道路对经济全球化的引导,体现了中国共产党人坚定的道路自信和历史的责任担当。面对一系列世界性危机,我们不能一味地反对甚至阻止经济全球化的步伐,而是要努力遏制和消除经济全球化带来的负面效应,从而引导经济全球化朝着正确的方向发展,为世界人民带来经济的共享繁荣和美好生活的福祉。

【本章复习思考题】

1. 经济全球化经历了几次发展浪潮？每次浪潮主要有哪些特征？
2. 考察和分析逆经济全球化思潮兴起的主要成因。
3. 中国倡导的新型全球化具有哪些含义？其对扭转逆经济全球化思潮具有哪些重要意义？
4. 为什么说人类命运共同体是经济全球化发展的必然选择？

【本章荐读书目】

1. 赵春明.世界经济与中国[M].北京：经济科学出版社,2016.
2. 王辉耀,苗绿.全球化VS逆全球化：政府与企业的挑战与机遇[M].北京：东方出版社,2017.
3. 赵景峰.经济全球化的马克思主义经济学分析[M].北京：人民出版社,2006.
4. 孙文远.全球化经济学[M].北京：经济管理出版社,2020.
5. 张幼文,等.要素流动——全球化经济学原理[M].北京：人民出版社,2013.

6.郑必坚.中流击水：经济全球化大潮与中国之命运[M].北京：外文出版社,2018.

【即测即练】

第二章

经济全球化与中国对外贸易的高质量发展

【本章学习目标】

(1) 了解当前国际贸易发展的主要特点与新特征;
(2) 熟悉数字经济与数字贸易的基本概念及全球数字治理的发展态势;
(3) 理解"一带一路"倡议提出的时代动因;
(4) 明晰中国对外贸易高质量发展的内涵与实施路径。

【本章基本概念】

国际贸易;贸易保护;技术壁垒;数字经济;数字贸易;数字贸易规则;全球数字治理;"一带一路";工业智能化;外贸高质量发展

国际贸易,一般是指跨越国家边境的商品和服务交易活动,是由进口贸易(import trade)和出口贸易(export trade)共同组成的,也称为进出口贸易。比较优势理论认为,两国只要存在劳动生产率的相对差异,就应该出口具有比较优势的产品,以获得整体福利水平的提升。国际贸易是衡量一国国民经济发展水平的重要指标,对一国经济发展具有重要作用,如提高国内生产要素利用率、优化资源配置水平、优化国内产业结构、改善国际的供需关系、增加国家财政收入、推动本国消费升级、促进经济增长。从提高国民福利水平角度来讲,国际贸易是推动就业、提高工资、促进收入分配的重要因素之一。在经济全球化的现实背景下,全球各经济体通过积极参与国际分工,从国际贸易中获得利益和经济增长。

第一节 当代国际贸易发展的主要特点与新特征

一、当代国际贸易发展的主要特点

(一) 全球化

贸易全球化是经济全球化的重要内容和表现之一。20世纪90年代以来,随着互联网信息技术的普及应用,以及国际分工逐渐由产业间分工向产业内分工,再向产品内分工的细化转移,各国的生产和经济活动越来越面向世界市场,国际中间产品和服务产品的交换不断增加。1960—2019年,国际贸易占全球国内生产总值的比例从25%增加到60%,贸易全球化进程明显加快,主要体现在以下两个方面:其一,越来越多的国家和地区参与到国际分工与国际贸易中,包括广大发展中国家和地区。截至2021年11月,世界贸易组织共有164个成员,其中约2/3是发展中国家或地区,众多的发展中国家或地区把参与国际贸易作为发展本国或本地区经济的重要手段,其影响力日渐增强,并涌现出一批具有较强发展潜力的新兴经济体。其二,世界贸易额及贸易范围不断扩大,20世纪90年代以来,国际贸易规模不断扩大,联合国贸易和发展会议(UNCTAD)发布的数据显示,世界商品贸易额从1990年的69 840亿美元,增长到2021年的22.4万亿美元,增长到约3.2倍。

(二) 多元化

1. 贸易市场多元化

贸易市场多元化是指一国出口的产品销往多个国家和地区,且出口市场呈全辐射、广覆盖状态。当前,各国政府积极通过多边合作,加快提高对外贸易市场的多元化水平,以降低贸易风险和贸易不确定性。以中国为例,中国对欧美市场的出口额占比长期维持在30%以上,出口市场集中化程度严重。为缓解这一发展难题,2013年中国提出"一带一路"倡议,截至2021年1月底,中国已经与140个国家和31个国际组织签署205份共建"一带一路"合作文件。[①] 2020年,中国对"一带一路"沿线国家进出口总额达93 696亿元[②],持续提升了中国对亚非、南美洲等新兴经济体的贸易额,创造了中国新的外贸增长极。

2. 贸易产品多元化

贸易产品多元化是指一国各行业出口产品的同时,发展包括产品种类多元化和产品质量多元化(也称产品垂直多元化)。前者是指出口产品种类增加,后者是指出口产品质量的提升,主要表现为出口产品由初级产品向工业制成品、低技术产品向高技术产品、低附加值产品向高附加值产品等转变的过程。从历史经验来看,一国出口种类单一、技术复杂度较低的初级产品,往往陷入"贫困化增长"的发展陷阱。贸易产品多元化发展是一国进出口稳定增长的重要途径。为获得更高的贸易利得,各国政府纷纷大力发展高质量、高技术、高增加值的产品,拓宽其贸易产品多元化途径,并协同推进服务贸易与产品贸易多元化的深度融合,以期在国际贸易市场上获得更高的国际竞争力。

3. 贸易主体多元化

贸易主体是指从事商品和贸易活动的组织与个人。正是贸易主体的经营活动,才使商品能够顺利地由生产领域向消费领域有效转移,实现商品价值和使用价值的统一,贸易主体多元

---

① 中华人民共和国商务部. 共建"一带一路" 促进共同发展[EB/OL]. (2021-07-06). http://fec.mofcom.gov.cn/article/fwydyl/zgzx/202107/20210703173202.shtml.

② 国家统计局发布的《中华人民共和国2020年国民经济和社会发展统计公报》。

化是国际贸易多元化的一个基本特征。根据法律地位,贸易主体可以分为自然人和企业法人,自然人主要表现为个体工商业者,企业法人是具有民事权利能力和民事行为能力,依法独立享有民事权利和履行民事义务的组织,实施购销行为的生产企业和贸易企业,企业又包括国有控股的集团型企业、民营企业、合资企业和外商独资企业等几种类型。根据在贸易活动中的作用,贸易主体又可以分为生产者、消费者和商品经营者,其中商品经营者是专门从事贸易活动的组织和个人,从生产者那里购买商品然后销售给消费者,是连接生产者和消费者的桥梁与纽带,在贸易活动中起主导作用,是基本贸易主体。

(三) 区域化

区域经济一体化是指有关的主权国家为实现区域内外的经济合作、联合或融合而实行的制度。近20年来,国际贸易区域化不断推进,目前基本形成东亚、欧洲、北美三大区域性生产网络体系,区域内部贸易依赖度不断提升。根据世界银行的相关数据统计,截至2019年,东亚-太平洋板块中的对外贸易约55%发生在本区域内,欧洲-中亚板块65%的对外贸易也是发生在本区域内部,可见全球区域内部贸易正在加强,未来国际贸易的发展趋势也将呈现区域化。区域贸易协定(RTA)是国际贸易区域化的一个重要形式,特别是双边自由贸易协定(FTA)具有签署快、方式灵活,可以同时与多个不同对象国或地区签订等特点,能够帮助成员实现自身利益最大化,进而在国际贸易竞争中享有优势地位。然而,RTA的典型特征是"谁参与,谁受惠",在一定程度上存在"单边贸易自由化"风险,对WTO等多边体制的透明度规则造成一定挑战,同时过度考虑政治等非经济因素不仅会削弱其经济效应,还有可能被某些大国当作全球布局的重要战略手段。

二、当代国际贸易发展的新特征

(一) 新贸易保护主义盛行

自2008年国际金融危机以来,贸易保护主义抬头,逆全球化思潮和单边主义涌动,引发一系列新贸易保护主义行为。新贸易保护主义是指通过知识产权版权保护、反倾销与反补贴、绿色壁垒与"碳关税"、进口数量限制、竞争性货币贬值等非关税壁垒(non-tariff barriers)手段避开WTO规则的限制,以保护本国或地区特定产业的贸易行为。新贸易保护主义的主要表现形式如下。

1. 反倾销与反补贴

当外国(地区)的进口商品以倾销价格或在该国(地区)政府补贴的条件下以低价进入本国(地区)市场,并对类似的国(地区)内产品形成威胁时,世界贸易组织准许受威胁方使用"反倾销""反补贴"措施以保护本国(地区)产业的利益。由于发展中国家自身生产要素、劳动力成本较低,其出口产品的价格也往往较低,这必然对发达国家的相应产业造成一定的冲击,由此引发发达国家的反倾销调查。近年来,"反倾销""反补贴"逐渐成为新的贸易保护主义形式之一,发展中国家是发达国家实行反倾销措施的主要受害者。频繁受到反倾销诉讼的国家主要为印度、印度尼西亚、俄罗斯、南非等。

2. 贸易技术壁垒

贸易技术壁垒是指进口国家针对有关工业产品或消费品的某些特性所制定的强制性或非强制性的标准和法规,以及检验商品合格与否的评定程序而形成的一种贸易障碍。贸易技术壁垒主要有以下几种具体表现形式:一是复杂多变的技术标准。一些国家对进出口商品规定了极为严格和烦琐的技术标准,这些标准总是随着快速提高的技术水平而不断变化,具有很强的不确定性,往往使出口国难以应付和适应。二是名目繁多的技术法规。技术法规是包含或引用有关标准或技术规范的法规,内容涉及劳动安全、环境保护、卫生与保健、交通规则、无线电干扰、节约能源与材料等,技术法规不像技术标准那样可以互相协商,而是一经颁布即强制执行,故在国际贸易中构成了比技术标准更难逾越的技术壁垒。三是烦琐苛刻的商品包装和标签规定。一些国家对商品的包装和标签做了苛刻烦琐的规定,进口商品必须符合这些规定,否则不准进口或禁止在市场上销售。四是多种类型的认证制度。在国际贸易中,各国认证制度(产品认证、实验认证、企业质量保证体系认证)的差异也构成贸易障碍,有些国家限制没有经过认证的商品进入本国市场,而对于有认证的商品则享受免检礼遇。总的来说,贸易技术壁垒具有形式上的灵活性、名义上的合法性、内容上的广泛性以及对发展中国家的不公平性等特点,这些特点使技术壁垒更容易替代关税壁垒成为贸易保护主义的一张"王牌"。

3. 进口数量限制

进口数量限制也称进口配额制,是指一国政府在一定时期内,对某些商品的进口数量或金额加以直接限制,在规定的期限以内、配额以内的商品可以进口,超过配额不准进口,必须征收更高的关税或罚款后才可以进口。美国《贸易拓展法》授权总统对某些进口产品享有一定程度的自由限制权,即当某种产品对美国出口的数量达到一定规模,或者可能威胁美国的国家安全时,总统有权命令有关部门采取必要措施限制该种产品继续进口。但关于如何判定该种产品的进口已经对美国国家安全构成威胁,具体依据和说明并不明确,这说明进口数量限制的实施具有较强的主观性和随意性。

4. 绿色壁垒与"碳关税"

绿色壁垒又称环境贸易壁垒,是指进口国为了保护本国自然资源、生态环境以及居民的健康,制定出一系列使进口商品难以达到的环保标准而形成的一种贸易障碍,其内容涵盖绿色标志制度、绿色技术标准、绿色包装制度、绿色反倾销、绿色卫生检疫制度和绿色市场准入六大领域。此外,以"碳关税"为代表的隐性贸易壁垒逐渐成为新贸易保护主义发展的主要趋势,"碳关税"主要是指一国对高耗能产品进口征收的二氧化碳排放特别关税。一些国家为了维护自身的经济利益,利用消费者和国际社会对环保部门的广泛关注,凭借自身先进的环保技术,通过提高环境保护门槛阻碍他国产品进入本国市场,发达国家对发展中国家的出口产品征收"碳关税"这一做法,其本质就是借环境保护之名,行贸易保护之实,将环境保护作为服务于贸易保护的一种新武器。

5. 竞争性货币贬值

货币贬值可分为竞争性货币贬值和非竞争性货币贬值,非竞争性货币贬值是市场力量推动的货币贬值,也可称为非政策推动型贬值,而竞争性货币贬值是政策推动形成的货币贬值。人为地降低本国币值的竞争性货币贬值和非竞争性货币贬值会产生相同的效果:其一,降低本国产品的生产成本,提高产品的国际竞争力,从而有利于扩大本国产品出口;其二,提高外国产品的成本,降低其国际竞争力,减少进口,从而保护本国产业。但竞争性货币贬值由于依靠政策推动,带有强烈的保护主义色彩。竞争性货币贬值政策被西方主要经济体广泛使用,如2008年金融危机后,美国、欧盟各国和日本等主要发达国家纷纷采取价格宽松和量化宽松的货币政策,试图通过政策推动本国货币贬值来提升出口产品的国际竞争力,以达到扩大出口、刺激经济发展的目的,发达经济体的竞争性货币贬值政策引起了阿根廷、巴西、墨西哥、智利等越来越多发展中国家的效仿,竞争性货币贬值成为新贸易保护的表现形式之一。

(二)绿色贸易浪潮兴起

1. 绿色消费过程是绿色贸易的基础

全球气候变化和生态环境恶化使得以环境保护为主题的绿色贸易浪潮声势日高。21世纪以来,随着社会经济的快速发展,人们的价值观念、行为方式以及消费心理都发生巨大变化,重视环保、崇尚自然、追求健康的绿色消费之风蔚然兴起。据联合国有关部门的统计,带有绿色标志的产品日益博得消费者青睐,40%的欧洲人更喜欢购买绿色产品,其中67%的荷兰人、80%的德国人在购物时考虑环境因素。可见,环保因素早已渗透于人们的日常消费之中,绿色消费构成了绿色贸易发展的基础。

2. 绿色产品优化了国际贸易的商品结构

绿色消费、绿色产业、绿色市场的兴起对全球范围内的绿色产业革命产生重大影响,低碳经济使绿色贸易和国际贸易中绿色商品结构进一步优化,其主要表现在三个方面:一是绿色产品在国际贸易商品结构中所占的比例日益提高;二是初级产品在国际贸易商品结构中所占的比例进一步下降;三是伴随着知识进步和新一轮产业革命的兴起,新能源、新材料等环保新技术和新工艺逐渐被广泛应用,进一步推动国际贸易商品结构由劳动密集型、资源密集型向技术密集型和知识密集型转换。

3. 环保法律、法规融入国际贸易规则

国际贸易中纳入大量环保法律、法规是绿色贸易浪潮的一个典型特征。自1972年第一次人类环境会议召开以来,环境保护问题日益受到各国的高度重视,各国纷纷出台环境保护法律、法规。1992年联合国环境与发展大会以后,国际社会环保法律、法规得到了进一步的完善。目前世界上签署了180多项与环境和资源有关的国际条约、协定或协议,其中有很多法律、法规涉及国际贸易问题。这些环保法律、法规可分为国际环境协议和国际环境标准两大类。前者包括《关于消耗臭氧层物质的蒙特利尔议定书》(1987)、《濒危野生动植物种国际贸易公约》(1973)、《生物多样性公约》(1992)等,后者包括《保护臭氧层维也纳公约》、环境管理标准

(ISO14000)等,显然,绿色贸易将是未来国际贸易发展的主流方向。

(三) 服务贸易发展势头迅猛

1. 服务贸易成为全球经济增长的新引擎

近年来,伴随全球产业结构的调整、服务可贸易性的不断增强以及服务贸易规则的不断推行,服务出口贸易迅速发展。根据联合国贸发会议数据库(UNCTAD,BPM6)统计,2021年全球服务贸易出口规模约60 720亿美元,相当于2006年的2倍,增速17.23%。2006—2019年,服务贸易占世界贸易总量的比重持续上升,2021年全球贸易总额达28.5万亿美元,其中服务贸易额为6.1万亿美元,虽然从总量上看,服务贸易仍落后于货物贸易,但从增速上看,1980—2021年全球服务贸易年均增速达6.48%,高于货物贸易年均增速1个百分点,超过全球经济年均增速1.2个百分点。根据WTO发布的《2019年世界贸易报告》,世界服务业就业比重高达50.1%,其中,高收入经济体服务业就业比重为74.1%,中等收入经济体服务业就业比重为51.2%,中低等收入经济体服务业就业比重为44.8%,这意味着国际贸易的重心逐渐从货物贸易向服务贸易转移,服务贸易日益成为全球经济增长的主要引擎。

2. 生产性服务是服务业的重要组成部分

金融服务、运输服务、商务服务等生产性服务既是连接农业、制造业的"黏合剂",也是经济发展的"推进器",对制造业和国民经济增长具有重要作用:一方面,生产性服务业,如研发设计、仓储运输、批发零售、专利科技、金融保险等作为中间服务投入,已经全面渗透到商品生产制造的各个环节,对提升制造业生产效率、技术水平、价值创造等发挥重要作用;另一方面,品牌资产、分销服务和售后服务越来越受到制造业企业的重视,成为提升产品附加值的重要手段,引领价值创造向产业链和价值链上下游转移,推动产品向高附加值环节攀升。

3. 服务领域成为国际贸易规则谈判焦点

随着服务业业态的大幅拓展及重要性日益凸显,全球国际贸易规则谈判的重点逐步集中在服务业领域。根据WTO统计,目前全球范围内大概有290项特惠贸易安排,其中服务贸易内容占近一半。当前,已经达成的《全面与进步跨太平洋伙伴关系协定》(Comprehensive and Progressive Agreement for Trans-Pacific Partnership,CPTPP)和《美墨加协定》(USMCA),以及正在谈判中的国际服务贸易协定(TISA),重心是通过制定、更新服务贸易规则来不断巩固和拓展发达经济体在服务贸易领域的国际竞争力与市场份额。最新的国际服务规则谈判的重点主要包括:负面清单式开放,消除电子商务和数字贸易壁垒,竞争中性,知识产权保护等,对金融、电信和专业服务等部门的开放则制定了专门的章节。不难预见,未来,随着WTO多边贸易体制和国际服务贸易协定谈判的持续推进,全球将迎来新一轮服务贸易自由化浪潮。

(四) 数字经济催生国际贸易新业态

新一轮科技革命和产业变革孕育兴起,带动数字技术和数字经济强势崛起,催生了互联网、大数据、云计算和人工智能等数字产业,进一步释放了数字贸易发展潜力。根据UNCTAD统计,2008—2018年,全球数字服务出口规模从18 379.9亿美元增长到29 314.0亿美元,年平均增长率约为 5.8%,占服务贸易总出口的比重从 45.6%增长到 50.2%。数字技术催生数字贸易新业态,其主要表现在几个方面:一是数字技术加速赋能传统服务贸易。服务贸易通常基于跨境交付、境外消费、商业存在和自然人流动四种模式开展,随着数字技术与服务贸易的加速融合,出现了诸如跨境电子商务(cross border e-commerce,以下简称"跨境电商")、在线金融服务等新模式,弱化了分销服务和金融服务高度依赖商业存在的局面。二是数字贸易将重塑全球服务贸易商业模式。以大数据、云计算、区块链、人工智能等为依托的电子商务平台逐步兴起,带来了新的产品、流程和商业模式,例如,依托大数据、云计算技术,实现智能电子商务模型在国际网购平台中的应用,催生跨境电商等新兴国际贸易方式的快速发展。三是数字技术支持下,第三方支付、移动支付、云端支付等新兴交付方式替代传统支付,大大提高了贸易效率。四是软件与信息技术、供应链管理、医疗健康等领域的服务贸易将不断扩大需求,交通运输、旅游等传统服务贸易通过与"互联网+"融合不断推动业态创新。

第二节 数字贸易与发展趋势

一、数字贸易的内涵与特征

(一) 数字经济与数字贸易的概念内涵

数字贸易是数字经济发展的重要组成部分,因此,要了解数字贸易,就有必要先了解数字经济。

1. 数字经济的概念及外延

1) 数字经济的概念界定及演进历程

1996 年,"数字经济之父"唐·泰普斯科特(Don Tapscott)在其著作《数字经济:网络智能化时代的前景和危险》中首次提出数字经济这一术语,概括总结了数字化、分子化、虚拟化、去中介化等 12 个数字经济的基本特征,并将数字经济看作网络智能时代由信息通信技术支撑的经济社会运行新范式。1998 年 4 月 15 日,美国商务部完成《正在兴起的数字经济》(*The Emerging Digital Economy*)研究报告,强调数字革命过程中信息技术行业、电子商务等领域的驱动作用。随后,国内外学者和机构经历了对信息经济—互联网经济—数字经济的探索过程。

数字经济概念界定的相关研究,主要集中在国际组织和各国统计局的研究成果和工作报告中,其中,讨论最为深入的是经济合作与发展组织(OECD)和美国商务部经济分析局(BEA)的研究。美国商务部是最早探索数字经济相关问题的政府机构之一。2016 年,BEA 将数字经济界定为三个领域:计算机网络运行相关的数字化基础设施,利用网络进行商业交易的电子商务,数字经济使用者所创造和使用的数字媒体。2018 年,BEA 在《数字经济定义和测度》中指出"数字经济包含主要基于互联网及相关信息通信技术(ICT)的经济活动"。数字经济产业包括三大门类:数字化赋能基础设施、电子商务和数字媒体。OECD 从 1992 年开始发布系列出版物《信息技术展望》,描述信息技术货物和服务工序的快速增长,

2012年将其改名为《互联网经济展望》。2014年，OECD进一步指出数字经济是一个由数字技术驱动、在经济社会领域发生持续数字化转型的生态系统，至少包括大数据、物联网、人工智能和区块链四个部分，并于2015年将其改名为《数字经济展望》。2018年，OECD在《数字经济测度框架》中提出了定义数字经济的新视角，即通过交易的性质来界定一项经济活动是否属于数字经济。OECD根据数字经济相关行业的核心经济活动将数字经济相关产业划分为六类，即数字驱动行业、数字中介平台、电子零售商、其他数字业务行业、依赖中介平台的行业以及其他行业，但没有提出明确的产业分类。

2) 数字经济的概念外延

近年来，随着新一代信息技术的广泛应用，数字经济的概念和内涵及范围界定发生新变化，数字经济的概念和外延不断拓展。狭义的数字经济特指新一代信息与通信技术集群产业，广义的数字经济则泛指围绕新一代信息与通信技术展开的经济社会的数字化转型。数字经济的发展内涵具有四个方面的核心内容：一是数字化信息，指将图像、文字、声音等存储在一定虚拟载体上并可多次使用的信息；二是互联网平台，指由互联网形成，搭载市场组织、传递数字化信息的载体，如共享经济平台、电子商务平台等；三是数字化技术，即能够将数字化信息解析和处理的新一代信息技术，如人工智能、区块链、云计算、大数据等；四是新型经济模式和业态，表现为数字技术与传统实体经济创新融合的产物，如个体新经济、无人经济等。从本质上讲，数字经济是一种"技术-经济范式"理念，以数字化的知识和信息为关键生产要素，以网络化、智能化的数字基础设施为支撑，促进大数据、区块链、云计算等新一代信息通信技术与经济社会深度融合，实现效率跃升和结构优化的一种新业态。

2016年，二十国集团(G20)杭州峰会发布的《二十国集团数字经济发展与合作倡议》指出，数字经济是"以使用数字化的知识和信息作为关键生产要素、以现代信息网络作为重要载体、以信息通信技术的有效使用作为效率提升和经济结构优化的重要推动力的一系列经济活动"。2017年，中国信息通信研究院、中国信息化百人会则将数字经济的涵盖范围划分为"产业数字化"和"数字产业化"两部分，中国信息通信研究院在其2021年发布的《中国数字经济发展白皮书》中，指出数字经济发展包括四个部分，即数字产业化、产业数字化、数字化治理、数据价值化，试图确定数字经济的外延(表2-1)。

表2-1 中国信息通信研究院对数字经济概念的划分

来源	划分层面	主要内容
中国信息通信研究院(2021)	数字产业化	信息通信产业，包括电子信息制造业、电信业、软件和信息技术服务业、互联网行业等
	产业数字化	传统产业应用数字技术所带来的产出增加和效率提升部分，包括但不限于工业互联网、两化融合、智能制造、平台经济等融合型新产业、新模式、新业态
	数字化治理	包括但不限于多元治理、"以数字技术＋治理"为典型特征的技管结合、数字化公共服务等
	数据价值化	包括但不限于数据采集、数据指标、数据确权、数据标注、数据定价、数据交易、数据流转、数据保护等

资料来源：《中国数字经济发展白皮书》(2021)。

2. 数字贸易的概念及外延

纵观国际贸易发展史,全球贸易大致经历了传统贸易、信息化贸易、数字贸易三个阶段。数字贸易作为数字经济的延伸和应用,由美国最早正式界定。2013年,美国国际贸易委员会(USITC)首次提出数字贸易的概念,将其定义为"通过固定线路或无线数字网络提供产品和服务的贸易",此定义只包括通过网络支付的数字产品和服务,并未囊括大多数实物商品的贸易。2014年,USITC在《美国和全球经济中的数字贸易Ⅱ》报告中延伸了数字贸易的概念,将其界定为"互联网和互联网技术在订购、生产以及交付产品和服务方面发挥关键作用的国内商务和国际贸易活动"。2017年,USITC又在交付方式和交易对象上收窄了数字贸易的定义——"通过互联网及智能手机、网络连接传感器等相关设备交付的产品和服务",此范畴的数字贸易概念仅包括通过互联网方式交付的数字产品与服务,剔除了大多数商品贸易数据,如在线订购的实物商品。2020年,经济合作与发展组织、世界贸易组织和国际货币基金组织联合发布的研究手册将广义数字贸易定义为"所有通过数字订购或数字交付的贸易"。在这个框架内,数字贸易的交易对象不仅涵盖货物与服务,还包括"信息和数据",数字贸易的支付方式也包括"数字订购""数字交付"和"中介平台"三种形式。OECD-WTO-IMF框架下宽口径数字贸易概念是目前最广泛与全面的数字贸易定义,与USITC主张的窄口径定义形成鲜明对比。

数字贸易是数字时代国际贸易演化的最高形态,狭义的数字贸易仅限于数字产品和服务的范畴,而广义的数字贸易则泛指围绕新一代信息与通信技术展开,以实体货物或数字产品、服务以及知识信息为贸易标的的数字贸易。我国2021年发布的《"十四五"服务贸易发展规划》明确提出数字产品、数字服务、数字技术、数据和信息四类数字贸易(图2-1),为未来一段时间中国数字贸易的发展明确了方向和路径。

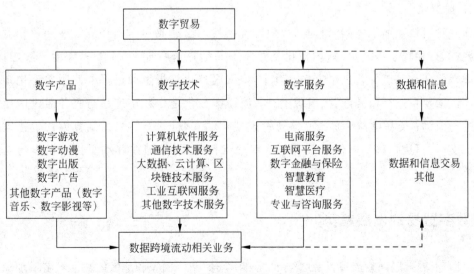

图2-1 数字贸易的类型及内涵

（二）数字贸易的基本特征

1. 数据化

数据化是数字贸易的典型特征。在传统国际贸易中，劳动力、资本、技术等是一国比较优势的来源。然而，在数字经济时代，数字化的知识和信息与劳动力、资本等传统生产要素并列，数字贸易中，数据和信息构成现代数字经济时代中个人、社会和商业活动的基础，数据成为可交易、具有价值的新型关键要素，是数字贸易扩张和创新的驱动因素。依托数据要素，厂商能够实现从研发、设计、采购到营销、售后服务各个环节的集约化管理，提升资源配置效率；平台通过对客户需求信息进行挖掘、分析、建模、预测、存储等，针对客户需求提供个性化产品或服务。数字技术以及收集、使用和分析数据的能力成为数字密集型产品出口的比较优势来源。

2. 平台化

在数字贸易领域，互联网平台的作用比传统贸易环境下更为凸显，作为市场化的经济资源协调机构，互联网平台既是供给方汇集经济数据、整合经济要素和创造价值的纽带，也是消费者发现需求、满足需求的便捷场所。当前，平台化的数字贸易已经具备市场的功能，成为一种新的市场形式，随着互联网特别是移动终端的普及，这种平台化的市场形式将进一步扩展，电子商务平台正在替代传统商业模式而成为商务潮流。随着数字化转型深入推进，旅行、出行等跨境电商服务市场潜力将加速释放，推动全球电子商务持续快速增长。目前，全球范围内出现了基于数据驱动发展的大型数字平台，如腾讯、阿里巴巴、脸书、亚马逊等，这些平台及其服务体系，在数字资源整合及数字生态构建方面发挥着重要作用，推动数字经济与数字贸易快速发展。

3. 虚拟化

新一轮科技革命催生的云计算、大数据等新技术已经成为一国经济发展和贸易竞争力的重要标志，相较于传统贸易，虚拟化是数字贸易的显著特征，其主要表现为要素虚拟化、流通虚拟化和交易虚拟化三个方面。其中，要素虚拟化是指生产过程中使用数字化知识与信息等数据要素进行资源配置、组织生产；流通虚拟化是指数字产品与服务通过虚拟化的方式进行传输；交易虚拟化是指交易通过虚拟化的互联网平台完成，结算方式也是虚拟化的电子支付。目前，移动支付已成为全球首选支付方式，中国在移动支付中初步建立了领先优势。

二、数字贸易的发展趋势

根据《世界互联网发展报告 2022》，2021 年，全球 47 个国家和地区的数字经济增加值规模达 38.1 万亿美元，占 GDP 比重达 45.0%，在全球新冠感染疫情导致多国和地区 GDP 负增长的情况下，全球数字经济同比名义增长 15.6%，数字贸易已成为推动全球经济增长的重要引擎。当前,全球数字贸易发展趋势主要表现为全球数字服务贸易浪潮迭起、经济发达国家与地区具有显著优势、跨境电商成为外贸主流以及数字贸易规则成为博弈焦点。

(一) 全球数字服务贸易浪潮迭起

当前,各国紧抓数字经济发展机遇,积极拓展全球数字贸易市场,力争在国际贸易竞争中获得主动权,全球数字服务贸易浪潮迭起。从贸易规模看,2021年全球数字服务贸易规模达 381 137.77 亿美元,占服务贸易的 62.77%,占全部贸易的 13.37%。从增长趋势看,数字服务贸易增速领先于服务贸易和货物贸易,2010—2021 年全球数字服务贸易、服务贸易、货物贸易出口的年平均增长速度依次为 6.72%、4.70%和 5.56%。①

图 2-2 展示了 2005—2021 年可交付的数字服务出口发展趋势,可以发现,数字服务贸易日渐成为国际贸易的主流趋势。具体来说,第一,全球数字服务贸易出口规模不断扩大。根据 UNCTAD 统计,全球数字服务出口由 2005 年的 1.2 万亿美元增长至 2021 年的 3.81 万亿美元,年均增长 7.72%,2018 年全球数字服务出口额迈上 3 万亿美元新台阶。中国可交付的数字服务出口规模由 2005 年的 173.48 亿美元上升至 2021 年的 1 948.45 亿美元,其规模扩大至 11 倍。第二,全球数字服务出口占全球服务出口一半以上。从全球数字服务出口占服务贸易出口比重看,由 2005 年的 44.67% 逐渐提高到 2021 年的 62.77%。从中国自身数字经济发展情况来看,中国数字服务出口占服务贸易比重也呈现逐年上升趋势,虽然整体低于全球水平,但差距逐渐缩小,由 2005 年的 22.11% 提升至 2021 年的 49.68%。第三,信息通信技术服务出口占数字服务出口比重稳步提升。ICT 服务是数字贸易的核心组成部分,据 UNCTAD 统计,2006 年以来,ICT 服务占数字服务贸易比重持续上升,已由 2005 年的 13.89% 提升至 2021 年的 22.26%,相比之下,过去十几年间,中国这一比值明显高于世界平均水平,2021 年,中国 ICT 服务占数字服务贸易比重高达 39.51%,可见 ICT 产业在中国服务贸易中占据重要地位。②

由此可见,以数字技术为驱动、以数据为生产要素、以数字服务为核心、以数字交付为特征的跨境数字服务贸易正扮演重要的角色。数字服务贸易将加大传统服务贸易领域数字化改造力度,支持智慧物流、线上办展、远程医疗等领域的发展,提高服务可贸易性。未来,数字服务贸易将持续产生示范效应、头雁效应和辐射带动效应,为全球经济复苏和增长贡献力量。

(二) 经济发达国家与地区具有显著优势

由于经济发达国家与地区在资本、技术密集型的数字服务业的培育上占据优势地位,因此,从全球范围来看,相较于发展中经济体,发达经济体在数字经济和数字贸易领域明显处于优势主导地位。根据 UNCTAD 的统计数据,2005—2021 年,发达经济体数字服务出口规模从

---

① 国务院发展研究中心对外经济研究部,中国信息通信研究院. 数字贸易发展与合作报告 2022[R]. 2022.
② 数据来源于 UNCTAD。

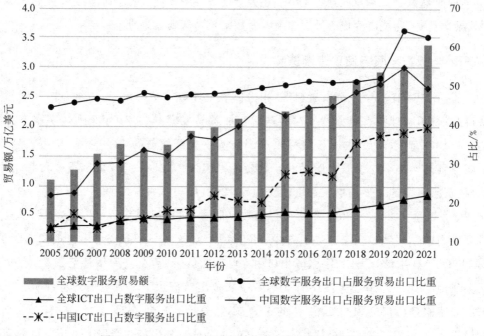

图 2-2　2005—2021 年可交付的数字服务出口发展趋势

资料来源：联合国贸发会议（UNCTAD）数据库。

约 1 034.9 亿美元扩张至 2 968.8 亿美元，2021 年发达经济体在全球数字服务出口中的占比达 77.9%，其国际市场占有率超过了服务贸易（72.8%）和货物贸易（55.58%），而发展中经济体数字服务出口规模仅由 2005 年的 165.56 亿美元增长至 2021 年的 842.58 亿美元，不足发达经济体的 1/3（图 2-3）。此外，发达经济体的数字服务出口在服务出口中的占比为 67.16%，同样高于发展中经济体（51.03%），通过比较 2020 年全球不同组别经济体三次产业数字经济渗透率（图 2-4）不难发现，不管是农业数字经济占比、工业数字经济占比还是服务业数字经济占比，发展中经济体均低于发达经济体，低收入经济体均低于高收入经济体。

（三）跨境电商成为外贸主流

跨境电商是指交易各方利用现代信息技术和计算机网络技术所进行的各类跨关境的一种新型贸易活动与模式，其体系主要包括跨境电商交易平台、信息服务体系、支付体系、信用服务体系等，涵盖营销、交易、支付、服务等各项商务活动。跨境电商融合了国际贸易和电子商务两方面的特征：一方面，有效降低了国际贸易中的固定成本，拓展贸易边界。另一方面，又给贸易带来了更大的复杂性，主要表现在：一是信息流、资金流、物流紧密结合，任何一方面不足或衔接不够，就会阻碍整体商务活动的完成；二是流程复杂，牵涉海关、检疫检验、外汇、税收、货运等多个环节；三是需要面对各个国家和地区的不同政策，容易受到国际经济政治宏观环境和各个国家和地区政策的影响。

根据 We Are Social 和 Hootsuite 联合发布的《2020 全球数字报告》，截至 2020 年 10

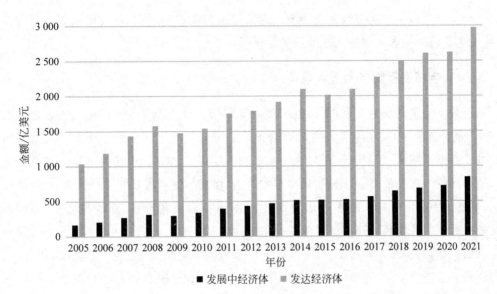

图 2-3 2005—2021 年发达经济体和发展中经济体可交付的数字服务出口情况

资料来源：UNCTAD 数据库，以当前价格的美元计算。

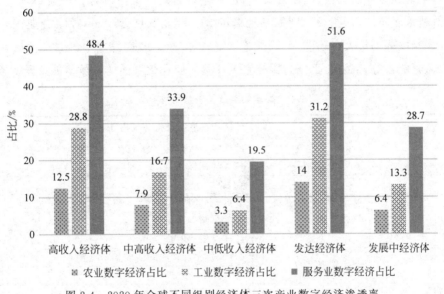

图 2-4 2020 年全球不同组别经济体三次产业数字经济渗透率

资料来源：中国信息通信研究院《中国数字经济发展白皮书(2020)》。

月,全球互联网用户达 45 亿,社交媒体用户突破 38 亿大关,全球范围内有超过 51.9 亿人使用手机,全球近 60% 的人口已经上网,社交媒体在全球人口的渗透率提高到 53.6%,中国社交媒体用户规模达 9.3 亿人,社交媒体渗透率约 64.6%。随着庞大的客户资源和互联网、大数据、人工智能新技术的推动和 5G 技术的广泛应用,全球电子商务正快速发展。根据 UNCTAD 统计,2020 年全球跨境电商零售额[B2C(指电子商务中企业对消费者的交易方式)]达到 7.93 万亿美元,其中,中国是全球最大跨境电商零售国,中美两国在全球电子商务中居于全球领先地位。随着数字化转型的深入推进以及直播电商、社交电商等新模式的兴起，跨境电商将成为国际贸易未来发展的主流形态。

（四）数字贸易规则成为博弈焦点

随着数字经济的快速发展，多边数字贸易规则构建成为 WTO 改革的重要议题。2017年，76 个成员签署了《关于电子商务的联合声明》，开启了 WTO 多边框架下与数字贸易有关的电子商务议题谈判。2020 年 12 月，86 个成员发布了《WTO 电子商务诸边谈判合并案文》，这些提案内含关税类、数据类、隐私与安全类、促进与便利类规则 4 个大类共 20 个具体议题，是高水平数字贸易规则多边化的重大尝试，各方就关税壁垒、非关税壁垒、消费者权益保护和数字贸易便利化等开展持续交锋（表 2-2）。时至今日，WTO 电子商务多边谈判仍尚未达成全球共识，其原因在于：其一，数字技术和数字贸易业态发展和更新迭代迅速，这大大提升了监管难度，各方难以就数字贸易、数字产品、数据流动和电子传输等基础概念达成共识，规则谈判缺乏必要的前提。其二，数字贸易涉及领域广，涵盖贸易便利化、市场准入（market access）、关税与数字税、数据跨境流动、知识产权保护、可信赖的互联网环境和数字营商环境等众多议题，各议题相互交织，达成共识需要广泛协调各方利益诉求。其三，各方核心利益诉求不同，一些发达国家和地区的数字产业发展起步早，数字企业国际竞争力较强，在谈判中强调扩大市场准入、减少贸易壁垒等，而大多数发展中国家和地区在数字产业基础、监管能力等方面较为薄弱，因此更关注贸易便利化层面的开放发展议题。

表 2-2　国际数字贸易谈判的博弈焦点

关税壁垒	数字产品或服务的税收	国际税：是否永久免征电子传输关税
		国内税：是否征收数字服务税，针对数字服务征税是否具有歧视性
非关税壁垒	跨境数据流动和本地化要求	隐私保护
		数据安全与数字主权
		数据存储本地化
		计算设施本地化
	数字知识产权	源代码、专有算法和商业秘密保护
		加密技术的选择
消费者权益保护	线上消费者保护、个人信息和隐私保护	
数字贸易便利化	跨境电商便利化	物质贸易、电子支付、电子签名、电子认证、电子合同等

由于 WTO 未能就数字贸易议题取得有效进展，当前各国和地区就数字贸易规则制定和数字治理话语权展开激烈角逐，尤其是以欧美为代表的西方发达国家和地区不断拉拢利益相关者以构筑规则同盟，数字贸易规则制定已经成为大国博弈的前沿阵地。美国从维护"数字霸权"出发，打出所谓"数字自由主义"旗号，签订《美墨加协定》和《美日数字贸易协定》（UJDTA）等贸易协定，并通过建立《跨境隐私规则》，吸收日本、韩国、新加坡、加拿大、澳大利亚、墨西哥等国的加入，构建跨境数据流动的"美式模板"拓展其全球利益；欧盟则以保

护数据隐私为核心,通过《通用数据保护条例》(GDPR)、"第 108 号公约"、《欧盟—日本经济伙伴关系协定》等巩固盟友;新加坡、智利、新西兰签署《数字经济伙伴关系协定》(*Digital Economy Partnership Agreement*,DEPA),韩国宣布将在 DEPA 的基础上启动"韩国—新加坡数字伙伴关系协定",日本加紧推动"基于信任的跨境数据流动"(DFFT)。目前,围绕国际数字贸易规则的制定与调整,全球范围内形成了三大主流模式:以美国为代表的自由主义模式、以欧盟为代表的干预主义模式和以中国为代表的谨慎监管模式。

1. 以美国为代表的自由主义模式

美国数字贸易发展起步早、数字基础设施完善,其网络技术和数字技术处于世界领先地位,美国是当前全球数字贸易发展最成熟的国家,也是数字贸易规则的重要设计者,在推动全球数字贸易发展、全球数字贸易规则变革以及重塑世界贸易格局中扮演重要角色。美国多次表明其数字贸易政策的基本立场,主张在数字贸易领域实现全面的数据开放与数字贸易自由化,包括免除贸易壁垒、非歧视性待遇、数字贸易市场准入、跨境数据信息自由流动、禁止数据本地化、保护源代码等,反对对数据流动加以限制,美国主导签订的自由贸易协定——USMCA 中明确规定,无论缔约方是出于国家或地区公共安全还是各自的监管要求,都不能违背 USMCA 所定义的"跨境数据自由流动"原则。美国的自由主义模式尤其重视个人信息跨境自由流动,要求尽量避免对电子信息跨境流动加强或维持非必要的壁垒,旨在破除其他成员的各种数字关税与非关税壁垒,推动全球数据信息自由流动,为实现美国数字企业、数字产品与数字服务的全球扩张扫清障碍。

2. 以欧盟为代表的干预主义模式

欧盟委员会将数字贸易作为欧盟经济发展的重要战略任务之一,与美国相比,其政策倾向相对保守,尽管欧盟是美国最大的数字贸易合作伙伴,但双方在"个人隐私保护""网络安全"和"跨境信息自由流动"等议题方面存在政策上的分歧。以欧盟为代表对数字贸易规则制定主张干预主义模式,其主要表现为:在税收方面,欧盟认同当前对电子通信免征关税,但对电子传输的产品免征关税和美国提出的永久性免关税条款存在异议;在数据跨境流动方面,禁止数据本地化与公开源代码,允许数据流动,但同时主张对数字贸易进行基于人权保护的数据流动监管干预。为了尽早建立欧盟数字贸易战略并促进跨境数据流动和信息自由流动,2017 年 11 月,欧盟委员会通过了《数字贸易战略》报告,其中明确表示反对各种形式的数字贸易保护,确保消费者应有的个人权利以及禁止强制要求数据本地化的各种措施,同时重点强调加强公民隐私和个人信息保护,支持此种模式的还包括新加坡、新西兰、澳大利亚、加拿大、韩国等国家。

3. 以中国为代表的谨慎监管模式

中国作为新兴的数字贸易大国,其比较优势集中于依托互联网以及电商平台的跨境货物贸易,在数字贸易规则上偏向于贸易便利化等措施,支持暂停征收关税和改善数字贸易营商环境的贸易便利化规则,但出于对国家安全以及对本国数字贸易发展的考虑,对于全球数字贸易谈判中争议较大的议题,如跨境数据流动、数据本地化、网络审查等,中国以保护国家安全为首要目标,采取谨慎监管态度。2017年施行的《中华人民共和国网络安全法》明确指出对常态化跨境信息流动实施禁止或限制,"关键部门"的公司强制要求数据本地化,并在数据保护、在线审查和网络安全相关政策方面把控较为严格,重视"国家安全"和"数据主权",以维护社会秩序与国家利益。当然,与欧美主导的监管模式不同,中国的全球数字治理立场中还特别强调对于发展中国家和地区以及不发达国家和地区的利益保护。

第三节 从"丝绸之路"到"一带一路"倡议

历史上,"丝绸之路"是起始于古代中国的政治、经济、文化中心——古都长安(今陕西西安)的古代贸易路线和陆路商业通道,它跨越陇山山脉,穿过河西走廊,通过玉门关和阳关,抵达新疆,沿绿洲和帕米尔高原通过中亚、西亚和北非,最终抵达非洲和欧洲。[①] 通过"丝绸之路",中国与中亚、西亚、南亚、欧洲、北非等地区建立起密切的商贸联系,中国的丝绸、瓷器、茶叶等商品源源不断地输往西方,西方的皮毛制品、玻璃、琉璃、象牙、珠宝、香料等物产也纷纷输入中国。"丝绸之路"不仅促进了东西方经济社会发展和生产力水平的提升,而且推动了东西方文化的交流融合。

古代"丝绸之路"是连通东西方经济、政治、文化的主干道,对推动古代中国与亚洲、欧洲等地的货物交换、文化交流和友好交往具有深远影响。作为古代亚欧大陆文明交流的典范,"丝绸之路"对当代中国与亚欧国家的经贸合作具有重要的启示和历史借鉴意义。2013年,习近平主席提出"一带一路"倡议,得到国际社会广泛关注和积极响应,其中,"一带"是指"丝绸之路经济带","一路"是指"21世纪海上丝绸之路"。"一带一路"倡议是党的十八大以后,党中央针对中国经济发展阶段面临的现实问题提出的重大开放战略和经济外交顶层设计。2015年3月28日,在海南博鳌亚洲论坛上,中国国家发展和改革委员会、外交部和商务部联合发布了《推动共建丝绸之路经济带和21世纪海上丝绸之路的愿景与行动》(以下简称《愿景与行动》),标志着"一带一路"倡议进入全面推进建设阶段。

一、"一带一路"建设的空间范围与深刻内涵

(一)"一带一路"建设的空间范围

"一带一路"是一个开放、包容的国际区域经济合作网络,《愿景与行动》并没有给出具

---

① 参见联合国教科文卫组织申遗文件(Ref.:5335)。原表述为"The Silk Road is the ancient trade route that starts in the old capital of Chang'an, the present-day Xi'an city and the center of politics, economy, and culture in a long period of ancient China. It refers to the overland commercial route connecting Asia, Africa and Europe, which goes over the Longshan Mountain, follows Hexi Corridor, passes Yumenguan Pass and Yangguan Pass, reaches Xinjiang, stretches along the oasis and the Pamir Plateau, enters the Central Asia, crosses Central Asia, Western Asia and Southern Asia, and then leads to Africa and Europe"。网址:http://whc.unesco.org/en/tentativelists/5335/。

体的国家清单,而是指出"一带一路"贯穿欧亚非大陆。从设施互联互通角度来看,《愿景与行动》提出"丝绸之路经济带重点畅通中国经中亚、俄罗斯至欧洲(波罗的海);中国经中亚、西亚至波斯湾、地中海;中国至东南亚、南亚、印度洋",而"21世纪海上丝绸之路重点方向是从中国沿海港口过南海到印度洋,延伸至欧洲;从中国沿海港口过南海到南太平洋",其主要航线为:泉州—福州—广州—海口—北海—河内—吉隆坡—雅加达—科伦坡—加尔各答—内罗毕—雅典—威尼斯。"一带一路"建设共规划中蒙俄、新亚欧大陆桥、中国—中亚—西亚、中国—中南半岛、中巴、孟中印缅六大经济走廊建设。"丝绸之路经济带"具体可以划分为核心区、拓展区和辐射区三个层次:核心区包括中国、俄罗斯和中亚五国(哈萨克斯坦、吉尔吉斯斯坦、塔吉克斯坦、乌兹别克斯坦、土库曼斯坦);拓展区包括印度、巴基斯坦、伊朗、阿富汗、蒙古国、白俄罗斯、亚美尼亚、乌克兰、摩尔多瓦9个国家;辐射区包括欧盟、日本、韩国等发达经济体。

随着"一带一路"倡议的不断推进,周边辐射国家越来越多,"一带一路"空间范围也将不断扩大。根据中国"一带一路"官网信息,截至2023年10月,我国已与152个国家(表2-3)、32个国际组织签署了200多份共建"一带一路"合作文件,覆盖我国83%的建交国。"一带一路"共建国家遍布亚洲、欧洲、非洲、南美洲以及大洋洲等世界各地,其地域总面积占全球陆地面积的54%,人口总量占全球的63%。共建"一带一路"10年来取得诸多成果,根据《共建"一带一路":构建人类命运共同体的重大实践》白皮书,2013年至2022年,中国与共建"一带一路"国家年度贸易额从1.04万亿美元扩大到2.07万亿美元,在此期间,中国与135个国家和地区签订了双边投资协定,与共建国家双向投资累计超过3 800亿美元。此外,中国与共建国家货物贸易累计规模达到19.1万亿美元,年均增长6.4%,既高于同期我国外贸整体增速,也高于同期全球贸易增速。

表2-3 "一带一路"共建国家

区域	初始共建国家	新增国家
东亚、东南亚、大洋洲地区(24国)	蒙古国、新加坡、泰国、越南、马来西亚、印度尼西亚、菲律宾、缅甸、柬埔寨、文莱、老挝	韩国、新西兰、巴布亚新几内亚、纽埃、萨摩亚、密克罗尼西亚联邦、斐济、库克群岛、汤加、瓦努阿图、所罗门群岛、基里巴斯、东帝汶
南亚地区(6国)	孟加拉国、巴基斯坦、斯里兰卡、尼泊尔、阿富汗、马尔代夫	—
中亚地区(5国)	哈萨克斯坦、乌兹别克斯坦、土库曼斯坦、塔吉克斯坦、吉尔吉斯斯坦	—
西亚地区(16国)	阿联酋、沙特阿拉伯、土耳其、卡塔尔、科威特、伊拉克、伊朗、阿曼、巴林、阿塞拜疆、黎巴嫩、格鲁吉亚、也门、亚美尼亚、叙利亚、巴勒斯坦	—

续表

区域	初始共建国家	新增国家
欧洲地区(27国)	俄罗斯、波兰、捷克、匈牙利、斯洛伐克、罗马尼亚、乌克兰、斯洛文尼亚、立陶宛、白俄罗斯、保加利亚、波黑、克罗地亚、爱沙尼亚、拉脱维亚、塞尔维亚、北马其顿、阿尔巴尼亚、摩尔多瓦、黑山	奥地利、希腊、马耳他、葡萄牙、意大利[①]、卢森堡、塞浦路斯
非洲地区(52国)	埃及	南非、苏丹、埃塞俄比亚、摩洛哥、马达加斯加、利比亚、突尼斯、塞内加尔、卢旺达、索马里、几内亚、毛里塔尼亚、吉布提、阿尔及利亚、科特迪瓦、塞拉利昂、喀麦隆、南苏丹、塞舌尔、加纳、赞比亚、莫桑比克、加蓬、纳米比亚、安哥拉、肯尼亚、尼日利亚、乍得、刚果(布)、刚果(金)、津巴布韦、坦桑尼亚、布隆迪、佛得角、乌干达、冈比亚、多哥、利比里亚、赤道几内亚、马里、莱索托、贝宁、科摩罗、尼日尔、博茨瓦纳、布基纳法索、厄立特里亚、几内亚比绍、马拉维、圣多美和普林西比、中非
中美洲及加勒比地区(13国)	—	巴拿马、特立尼达和多巴哥、安提瓜和巴布达、多米尼克、哥斯达黎加、格林纳达、多米尼加、萨尔瓦多、巴巴多斯、古巴、牙买加、洪都拉斯、尼加拉瓜
南美洲地区(9国)	—	玻利维亚、圭亚那、乌拉圭、委内瑞拉、苏里南、智利、厄瓜多尔、秘鲁、阿根廷

资料来源:中国"一带一路"网,https://www.yidaiyilu.gov.cn/country。

(二)"一带一路"建设的深刻内涵

改革开放以来,中国凭借丰富的物质资源和人口红利带来的成本优势融入以发达国家为主导的国际分工体系,中国通过承接发达国家的产业转移和产业垂直专业化分工,实现"出口奇迹式增长",中国自2013年起连续8年成为货物贸易第一大国,2020年货物贸易与服务贸易总额更是双双跃居世界第一。但贸易大国的背后,中国正面临人口红利逐渐摊薄、外需疲软、贸易保护主义抬头、"高端制造回流"以及"低端制造分流"等诸多不利冲击,中国长期加工代工、"唯数量论"的出口模式使中国企业被"俘获"在全球价值链低端,由此引发中国贸易"大而不强"、出口产品"高量低质"等问题,在国际竞争中越发处于不利地位,严重制约中国经济增长和对外贸易高质量发展。"一带一路"倡议对于新时代中国高质量发展具有重要意义,其深刻内涵主要体现在以下三个方面。

1. "一带一路"建设为优化全球资源配置提供新平台

在全球生产网络和垂直专业化分工的大背景下,有效利用产业转移不仅能够使国家深

---

① 2023年12月,意大利宣布退出"一带一路"倡议。

度融入世界经济、实现经济内外协调运行,还能有效推动经济全球化和世界经济增长。产业转移的本质是产业要素在空间上的重新配置,从世界范围看,产业转移有助于产业输出国向产业结构合理化和产业结构高级化方向发展,并帮助产业输入国完成原始积累,加快工业化进程。过去几十年发达国家主导的产业转移对国际分工格局产生了深远影响,然而,分工地位不平等现象一直存在,发达国家及其跨国公司凭借在资金、技术等方面的优势,占据着附加值较高的产业或生产环节。"一带一路"建设为中国实现全球资源合理配置和产业转移提供了广阔平台,中国可以借助"一带一路"合作平台深入适应国际产业转移潮流,通过东西双向互济、陆海内外联动引导国内区域产业转移和国外产业转移的合理对接,在更广阔的空间范围内合理布局经济资源,为实现中国外贸高质量发展提供良好基础。

2. "一带一路"建设为提升国际分工地位提供新机遇

"一带一路"涵盖全球40多亿人口,是世界上最具经济发展潜力的经济大走廊,"一带一路"建设为中国提升国际分工地位提供新机遇。一方面,中国与"一带一路"沿线国家的各产业耦合度较高,例如,中亚、西亚等地的能源输出国产业结构单一,南亚国家缺乏外资流入,北非等地的发展中国家工业化水平较低等,"一带一路"倡议将推动沿线各国之间贸易与投资的发展,形成优势互补、相互带动经济发展运作机制,实现沿线国家的共同繁荣;另一方面,中国与"一带一路"沿线国家的产业结构和资源禀赋具有高度互补性,且在中高技术制造业上具有比较优势,这意味着"一带一路"区域经济合作为中国向全球价值链中高端环节攀升提供了新途径,巨大的贸易潜力和产业结构的高互补性使中国在"一带一路"区域经济合作中获得更多接触"高精尖"分工环节的机会,培育中国国际竞争新优势,推动中国的全球价值链分工地位转型升级。通过向沿线国家进行技术和资本输出,帮助沿线发展中国家发展和完善工业化建设,提高沿线各国全球价值链参与度,有助于打破当前发达国家主导的国际分工格局,重构"以我为主"的区域价值链,重塑全球价值链分工体系。

3. "一带一路"建设为推动区域经济合作提供新模式

2008年金融危机之后,世界经济复苏乏力,伴随贸易保护主义抬头、全球化红利式微,西方发达国家的外贸发展战略从"与新兴经济体战略共赢"转变为"对新兴经济体战略遏制","逆全球化"思潮的兴起将阻碍全球化进程与区域经济合作。"一带一路"倡议的提出对开创区域经济合作新模式、重构全球开放经济新格局具有重要意义,"一带一路"倡议以和平发展为初衷,依靠中国与有关国家既有的双多边机制,秉承共商、共建、共享的原则,积极发展经济合作伙伴关系,互相学习,包容共进,互利共赢,共同打造政治互信、经济融合、文化包容的利益共同体、命运共同体和责任共同体,旨在通过构建一个开放、普惠、包容、均衡的新型合作模式,实现区域内部的文明互鉴和经济共同繁荣。"一带一路"倡议为全球治理和全球经贸合作提供了以共赢为理念的中国方案,成为推动新一轮全球化的划时代壮举。

二、"一带一路"高质量建设的主要路径

"一带一路"建设是顺应区域经济一体化潮流而提出的亚欧非大陆经济合作构想,对于

保障中国国家经济安全与战略利益、实现高水平对外开放、推动中国经济重心西移和"双循环"新发展布局、构建多区域多元化经济合作等具有重要意义。然而,"一带一路"沿线各国经济发展不平衡,文化差异巨大,资源禀赋各异,加之欧亚地区具备重要的战略区位优势和丰富的石油资源,是大国地缘政治博弈的重点地区,以上种种原因使"一带一路"建设面临一定的现实挑战。为顺利推进"一带一路"建设,增进沿线各国人民福祉,中国应从以下几条路径引领"一带一路"国际合作高质量发展。

(一) 落实"五通"建设,增强战略互信

(1) 政策沟通。秉承"开放包容、互利共赢"的理念,加强与沿线及周边国家在政策、基础设施、法律规章和文化等领域的对接沟通,增强双方战略互信,粉碎欧美等发达国家期望通过宣扬"中国威胁论"破坏"一带一路"建设的阴谋,打消沿线国家对"一带一路"建设的怀疑和顾虑。

(2) 设施联通。中国与"一带一路"沿线国家陆海新通道基础设施建设扎实推进。未来,要紧抓新一代信息技术、高铁、新能源等第三次工业革命兴起的机遇,加大中国对"一带一路"沿线国家的战略性交通援助、资金支持和技术输出。例如,中国在高铁方面拥有世界领先的技术手段、低廉的价格成本以及丰富的运营管理经验,可以有效地弥补共建国家在大型铁路网络建设初期的资金、技术等方面的缺口。

(3) 贸易畅通。积极探索、推动双多边贸易体制建设,稳步推进中国与"一带一路"沿线国家互设境外自由贸易园和产业园区,协调多方资源和比较优势,打造双方的跨境投资、贸易网络和产业链条,提升贸易效率。根据商务部国际贸易经济合作研究院发布的《中国"一带一路"贸易投资发展报告 2022》,截至 2021 年,中国已经与 17 个国家建立了贸易畅通工作组,与 46 个国家和地区建立投资合作工作组,与 23 个国家建立双边电子商务合作机制,与 14 个国家建立服务贸易合作机制。

(4) 资金融通。依托亚洲基础设施投资银行、亚洲开发银行、丝路基金等,中国与"一带一路"共建国家开展了多种形式的金融合作,给予具有产业价值、经济效益与发展潜力的项目相应贷款,为"一带一路"建设的高质量国际合作提供有力保障。中国与"一带一路"共建国家资金融通建设方面已经取得一定成就,根据中国银行保险监督管理委员会统计数据,截至 2020 年,共有来自 23 个"一带一路"沿线国家的 48 家银行在华设立了机构,中国已与 84 个国家和地区的金融监管当局签署了 122 份监管合作谅解备忘录或监管合作协议,其中涉及 37 个"一带一路"沿线国家。

(5) 民心相通。通过在教育、文化、旅游、卫生、公益慈善等多个领域开展贴近民众精神和物质需求的相关合作项目,如丝绸之路(敦煌)国际文化博览会、海外中国文化中心等连续举办的"鲁班工坊""丝路之友"等文明互鉴活动,在不同国度、不同文化和不同发展阶段的国家之间搭建理念认同的坚固桥梁。

(二) 加快制度设计,优化产业布局

"一带一路"沿线国家在制造业和基础设施建设等领域均面临着缺乏资金、技术与经验等能力不足问题,中国作为世界制造业大国,具有强大的生产供给能力,要想借助"一带一路"建设优化产业结构布局、提升周边国家制造业发展水平和区域产业链、供应链韧性,必须完善"一带一路"国际合作的顶层制度设计。伙伴协定如《区域全面经济伙伴关系协定》(*Regional Comprehensive Economic Partnership*,RCEP)、《全面与进步跨太平洋伙伴关系协定》、日欧经济伙伴关系协定(EPA)等,除货物贸易朝着"零关税"演进这一"边境上"规则外,知识产权保护、劳工标准、政府采购、营商环境等"边境内"规则正成为新一轮国际经贸规则议题的焦点。为此,中国政府要加快制度设计和顶层战略布局,在包括货物贸易、投资保护、原产地规则、海关手续、贸易救济、卫生和植物检疫措施、贸易技术壁垒、竞争政策、知识产权、劳工与环境等领域,建设既顺应世界贸易标准高端化发展又符合沿线及周边国家具体国情及发展需要的市场规范管理程序和制度安排,构建法制化、市场化、国际化、便利化的营商环境,提高投资便利化和贸易便利化水平,降低海外投资门槛和风险,为深化区域经贸合作创造良好发展环境。

(三) 对接高标准自由贸易协定,重构区域价值链

改革开放以来,中国长期实施"两头在外"的出口导向型客场全球化战略引致中国内需和出口的结构性背离,国内产业链关联性和延伸性发展受阻,难以培育民族自主品牌和世界级"链主"企业,要破解这一难题,必须实施内需主导型全球化发展战略,促进本土企业向区域价值链治理者角色转变。"一带一路"倡议的提出,为中国更好地参与国际分工和国际贸易规则调整带来新机遇。为此,一方面,中国政府应积极对接欧美等发达经济体签订的高标准自由贸易协定,将其落实到"一带一路"建设过程中,通过与沿线国家和地区签署高水平双边或区域性贸易投资协定,规避贸易摩擦,建立安全保障合作机制,为中国与"丝绸之路"沿线国家之间的经贸往来打造规范、公正、透明的市场经济环境,显著降低双方在跨境生产和贸易供应链上的交易成本与制度成本,提升上下游、产供销、内外贸互联互通的一体化效率。另一方面,依托"一带一路"建设,积极发挥中国对"一带一路"区域价值链的主导地位优势,以国内循环为基础,联通国内市场和国际市场,引领共建国家在区域经济合作中有序分工,逐步形成以中国为主导的国际区域经济合作新局面,重构"以我为主"的区域价值链。

(四) 把握数字经济发展机遇,建设数字"一带一路"

全国信息技术标准化技术委员会大数据标准工作组发布的《大数据标准化白皮书(2020版)》指出,2019年,全球数字经济平均名义增速为5.4%,高于同期全球国内生产总值名义增速(3.1%),这意味着数字经济展现出强劲的发展韧性,成为缓解全球经济下行压

力、实现"弯道超车"的重大发展机遇。早在 2017 年,习近平总书记就提出"建设 21 世纪数字丝绸之路"的发展方向。然而,数字鸿沟、网络数据安全、数字贸易规则争端、无序竞争以及美国数字霸权等现实问题无疑为数字"一带一路"建设增添了诸多障碍。有鉴于此,为稳步推进数字"一带一路"建设,引领中国与"一带一路"沿线国家数字贸易高质量发展:一方面,要加快实现中国与"一带一路"沿线国家数字基础设施建设的对接融通,数字基础设施的建设和完善是数字经济发展的前提,可以将 5G、物联网等新型信息基础设施建设与传统道路基础设施建设有效融合,加速推进国家规划已明确的重大项目和基础设施建设,尽快补足数字基础设施短板;另一方面,将"数字丝绸之路"建设融入新发展格局当中,充分发挥中国在跨境电商和数字支付领域的重大优势,主动参与全球数字贸易规则构建和数字治理,利用"一带一路"建设扩大中国数字经济领域的影响力,争取数字经济全球治理的话语权,本着互惠互利的原则,充分考虑"一带一路"沿线国家经济现行发展阶段的适用条件,建立有利于数字贸易发展的体制机制和政策环境,共享数字收益。

第四节 中国对外贸易高质量发展的内涵与举措

一、对外贸易高质量发展的内涵和基本原则

(一)对外贸易高质量发展的内涵

党的十九大对新时代中国经济发展的趋势作出了一个重大判断,即从高速增长向高质量发展转变。党的二十大报告进一步强调指出,高质量发展是全面建设社会主义现代化国家的首要任务。因此,高质量发展是中国改革开放与经济发展进入新时代、新阶段的必然选择,深刻体现了我国经济转型升级与创新驱动发展的客观规律和内在要求。无疑,推动开放型经济迈向高质量发展,是新时代中国对外开放的鲜明特征和基本主线。

国际贸易是开放型经济的重要组成部分,为了建设更高水平的开放型经济新体制,中共中央、国务院 2019 年 11 月印发《中共中央 国务院关于推进贸易高质量发展的指导意见》,要求加快推动由商品和要素流动型开放向规则等制度型开放转变,建设更高水平的开放型经济新体制。2021 年 11 月,经国务院批复(国函〔2021〕112 号)同意,商务部等部门组织实施《"十四五"对外贸易高质量发展规划》这项国家级专项规划,提出在"十四五"时期,要努力实现五项目标:贸易综合实力进一步增强、协调创新能力进一步提高、畅通循环能力进一步提升、贸易开放合作进一步深化和贸易安全体系进一步完善。具体来说,贸易综合实力进一步增强,强调的是我国对外贸易在规模、增速、市场份额等多元方面形成更加良性发展的综合态势;协调创新能力进一步提高,强调的是推动协调与创新齐头并进,推动协调发展和推动创新发展、数字化升级和绿色转型;畅通循环能力进一步提升,要求我国外贸产业链、供应链具备更强的畅通运转能力;贸易开放合作进一步深化,要求具备更高水平的贸

易自由化、便利化;贸易安全体系进一步完善,则强调统筹发展和安全,在提高对外贸易发展规模、速度、质量等的同时,提高贸易的安全保障能力。

因此,结合上述重要文件的基本精神和学术界的有关探讨,我们可以把对外贸易高质量发展的基本内涵界定为:以提高外贸国际竞争力为核心点,以贸易创新发展为动力,统筹贸易发展与安全,加快培育参与国际经济合作和竞争新优势,以更加包容和更加普惠的共享理念为实践导向的质量增长型贸易发展方式。

(二)对外贸易高质量发展的基本原则

根据《中共中央 国务院关于推进贸易高质量发展的指导意见》和商务部等部门《"十四五"对外贸易高质量发展规划》,未来我国推动对外贸易高质量发展应坚持五项基本原则,简要介绍如下。

1. 坚持创新驱动,加快发展方式转型

创新是引领发展的第一动力。要逐步构造以技术创新、模式创新和制度创新为内容的创新体系,依靠创新要素驱动实现贸易增长。推动高端创新要素不断积聚,知识产权保护进一步强化。同时,培育、拥有一批国际竞争力强的跨国企业,企业自主创新能力强,拥有自主核心技术、品牌与生产工艺,对全球价值链、产业链、供应链有较强的影响力和控制力。

2. 坚持绿色引领,加快绿色低碳转型

绿色转型升级是我国对外贸易高质量发展的重要原则,也是当前全球价值链转型升级的新方向。要落实碳达峰、碳中和重大战略决策,加快对外贸易绿色低碳转型,探索建立绿色贸易标准和认证体系,打造绿色贸易发展平台,营造良好政策环境,加强绿色贸易国际合作,协同推进外贸高质量发展和生产生活方式绿色转型。

3. 坚持数字赋能,加快数字化转型

对外贸易高质量发展,要求我国紧紧抓住数字经济和全球价值链的数字化快速发展机遇,依托我国丰富的应用场景优势,激活数据要素潜能,大力推动企业和传统产业的数字化转型,促进数字技术与贸易发展深度融合,推动全链条数字化赋能。

4. 坚持互利共赢,提升开放合作水平

对外贸易的高质量发展,要更加重视进口的作用,提升出口质量,促进贸易平衡发展,维护多边主义和自由贸易,积极参与全球价值链重构。要具备更高水平的贸易自由化、便利化,通过全面履行 RCEP 承诺和深化与"一带一路"沿线国家互利合作,以及积极参加 CPTPP 等高水平自贸协定,推动多双边和区域经贸合作与国际分工更加紧密发展。

5. 坚持安全发展,提升风险防控能力

对外贸易的高质量发展,应当统筹发展和安全,在参与全球价值链生产分工以提高对外贸易发展规模、速度、质量等的同时,要注重安全保障能力。推动粮食、能源资源、关键技术和零部件的进口来源多元化,降低由于突发事件导致的贸易风险。同时,建立健全风险预警和风险防控体系,包括贸易摩擦应对、出口管制、贸易救济、重点领域核心技术攻关等,以有效应对突发外部冲击,提升本土供应链韧性和供应链安全。

二、对外贸易高质量发展的实现路径与政策举措

(一) 增强创新驱动,塑造对外贸易高质量发展的新动能

在推动外贸由要素驱动向创新驱动发展转变进程中,强化科技创新、制度创新、模式和业态创新,由以成本和价格优势为主向竞争新优势转变,推动人工智能、区块链、互联网、物联网、大数据等与贸易发展的有机融合,加快培育对外贸易高质量发展的新动能、新业态与新模式。

以人工智能为例。在新一轮科技革命下,人工智能技术的蓬勃兴起为经济变革注入一股新动力,而作为人工智能技术最重要载体之一的工业机器人在企业中的应用越发普遍。截至2019年,我国工业机器人总保有量约占全球工业机器人总量的28.7%,约为78.27万台,位居世界第一。① 工业机器人日益广泛的应用,沿着全球价值链的分工体系,将从上下游产业关联的角度对企业出口产品质量产生重要的影响。从前向关联来看:首先,上游行业的工业机器人应用为下游企业提供了更为优质的中间投入品,有助于下游企业出口产品质量提高;其次,机器人应用有助于降低企业生产的可变成本,使得受自动化技术影响的产品价格下降,这会进一步降低下游企业生产成本,促使其具有更充足的资金开展研发创新、员工培训等活动,有利于下游企业改善其产品质量。从后向关联来看:首先,下游行业工业机器人的广泛应用对中间投入品质量水平提出了较高的要求,这将倒逼上游企业进行技术创新,从而有助于下游企业出口产品质量提升;其次,由于下游企业对上游企业不存在垄断竞争的动机,二者在生产过程中具有一定的协同性,这导致下游企业对上游企业的中间投入品生产进行一定程度的指导,以期所获得的中间品能够最大限度地匹配到自动化生产过程中,避免不必要的产能消耗和产品缺陷,从而有利于上游企业提高其产品质量。

再以区块链为例。现阶段,国内外不断涌现一些区块链企业,为推动建立以区块链技术为支撑的贸易平台奠定了基础,并对我国对外贸易的高质量发展提供了有利的技术支撑。首先,区块链能推进我国贸易商品结构的不断优化和完善。通过区块链不可篡改及可追溯的优势,对商品生产的全流程实现无缝监控,突破以往传统的生产模式,带来我国生产制造领域的深刻变革,从而推进我国贸易商品结构的不断优化。其次,区块链能推进我国贸易方式的不断调整。做大做强一般贸易、提升加工贸易水平成为当前我国外贸转型升级的关键所在,而区块链分布式记账及去中心化的特点,能将所有交易进行详细记录,从而精准识别我国不同贸易方式的"短板",明确发展的重点、难点与突破点,进

---

① 国际机器人联合会(International Federation of Robotics,IFR)发布的工业机器人数据。

而不断强化我国企业自主生产制造的实力,推进我国贸易方式的稳步调整。再次,区块链能促进我国贸易市场结构的合理化,提升贸易布局的协调性与科学性。区块链兼具信息共享和透明的优点,能智能化地发现各市场的发展潜力,区分各市场的优劣势、长短板,从而为企业的市场决策提供参考依据,有助于提升我国对外贸易市场布局的合理性与科学性。最后,区块链能对我国外贸企业的革新发展提供技术支持。区块链作为一项底层技术,能精准掌握同一行业内不同企业间的生产要素配置情况,从而促进要素资源的合理流动,提高资源配置效率,推进外贸企业转型升级。

(二)拓展外贸发展空间,推动东西双向互济发展

要实现对外贸易高质量发展,就有必要加强双边、多边贸易合作,扩容中国对外贸易伙伴"朋友圈",降低外部市场集中度过高导致的贸易摩擦风险,为外贸增长创造新的增长极。具体来说,一是将外贸高质量发展与"双循环"新发展格局目标有机结合,利用中国超大规模市场优势,为全球各经济体的产出提供消费市场,引领国内市场消费升级,并借助RCEP合作平台发挥中国在东亚地区的大国优势,扩大中国在亚太地区的经济影响力,引领东亚地区经济再平衡。二是维护多边贸易体制,推动区域和多边合作,扎实推进和沿线国家签订高水平自由贸易协定,扩容升级自由贸易试验区和自由贸易港。三是立足于国内和伙伴国的投资建设,加强交通设施、物流通道、数字贸易、跨境支付等基础设施建设,发挥"引进来"和"走出去"的桥梁作用,深入推进中国与RCEP成员、"一带一路"沿线及周边国家多领域、深层次的合作,拓展亚非、拉美等市场,巩固和升级中国经贸合作"朋友圈",分散外部市场,降低贸易风险和减少贸易摩擦。此外,还应充分鼓励中西部地区利用区位优势广泛参与"丝绸之路经济带"的国际经贸合作,如扩大与中亚国家在能源、农业、工业制成品等优势领域的贸易往来,提升西部地区外向型经济发展水平,打造引领西部地区开放新高地。还可以通过搭建承接产业转移的各种载体,如加大公路、铁路等基础设施建设以及建立经济开发区、产业园区等,实现东部地区产业链向中西部腹地延伸,促进东部地区加工贸易向中西部地区梯度转移,形成东西双向互济的发展格局。

(三)促进货物贸易提质增效和平衡发展,构建更加多元的外部市场格局

在促进货物贸易提质增效和平衡发展方面。首先,深入实施创新驱动和"三品"(增品种、提品质、创品牌)战略,提高出口商品竞争力。其中,一是支持企业加大研发投入,突破核心关键技术,运用新技术改造传统产业,提高产品科技含量和附加值,同时发挥产业技术联盟的协同创新机制,搭建广泛集聚全球创新资源的平台,形成生产者、研发者、投资者、服务提供者、消费者等共同推动的全球创新链;二是采用国际先进标准完善产品出口的国际认证和检测体系,完善出口产品质量检测公共服务平台;三是支持企业建设产品服务保障体系,完善售后服务标准,积极运用信息技术发展远程监测诊断、运营维护、技术支持等售后服务。其次,实施积极进口战略,实现进出口动态平衡。其中,一是充分发挥中国国际进

口博览会的平台作用,抓好国家进口示范基地建设;二是重点扩大高新技术、核心零部件、装备和优质消费品进口,扩大能源、矿产资源等战略性商品进口;三是大幅削减药品、生活消费品、化妆品、奢侈品的进口关税,分阶段降低汽车、机电产品、高技术产品的进口关税,结构性调整农产品进口关税;四是推动重要资源进口方式和来源地的多元化。最后,缩小地区贸易差距,形成更加平衡的东西双向互济发展新格局。一方面,通过加强基础设施建设以及加强公路、铁路、航空、水运等领域收费行为监管,降低中西部地区的物流成本和经营成本,打造我国开放发展新的"成本洼地",实现"成本洼地"效应的国内梯度转移;另一方面,搭建承接产业发展的各种载体,如经济技术开发区、产业园区、边境经济合作区、跨境经济合作区等,提升中西部地区承接东部地区产业转移的能力,实现东部地区产业链向中西部腹地延伸,形成双向互济的开放发展新格局,从而促进产业在东部和中西部之间的转移,并在转型过程中实现高质量发展。

在构建更加多元的外部市场格局方面。在继续深耕发达经济体等传统市场、巩固扩大欧美高端市场份额的同时,大力拓展新兴市场,特别是"一带一路"沿线市场;充分利用已签署的 RCEP、中韩、中澳等自贸协定,逐步提高自贸伙伴市场在我国对外贸易中的占比;通过参与"一带一路"沿线国家基础设施建设,带动大型成套设备及技术、标准、服务出口,进一步拓展拉美、非洲、中东欧、中东、南亚等市场。

(四)紧抓数字革命机遇,提升外贸竞争新优势

工业智能化融合了科技革命和数字革命的标志性技术要素,其本身具备的高渗透性和高协同性的特征,能够依托信息、数据等高端生产要素进入经济活动的生产、分配、交换、消费各个环节,有效推动社会再生产过程中要素供给结构调整和要素资源重新配置。有鉴于此,中国政府应抢抓数字技术和科技革命发展机遇,大力发展数字经济、工业智能化和数字贸易,培育外贸竞争新优势。

首先,加大研发力度和提高科技创新水平,打造产业升级的生态基础。现阶段,应重点强调提高核心技术的自主研发能力,加快战略性产业的研发创新体系建设,政府可以通过补贴、减税降费等财税激励方式,鼓励企业加大对市场导向型产品的研发力度,破解关键核心技术"卡脖子"问题,如芯片技术、传感技术、信息技术等,实现核心零部件和重大标志性产品的技术攻关。

其次,以工业机器人应用为代表的工业智能化背后庞大的产业生态体系对经济发展和产业结构升级具有溢出效应和规模效应,是实现中国"稳出口"和提升外贸竞争新优势的重要抓手,为此,要大力发展人工智能产业,培育高端国产工业机器人。

最后,抢抓数字经济到来新机遇,强化智能产业合作。建立在信息技术基础上的智能化技术具有智能数据收集、数据分析等功能,不仅能够从前端投入视角智能化分配劳动力、资本和资源投入,实现要素供需精准匹配,还可以从后端产出视角实现智能检测,提升出口产品质量和扩大外贸竞争优势。为此,要进一步强化数字技术、人工智能与制造业的融合发展,建

设智能生产服务网络推动智能制造全产业链的配套发展,夯实贸易高质量发展的产业基础。

(五)顺应数字经济浪潮,推动服务贸易高质量发展

随着数字技术与服务业深度融合,服务产业升级和服务贸易数字化发展提速,加快数字技术创新与应用是推动服务贸易高质量发展的重要举措。数字经济推动服务贸易高质量发展主要是基于贸易方式数字化和贸易对象数字化。前者是指信息通信技术与传统服务贸易方式各环节融合渗透,带来贸易成本降低和贸易效率提升;后者则是指数字经济改变了服务贸易产品范围,数据和以数据形式存在的服务贸易,极大地拓展了现有服务贸易的广度和深度。

1. 贸易方式数字化可以降低服务贸易成本,提升服务贸易效率

信息通信技术与国际贸易各环节融合渗透加深,不断催生新的贸易业态和模式,减少了传统国际贸易中的信息不对称问题,因而有效降低了贸易成本。就信息获取而言,企业通过网络搜索引擎和数字广告就能够充分了解海外市场资讯,因而极大降低信息收集成本;就信息输出而言,互联网、微处理器、信息通信等数字技术为企业的市场宣传提供更高效、廉价的方式,因而为服务企业进入全球市场提供无限可能。此外,贸易方式数字化降低贸易成本还体现在其实现了信息流、资金流和货物流的有机结合。

在提升服务贸易效率方面。在交易流通环节,外贸服务企业和外贸监管机构越来越多地使用数字技术,既包括智能手机、智能机器人、笔记本电脑等数字终端,也包括互联网、搜索引擎、电商平台等基于数字技术的服务载体,因而大大提高了服务外贸企业参与全球市场的效率。在生产管理环节,在数字化转型过程中,企业数字交付的服务外包趋势日渐显现,不仅包括人力资源管理、财务审计、后台支持等传统业务流程的数字化服务外包,也包括软件研发、平台支持、信息系统维护等信息技术外包。生产过程不断细化,以及数字化、信息化服务外包蓬勃发展,既创造了更多的国际分工机会,也便于企业将生产环节放在国际市场上最有比较优势的地区进行高效分工。

此外,贸易方式数字化还为中小服务外贸企业参与全球市场提供了机会。根据新新贸易理论,企业进入出口市场需要支付一定的沉没成本,包括境外市场调研、营销渠道建立和广告宣传费用等,很多中小企业可能由于无法支付这些先期成本而难以进入出口市场。而数字技术的出现,尤其像跨境综合服务平台被广泛使用,极大地降低了协调和匹配成本,从而为广大中小服务外贸企业参与全球市场创造了条件。在此过程中,数字技术与实体经济的融合进一步强化了全球生产碎片化的倾向,使价值链终端个性化的零散需求逐渐显露,这又为中小企业提供了新的市场空间。尤其是伴随着贸易方式的数字化,中小服务外贸企业可以从复杂、烦琐、冗长的进出口中间环节中解脱出来,专注于提升企业经营效率和产品质量,反而可能有助于中小企业在全球价值链中发挥更加积极的作用。

2. 贸易对象数字化可以扩大服务贸易产品的范围,重塑全球价值链

随着数据成为新的生产要素,伴随着成本更低、方式更加优化的线上虚拟云储存出现,

以及智能手机、车载智能终端等硬件和终端设备快速升级迭代,国际贸易中越来越多的产品和服务也以数据的形式出现,既包括传统的图书、音像、软件等数字产品,也包括在线提供的教育、医疗、社交媒体等新型数字服务。得益于数字技术和互联网平台赋能,许多以前受时间和空间限制的不可交易服务部门通过线上远程交付变得高度可交易。

数据交易市场日趋完善,不仅催生了大量服务贸易新业态、新模式,也实现了全球价值链的重塑。一方面,越来越多的跨境数字产品和服务在数字技术的推动下进入全球价值链。具体而言:一是为专注于更有效率的生产环节,部分企业会将自身不具备比较优势的生产或服务产品分离出来,并通过外包的形式布局到更有优势的地区进行生产;二是以大数据、云计算、人工智能、5G 网络、区块链等为代表的新一代信息通信技术在生产侧创造出更多的新产品和新服务,这些新产品和新服务反过来通过数字技术进一步嵌入或改造已有的全球价值链;三是数字技术推动那些专注于本土市场的特色化服务"走出去",更加快速高效地融入全球价值链体系。另一方面,跨境数字产品和服务改变了全球价值链的收入分配规律。首先,相比加工制造环节,数字化服务在"微笑曲线"两端的环节应用得更加频繁。这一融合过程使得整个数字化服务更加分散,可交易性也大大增强,为复杂程度更高的产品和服务生产创造了条件。其次,"微笑曲线"中部的加工制造环节价值创造能力逐渐降低。数字技术的应用加快了产业自动化和模块化进程,传统在价值链中部企业所从事的加工制造工序也变得越来越标准化,而标准化生产可能难以满足用户个性化需求,导致其所创造的价值增值逐渐降低。价值链收入分配规律的变化,导致许多原本从事中间环节的加工制造的企业陆续向价值链两端延伸,利用数字技术进一步整合该生产环节所储备的知识和信息,并以此为基础开发前后端的数字化产品和服务,在推动企业数字化转型的同时,也向外输出数字服务。

(六)完善制度创新建设,提升全球治理话语权

物联网、人工智能、云计算等数字化信息技术的发展催生了跨境电商、市场采购贸易方式等新业态,并在一定程度上革新国际贸易模式,如运用大数据技术实现多个海关烦琐程序的便捷转译与互联互通。然而,与之配套的国际贸易规则、制度建设却落后于产业发展速度,现行全球经济治理规则和体系已经出现诸多不适,必将作出相应的调整和变革。为实现外贸高质量发展,必须完善对外贸易制度建设和制度创新,实现高水平对外开放,提升全球治理能力和话语权。具体来说,一方面,深化改革制度环境,营造公平、合理的市场环境。加强国内区域市场化改革,通过完善中国外贸法律和规则体系,如制定《中华人民共和国电子商务法》,形成高标准的市场化、法制化、国际化的营商环境,为微观主体提供一个统一开放、竞争有序的完善的市场体制,并做好《中华人民共和国外商投资法》与《中华人民共和国公司法》的衔接,以适应服务贸易开放发展和经济结构调整的新要求,加强贸易领域的风险防范能力,为贸易主体提供优质便捷的公共服务。另一方面,提升国际贸易规则制定能力和贸易谈判话语权。借助 RCEP 的实施积极对接高水平国际贸易规则,构建与之相应

的国内规则和制度体系,加强数字"一带一路"与东盟"10＋6"、《区域全面经济伙伴关系协定》、金砖国家等非正式国际机制数字规则的对接和统一,并积极与国际电信联盟(ITU)、世界知识产权组织(WIPO)、国际标准化组织等正式国际机制就数字标准和规则进行协商,在国际经贸规则变革和调整中发挥作用,维护中国在参与全球贸易过程中的立场和权益。

【本章复习思考题】

1. 简述当前国际贸易发展出现的新特征。

2. 当前围绕数字贸易规则制定的全球博弈日趋激烈,分析当下全球数字治理难以达成全球统一的深层次原因。

3. 简述现阶段全球数字贸易规则的三种典型模式。

4. 结合中国经济发展面临的现实挑战,分析中国提出"一带一路"倡议的时代动因。

5. 分析中国对外贸易高质量发展的基本内涵与实施路径。

【本章荐读书目】

1. 刘伟,张辉. 一带一路:区域与国别经济比较研究[M]. 北京:北京大学出版社,2018.

2. 国务院发展研究院中心国际合作局. 推动共建"一带一路"高质量发展:进展、挑战与对策研究[M]. 北京:中国发展出版社,2022.

3. 金江军. 数字经济概论:理论、实践与战略[M]. 北京:人民邮电出版社,2022.

4. 任保平. 新时代中国经济高质量发展研究[M]. 北京:人民出版社,2020.

5. 厉以宁. 中国道路与经济高质量发展[M]. 北京:商务印书馆,2021.

【即测即练】

第三章

经济全球化与中国对外直接投资的纵深发展

【本章学习目标】

(1) 了解国际和国内跨国公司的发展历程及其新特征；
(2) 分析国际直接投资的经济效应；
(3) 熟悉国际直接投资的当代特征；
(4) 掌握我国企业国际化的独特路径。

【本章基本概念】

技术转让效应；技术溢出效应；示范竞争效应；产业关联；就业极化；边际产业转移；技术创新产业升级；技术地方化

对外直接投资不仅是参与经济全球化的重要方式，也是影响一国经济发展质量的重要因素。新时代背景下中国正逐渐由引进外资大国转向对外直接投资大国，对于我国进一步深层次地融入经济全球化，实现高水平的对外开放和经济高质量发展具有十分重要的价值和意义。

第一节 跨国公司的发展历程与新阶段

跨国公司作为经济全球化的重要产物，是国际直接投资与国际贸易的重要推动者和参与者，是高水平、高层次贸易投资活动的重要载体。21世纪以来，跨国公司发展迅猛、快速崛起，已成为推动世界经济稳定发展的重要力量。

一、跨国公司的发展历程与新特征

（一）跨国公司的发展历程

跨国公司不是普遍存在于任何社会的，而是以社会化大生产和国际市场分工为特征的世界经济发展的产物，是在漫长复杂的世界经济发展过程中逐步诞生、形成、发展和壮大的。一般来说,跨国公司的发展历程大致可分为启蒙、形成、徘徊、发展和兴起五大阶段。

1. 启蒙

跨国公司可追溯至17—18世纪的重商主义时期,在这一时期随着垄断资本主义海外殖民浪潮的兴起,逐渐形成由当时皇家赐予特权、对海外殖民地贸易享有垄断特权的贸易公司。其中最为典型且影响最大的当属英国东印度公司。1600年12月31日,伊丽莎白一世将一份皇家特许状颁给一个叫"伦敦商人在东印度贸易"的公司,即日后的英国东印度公司。这份特许状有两个优厚的条件:一是行业垄断,英国东印度公司垄断着英国和东南亚一带的贸易;二是"有限责任",简单来说,就是如果英国东印度公司不幸破产了,无论赔多少钱,初期股东的损失也仅限于他们在公司的投资,不会影响到他们日常生活。英国东印度公司表面上是个正经的贸易公司,可实际上是个披着贸易外衣,掠夺和殖民的半政府商业组织,并在随后逐步由经营贸易和航运业扩张到关系国民经济运行的金融业,形成了集行政、司法、税收和军事等职能于一身的海外殖民代理机构。英国王室和政府除了向英国东印度公司收取特许经营权的固定费用外,还享有永久贷款、无须还钱的待遇。当时一份呈报英国议会的报表证实,从1757年到1766年这10年,英国东印度公司及其职员从印度足足搜刮了600万英镑。19世纪末,英国在英属印度地区的年净收入已经高达4 400万英镑,有1 600万英镑以税款形式汇回英国,成为英国的主要财政来源之一。16世纪末17世纪初,先后有葡、英、荷、丹、法等国在东半球的印度、印度尼西亚、马来亚等地成立东印度公司。这类特权贸易公司通过掠夺海外殖民地对各国资本主义原始积累起了重要作用。但随着工业革命的开展和逐步完成,自由竞争、自由贸易成为新兴工业资产阶级的强烈要求,这种特权公司已不适应资本主义进一步发展的要求,18世纪中期,其先后被各国政府解散。

2. 形成

1856年,英国正式颁布股份制公司条例,随后大批股份制公司陆续出现,这标志着现代资本主义企业的诞生。19世纪五六十年代,在经济比较发达的欧洲和美国,逐渐有一些大型企业在海外设立分支机构和子公司,进行跨国的生产和经营活动。如1865年德国拜尔化学公司在美国纽约州开办了一家生产制造苯胺的工厂;1867年美国胜家缝纫公司在英国格拉斯哥创办了缝纫机装配厂。这些公司被认为是早期跨国公司的先驱。后陆续出现了美国的威斯丁豪斯电气公司、爱迪生电气公司、福特汽车公司和美孚石油公司,英国帝国化学公司,瑞士雀巢公司等跨国公司。这一阶段形成了世界上第一批以对外直接投资为主要特征的跨国公司。现今活跃在世界经济舞台的知名企业和大型跨国公司仍有许多诞生于这个时期,如通用电气公司、西门子公司、飞利浦公司和巴斯夫公司等。

3. 徘徊

由于第一次世界大战和第二次世界大战的爆发和1929—1933年的经济大萧条,其间国际直接投资停滞不前,跨国公司的发展进入低谷徘徊期。这一时期尽管西欧各国的跨国经营活动增长缓慢,但美国的跨国公司却有了长足发展并逐渐成熟起来。由于美国本土远离战场,受到破坏较小,且受到战争需求刺激,其对外直接投资迅猛发展,美国快速由债务国转变为债权国,资本输出跃居世界第二,美国的跨国公司也从 118 家增加到 779 家,美国跨国公司得到快速扩张。由于欧洲对手受到第一次世界大战和第二次世界大战的削弱,美国跨国公司借机向欧洲、拉丁美洲等众多地区大举渗透。其间美国跨国公司还乘机打入德国的石油、汽车和有色金属等许多部门。

4. 发展

第二次世界大战结束至 20 世纪 70 年代,世界格局逐渐稳定,为第三次科技革命的发生和国际分工的深化提供了条件,跨国公司步入快速发展阶段。其主要体现在以下几个方面:一是发达国家的跨国公司数量不断增加,规模不断扩大。根据联合国跨国公司中心的统计数据,截至 20 世纪 70 年代末,发达国家的跨国公司数量已有上万家,跨国公司的子公司数量快速增加到 9.8 万家,年销售额达到 10 亿美元的制造业跨国公司已近 500 家。二是跨国公司的地区分布更为广泛,产业分布范围不断扩大。根据联合国跨国公司中心的统计数据,截至 20 世纪 70 年代末,跨国公司投资的东道主已超过 160 个国家和地区,遍布全球。产业分布也由早期的矿产、石油等初级产品行业转向制造业和服务业。第二次世界大战后 20 年中,跨国公司的大部分对外投资额都流向了制造业部分,金融业、保险业和旅游业等服务部门所吸收的外国直接投资额的比重也在不断上升。三是无论是在发达资本主义国家内部还是在国际上,跨国公司的垄断程度都进一步集中和加深。总之,这一阶段,跨国公司,尤其是发达国家的跨国公司,实现了快速发展壮大。

5. 兴起

20 世纪 80 年代至 21 世纪初,国际直接投资规模继续扩大,跨国公司数量空前增加,但随着新兴经济体经济实力的增强,跨国公司发展格局逐步由美国占绝对优势向多极化方向发展。发展中国家和地区的跨国公司数量逐渐增多。这一阶段,跨国公司的发展呈现以下几个特征。

(1) 跨国公司投资方式多元化。20 世纪 80 年代以后,由于科学技术水平的突飞猛进和国际经济领域竞争日趋激烈,跨国公司由以前的海外投资设厂、设立子公司逐步转向股权参与和合作经营。越来越多的跨国公司不再依赖大量的投入资金,而是更多地借助技术专利、管理服务和生产工艺等无形资产进行对外直接投资,创办合资、合营企业。

(2) 发展中国家跨国公司快速崛起。20 世纪 80 年代以后,发展中国家对外直接投资规模快速扩大,发展中国家的跨国公司发展迅速。《世界投资报告》显示,20 世纪 80 年代以后,发展中国家跨国企业不仅母公司及国外分支机构的数量迅速增加,而且海外资产和海外销售额也在不断扩大。

(3) 战略联盟成为跨国公司的重要发展模式。20 世纪 80 年代末,经济全球化趋势日益明显,国际竞争不断加剧,跨国公司的国际经营环境发生剧烈变化。在生产技术日新月异、国际产业深度融合和研发成本不断上升的背景下,单一跨国公司难以在产业内所有链条环节都占据成本优势,提供相应产品,也难以在不同产业链条中保持技术的前沿和领先地位。这迫使跨国公司调整经营发展全球战略,越来越多的跨国公司开始采取跨国联合经营战略,通过结成战略联盟来共同承担风险和成本,不同跨国公司在资金、技术、销售和管理服务等方面相互渗透,形成国际经营联合体。

(4) 跨国公司注重打造全球价值链。众多跨国公司开始在全球范围内布局生产分工体系,按照系统功能重新高效配置全球资源。由于劳动力、原材料、能源、资本和技术等生产要素在全球各地性价比不同,企业有了在全球范围内选择要素和打造全球价值链的可能。它们把全球性价比最好的资源吸纳和整合到自己的价值链中,从而获得更大的竞争优势。

(二) 跨国公司的发展新特征

近年来,在百年未有之大变局的新时代背景下,全球地缘政治冲突加剧、世界能源结构重塑、国际产业体系分工调整,加之逆经济全球化思潮的兴起和新冠病毒感染疫情的全球暴发,国际经济发展面临新挑战,跨国公司发展步入新阶段,呈现新的发展特征。

1. 跨国投资下行压力巨大,南北差距分化加剧

当前,全球面临百年未有之大变局,世界经济发展面临的不确定性、不稳定性空前增大,地缘政治格局、产业链供应链布局加速重构,各方利益重新分配。在此过程中,发达经济体凭借其强大的综合国力、对国际秩序的支配地位,能更为有效地应对风险,并掌控核心资源要素配置、产业链布局乃至地缘政治矛盾的走向,把控变局时代的利益分配,从而进一步巩固自身的优势地位。相比之下,发展中经济体,特别是最不发达经济体被动承受风险冲击,在同样的外部环境下受到的影响更大,在世界经济体系中进一步被边缘化,南北发展鸿沟不断加深。《2022 年世界投资报告》揭示了变局时期的全球跨境投资走向:尽管 2021 年全球跨境投资相较 2020 年明显回暖,但下行压力巨大,同时,发达国家和发展中国家的外国投资出现明显分化。该报告显示,大型跨国企业利润回升,发达国家对国际化的掌控更强。全球大型跨国公司主要来自发达国家。"恢复元气"的跨国公司将加快全球扩张和资源整合,助推发达国家在国际化进程中持续扩大影响力,构建符合其战略意图的国际产业链体系。得益于强劲释放的需求、低廉的融资成本以及政府的有效支持,在发达国家经营的跨国企业利润增长更为迅速,也将有力提升发达国家相较发展中国家的外资吸引力,南北发展不平衡问题进一步加剧。

2. 跨国公司国际化水平停滞不前,行业差异明显

近几年来,随着国际局势的动荡和产业竞争的加剧,各国政府日益重视本国产业链和供应链的安全性与稳定性,跨国公司在制定自身发展战略时更加注重本土化和归核化,造成跨国公司的国际化水平停滞不前。表 3-1 为全球 100 强非金融跨国公司的国际化统计数据。从表 3-1 中可以看出,近几年,全球 100 强非金融跨国公司的国外资产增速缓慢,国外资产占总资产的比重在不断下降。全球 100 强非金融跨国公司的国外销售额和国外销售额占比也在不断下降,并且下降趋势日益明显,国外受雇员工的数量和国外受雇员工占比也呈现递减趋势。跨国指数(TNI)的平均数和中位数也由 2018 年的 64% 和 63% 下降至 2020 年的 61% 和 60%。跨国公司国际化水平停滞不前。

表 3-1　全球 100 强非金融跨国公司的国际化统计数据

变量	2018 年	2019 年	2018—2019 年变化/%	2020 年	2019—2020 年变化/%
资产/亿美元					
国外	9 334	9 403	0.7	9 639	2.5
国内	6 711	7 869	17.3	8 286	5.3
共计	16 045	17 272	7.7	17 924	3.8
外国资产占比/%	58	54		54	
销售额/亿美元					
国外	5 937	5 843	−1.6	5 335	−8.7
国内	3 899	4 491	15.2	4 158	−7.4
共计	9 836	10 333	5.1	9 493	−8.1
国外销售额占比/%	60	57		56	
受雇员工/千人					
国外	9 544	9 339	−2.1	9 076	−2.8
国内	8 571	10 431	21.7	10 495	0.6
共计	18 115	19 770	9.1	19 571	−1.0
国外受雇员工占比/%	53	47		46	
未加权平均跨国指数(TNI)/%	64	61		61	
跨国指数的中位数(TNI)/%	63	61		60	

资料来源：《2021 年世界投资报告》。

虽然跨国公司整体国际化水平停滞不前，但不同行业具有明显的差异。近些年来随着国际能源冲突加剧和制造业回流等的影响，能源和重工业的跨国公司的国际化水平显著下降。根据《2021 年世界投资报告》数据结果，采掘业、重工业和建筑业跨国公司的海外销售额平均下降了 15% 以上。受 2021 年油价剧烈波动的影响，油气跨国公司销量下降了 30%，外国投资陷入停滞，甚至在一些情况下，还出现了重组和资产剥离，使外资企业的规模缩小。例如，荷兰皇家壳牌公司在 2020 年剥离了约 15% 的外国资产，挪威国家石油公司和英国石油公司剥离了约 10% 的外国资产。加拿大管道公司和西班牙能源巨头雷普索尔公司等主要能源跨国公司大幅减少了海外业务和产量。而其他行业的公司，包括制药公司和电信公司，由于受到全球新冠感染疫情的影响，其国际业务则有所扩展。如疫情增加了对药品和卫生保健服务的需求，导致卫生部门的收入增加了 15%；制药业的跨国公司为了找到成功的小公司来帮助其开发新产品，进行了大量国际收购，使其海外资产平均增长了 20%。其中最大的一笔交易是瑞士诺华公司以 74 亿美元的价格收购了美国生物科技公司。另外，轻工业、公用事业以及汽车和贸易公司，尽管销售额是下降的，但其国际生产结构保持稳定。

3. 发展中国家跨国公司的海外投资活动明显减弱

表 3-2 为发展中国家全球 100 强非金融跨国公司的国际化统计，从中可以看出，发展中国家跨国公司的国外销售额和国外受雇员工分别下降 5.3% 和 8.1%，明显高于全球平均值的 1.6% 和 2.1%。这主要是由于发展中国家的跨国公司中有不少公司经营的是受影响最

严重的采掘业和重工业,使得发展中国家跨国公司的海外投资活动明显减弱。《2021年世界投资报告》显示,2020年发展中经济体跨国公司的海外投资活动价值下降了7%,降至3 870亿美元。

表3-2 发展中国家全球100强非金融跨国公司的国际化统计

变 量	2018年	2019年	2018—2019年变化/%
资产/亿美元			
国外	2 593	2 700	4.1
国内	5 691	6 021	5.8
共计	8 284	8 720	5.3
外国资产占比/%	31	31	
销售额/亿美元			
国外	2 614	2 476	−5.3
国内	3 047	3 370	10.6
共计	5 661	5 846	3.3
国外销售额占比/%	46	42	
受雇员工/千人			
国外	4 931	4 532	−8.1
国内	8 231	9 238	12.2
共计	13 162	13 770	4.6
国外受雇员工占比/%	37	33	
未加权平均跨国指数(TNI)/%	49	48	
跨国指数的中位数(TNI)/%	45	47	

资料来源:《2021年世界投资报告》。

此外,《2021年世界投资报告》显示,虽然在全球百强企业中,来自新兴市场的跨国公司数量从2015年的8家增加到2020年的15家,但相较发达国家,它们的国际化水平整体偏低。如2019年沙特阿拉伯国家石油公司(沙特阿拉伯)和2017年国家电网(中国)进入时,其TNI分别为15%和5%以下。

4. 科技类跨国公司国际化呈现两极分化趋势

对于硬件和IT(信息技术)公司来说,近几年来,由于全球对顶尖科技跨国公司活动和市场地位的监管审查加强,它们的海外投资减缓,其国际收入的增长并没有导致跨境收购的增加。《2021年世界投资报告》显示,美国苹果公司和英特尔公司逐渐撤出中国,使它们在中国的资产分别减少了20%和80%以上,这也对它们的外国资产状况产生了显著的负面影响。而相比之下,由于受到新冠感染疫情的影响,美国谷歌、亚马逊和中国腾讯等纯数字技术和快递服务公司的海外收入平均增长了2/3。在2020财政年度末,这类跨国公司的海外资产的价值增长了近30%。

5. 跨国公司越来越重视投资战略韧性

在百年未有之大变局的背景下,世界经济发展面临的不确定性、不稳定性空前增大,如一些外生冲击造成国际生产的大规模中断,全球供应链在其中发挥了远距离传输器甚至放大器的作用。增强供应链韧性已经成为政策制定者和跨国公司的首要任务。越来越多的跨国公司通过网络重组(包括投资和撤资决策)、供应链管理方案以及可持续性措施来增强供应链韧性。

二、中国跨国公司的发展历程与新特征

(一) 中国跨国公司的发展历程

中国真正意义上的跨国公司发展始于20世纪70年代末的改革开放初期,经历了从无到有、从小到大、从大到强的发展历程。总体来看,中国跨国公司及其对外经营经历了1979—1992年的起步探索阶段、1993—1998年的调整发展阶段、1999—2012年的快速发展阶段和2013年至今的全速发展阶段。

1. 1979—1992年的起步探索阶段

随着党的十一届三中全会的召开,我国开始实行改革开放政策。1979年8月,国务院颁布了15项经济改革措施,其中第13项明确提出:允许出国开办企业。这是中国第一次以政策的形式把发展对外直接投资正式确定下来,为中国跨国企业的发展开辟了道路。随后陆续有一些中国企业在海外设立分支机构,从事对外直接投资和跨国经营活动。从表3-3中可以看出,1979—1985年,我国企业累计设立185家海外分支机构,对外投资金额2.07亿美元。但这一时期,我国处于改革开放初期,国内企业的对外投资行为是在中央高度集中行政审批下少数企业的尝试性活动,不仅企业数少,投资规模也小,投资仅分布于全球45个国家和地区。在这一期间,对外投资的主体大多是大型的贸易集团,投资业务也以贸易活动为主。

表3-3　1979—1992年中国非贸易类海外企业及对外投资

年　份	1979	1980	1981	1982	1983	1984	1985
海外企业数/家	4	13	13	13	18	47	77
中方投资额/百万美元	0.53	30.9	2.56	3.18	8.7	80.66	80.51
年　份	1986	1987	1988	1989	1990	1991	1992
海外企业数/家	92	124	169	119	157	207	355
中方投资额/百万美元	75.51	350	153	230	74.7	367	195

资料来源:《中国对外经济贸易年鉴》。

随着对外开放进程的不断深化、企业海外经营经验的不断积累和丰富以及对外投资审批权限的进一步下放,1986—1992年,越来越多的中国企业走出国门,进行海外投资和跨国经营。在这期间,投资海外的企业数不断增加,对外投资规模累计增加到14.45亿美元,对外投资的地域也由45个国家和地区增加到120多个国家和地区。投资领域逐渐由贸易活动拓展到资源开发、加工装配等行业;投资主体也逐步由外贸型专业公司和国有企业向多行业的生产型企业转变。

2. 1993—1998 年的调整发展阶段

1992 年中国经济体制改革和对外开放进一步深化,为中国企业的国际化经营提供了新动力(表 3-4)。但中国经济同时出现了通货膨胀和投资结构不合理等问题。为了抑制上述问题的进一步恶化,1993 年国家决定对中国经济运行实行降温"软着陆",中国企业海外投资跨国经营的步伐开始放缓。国家开始清理和整顿对外投资活动,主管部门加强了对海外投资项目的严格审批,重新登记各地区、各部门的海外投资企业,致使中国企业国际化经营的步伐不得不放缓,中国企业跨国经营步入调整发展阶段。在这一阶段,投资海外企业数和对外投资规模震荡波动,投资逐步渗透到交通运输、旅游餐饮和工程承包等领域。投资主体逐渐转向以中大型企业为主,投资地区也逐步向亚太、非洲和拉美等发展中经济体转移。

表 3-4 1993—1998 年中国非贸易类海外企业及对外投资

年 份	1993	1994	1995	1996	1997	1998
海外企业数/家	294	106	119	103	158	253
中方投资额/百万美元	96	66	106	294	196	236

资料来源:《中国对外经济贸易年鉴》。

3. 1999—2012 年的快速发展阶段

经过 1993—1998 年的调整,中国政府于 1999 年明确提出"走出去"战略,着力改进对外投资管理体制和政策环境。自此,"走出去"战略被不断深化和拓展,同时中国成功加入世界贸易组织,进一步扩大了市场开放度,使经济实力不断提升。在这之后的 10 多年时间里,中国经济飞速发展,完成了一定资本积累,中国企业开始了积极的对外投资并购活动。从 1999 年开始,中国跨国公司的对外投资和海外经营进入快速发展的黄金时期,自 2003 年商务部发布年度数据开始,一直到 2012 年,中国对外直接投资实现了 10 年连增。商务部统计数据显示,截止到 2012 年,我国境内投资者共对全球 141 个国家和地区的 4 425 家境外企业进行了直接投资,累计实现对外直接投资 878.0 亿美元,比 2002 年时的 27.0 亿美元翻了近 33 倍。中国对外直接投资的全球排名也由第 26 位一跃上升为第 3 位(表 3-5)。

表 3-5 2002—2012 年中国对外直接投资统计数据

年 份	流 量		存 量	
	金额/亿美元	全球排名/位	金额/亿美元	全球排名/位
2002	27.0	26	299.0	25
2003	28.5	21	332.0	25
2004	55.0	20	448.0	27
2005	122.6	17	572.0	24
2006	211.6	13	906.3	23
2007	265.1	17	1 179.1	22
2008	559.1	12	1 839.7	18

续表

年份	流量		存量	
	金额/亿美元	全球排名/位	金额/亿美元	全球排名/位
2009	565.3	5	2 457.5	16
2010	688.1	5	3 172.1	17
2011	746.5	6	4 247.8	13
2012	878.0	3	5 319.4	13

资料来源:《2020 年度中国对外直接投资统计公报》。

4. 2013 年至今的全速发展阶段

随着 2013 年"一带一路"倡议的明确提出,2015 年,国家发展和改革委员会、外交部、商务部联合发布了《愿景与行动》,中国的对外投资有了更为明确的战略目标,我国企业"走出去"的步伐也在不断加快,成为中国企业国际化经营的新引擎。自 2013 年以后,中国对外直接投资进一步增长,于 2016 年达到了 1 961.5 亿美元的峰值(图 3-1)。2017 年,由于受到全球外国直接投资连续两年下降的影响,再加上 2017 年中国政府加强对企业对外投资的真实性、合规性审查,市场主体对外投资更趋成熟和回归理性,中国企业对外投资增速放缓。但 2017 年的 1 582.9 亿美元仍为历史第二高位,是 2002 年流量的 58.6 倍,占全球比重连续两年超过一成,中国对外投资在全球外国直接投资中的影响力不断扩大。其间中国中大型跨国公司的数量稳定增长,大型跨国并购交易不断增加,海外资产规模持续增长。截至 2020 年,在全球对外直接投资不断下降的大环境下,中国对外直接投资依然逆势增长,流量达到 1 537.1 亿美元,首次跃居世界第一,占全球份额的 20.2%。2020 年《财富》世界 100 强排行榜,中国跨国企业占据 24 家。

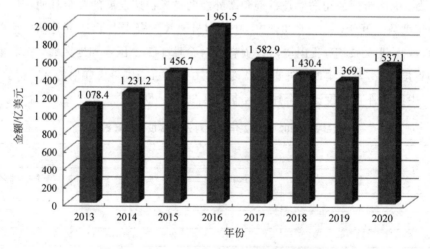

图 3-1 2013—2020 年中国对外直接投资流量

资料来源:《2020 年度中国对外直接投资统计公报》。

此外,从 2022 年 9 月中国企业联合会和中国企业家协会在京发布的"2022 年中国跨国公司 100 大及跨国指数"可以看出,中国跨国公司发展具有以下主要特点。

(1) 主要国际化指标全面改善,跨国指数稳步提高。2022年,中国跨国公司100大海外资产总额为107 510亿元,海外营业收入为77 904亿元,海外员工总数为1 249 095人,分别比上年增加16.63%、26.66%、5.41%。2022年,中国跨国公司100大入围门槛为134.96亿元,比2021年增加25.57亿元,提高了23.38%。2022年,中国跨国公司100大的平均跨国指数为15.59%,与上年相比提高了0.52个百分点。2022年,中国跨国公司100大的海外资产占比、海外营业收入占比、海外员工占比分别为17.06%、19.65%、10.05%,与上年相比,海外资产占比、海外营业收入占比、海外员工占比分别提高了0.54、0.55、0.47个百分点。

(2) 发达地区占多数,国有企业占主导地位。2022年,中国跨国公司100大覆盖17个省份,但主要集中在经济发达地区,其中,北京、广东和上海三地就占了总数的一半以上,并且2022年中国跨国公司100大中,民营企业37家,国有企业63家,在前20大跨国公司中,绝大部分是国有企业。但民营公司较上一年增加4家,当前民营大企业国际化的进程也在加快。

(3) 党的十八大以来,我国跨国公司国际化程度和竞争力不断提升。2022年,中国跨国公司100大的跨国指数比2013年中国跨国公司100大的跨国指数提升了1.61个百分点。2022年中国跨国公司100大海外资产总额、海外营业收入、海外员工总数与2013年中国跨国公司相比,分别增加了139.61%、62.99%、100.11%。另外,中国跨国公司100大入围世界跨国公司100大、发展中国家与地区跨国公司100大的数量大幅增加。依据联合国贸发会议出版的《2022年世界投资报告》中公布的2022年世界跨国公司100大、2021年发展中国家与地区跨国公司100大,2022年,中国跨国公司100大分别有10家、42家企业入围,入围企业9年时间分别增加了8家、30家。

(二) 中国跨国公司的发展新特征

近几年来,世界经济进入深度调整期,英国"脱欧"、美国大选、新冠病毒感染疫情和俄乌冲突等事件,使逆全球化思潮不断泛滥,给国际的开放合作带来较大的挑战。世界经济的弱势和全球经济政策的不确定性使跨国公司的对外投资和跨国经营陷入困境。《2020年度中国对外直接投资统计公报》显示,2020年,受新冠病毒感染疫情等"黑天鹅"事件的严重冲击,世界经济萎缩3.3%,自2009年以来首次负增长,全球货物贸易萎缩5.3%,对外直接投资较2019年减少四成。而中国在党中央统揽全局下,及时作出经济社会发展的重大决策,成为全球主要经济体中唯一实现经济正增长的国家,对外直接投资流量首次位居全球第一,中国跨国公司国际化经营水平显著提升。

1. 多元化跨国并购成为中国企业对外投资的重点

跨国并购不仅可以使跨国公司获得优质资产以及相应的技术和管理经验,也有助于跨国公司更加迅速有效融入当地经营环境,匹配海外市场需求。根据《2020年度中国对外直接投资统计公报》数据,2020年,中国跨国企业共实施对外投资并购项目513起,较2019年增加46起,实际交易总额达到282亿美元。与此同时,值得注意的是,由于过分追求单一控股可能会导致海外子公司过于依赖国内母公司,造成海外独立经营的意识淡薄,不利于海外生产、营销和信息渠道的形成,降低子公司与当地市场的联系,无法有效进行全球资源的高效配置,因此,近年来越来越多的中国企业并购活动开始由单一控股转向多元化的战略合作,非控股的并购案例逐年增加,反映了中国企业跨国并购更加灵活与成熟。

2. "一带一路"等相关国家和地区的平台效应凸显

中国企业跨国投资的国家和地区分布广泛,遍及亚洲、欧洲、北美洲、非洲、拉丁美洲和大洋洲。而其中亚洲、欧洲和拉丁美洲成为中国企业跨国投资的热点地区。《2020年度中国对外直接投资统计公报》显示,2020年,中国企业对外投资除流向大洋洲的投资减少三成外,对其他地区的投资均呈现不同程度增长。其中,2020年,中国境内投资者在"一带一路"沿线的63个国家设立境外企业超过1.1万家,涉及国民经济18个行业大类,当年实现直接投资225.4亿美元,同比增长20.6%,占同期中国对外直接投资流量的14%。"一带一路"倡议的平台效应持续凸显(图3-2)。

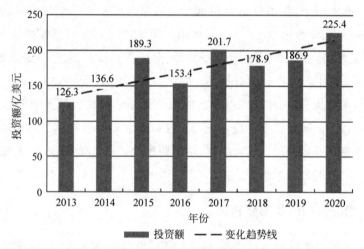

图 3-2　2013—2020 年中国对"一带一路"沿线国家投资情况

资料来源:《2020 年度中国对外直接投资统计公报》。

3. 中国跨国企业更加注重海外社会责任的履行

近年来,中国跨国企业为了提高自身核心竞争力和增强企业软实力,越来越重视对海外的社会责任履行。根据中国社会科学院发布的《中国企业社会责任研究报告(2021)》相关数据,2021年,中国企业300强社会责任发展指数为36.1分,整体处于起步上升阶段。其中,社会责任指数达到五星佳级的企业有22家,比2021年的12家增加了10家,呈现持续增长态势。此外,2021年12月,第十四届中国企业社会责任报告国际研讨会发布的《金蜜蜂中国企业社会责任报告指数2021》显示,近年来中国企业社会责任报告综合指数由2013年的1 224家上升到2021年的1 384家,整体呈现震荡上升趋势。由此可见,中国企业越来越注重履行社会责任(图3-3和图3-4)。

近年来,中国政府对于海外企业的社会责任的履行给予了高度的重视,商务部、国家发

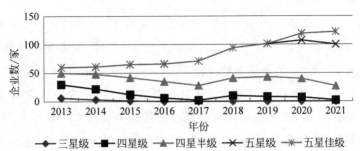

图 3-3 2013—2021 年中国企业社会责任参评报告星级分布情况

资料来源:《中国企业社会责任研究报告(2021)》。

图 3-4 中国企业社会责任报告综合指数

资料来源:《中国企业社会责任研究报告(2021)》。

展和改革委员会、财政部等相关部门出台了一系列相关指导文件和规章制度,积极引导中国跨国企业重视和履行海外社会责任。此外,行业协会、商会等团体也积极参与制定相关的管理体系和监督机制,有效地督促了海外企业履责行为,大大提升了中国企业的海外形象,受到海外当地的广泛好评。

4. 中国跨国公司愈加重视技术创新和全球价值链攀升

当前中国跨国公司面临产业转型升级和国际化经营的双重挑战,要想协调解决好这一任务,中国跨国企业就必须把握创新驱动这一趋势,从过去重视市场和资源逐步转向重视技术创新和知识产权,不断寻求延伸自身产业链,注重深化品牌,加强技术和管理等领域对外合作,打造以自身为核心的稳定产业链条,积极主动嵌入全球价值链,实现在全球价值链中的地位攀升。

中国企业联合会发布的 2022 年中国企业 500 强榜单显示,我国企业创新研发强度连续 5 年提升,并创有统计数据以来新高(图 3-5)。数据显示,2022 年中国企业 500 强共投入研发费用 14 474.67 亿元,占 2021 年全社会研发投入的 51.95%,大企业创新地位不断凸显;与上一年 500 强相比,增加了 1 408.20 亿元,增长了 10.78%;与同口径相比,研发投入增长高达21.73%。从具体企业来看,华为、中兴、航天科技、中国信息通信科技、航天科工5家企业研发强度超过10%,其中,华为研发强度达22.62%,投入研发费用多达1 426.66亿元,居中国企业之首。16家企业研发强度位于5%~10%,包括荣耀终端、美团、闻泰科技、阿里巴巴。105家企业研发投入处于2%~5%,对应投入研发费用总额6 720.09亿元,占全部研发投入的46.43%,成为500强企业研发创新的关键投入力量。我国企业创新力不断增强,有效专利数、发明专利占比等多个数据均有积极变化。例如,党的十八大以来,我国企业持有的有效专利增加4.01倍,发明专利增加6.93倍,发明专利占比提高14.83个百分点。这些变化表现出我国企业作为创新主体不断激发新动能,为高质量发展蓄势。近些年来,已有越来越多的中国企业借助"一带一路"倡议的广阔平台,与沿线国家开展经济互补性合作,不断延长自身的产业链和价值链,打造契合"一带一路"区域的价值链网络结构,在全球政治经济不确定性不断提升的时代背景下,努力提升自身产业链和价值链的安全性。

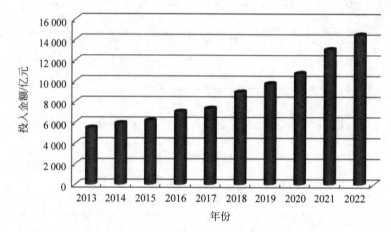

图3-5 2013—2022年中国企业500强研发投入变化趋势

资料来源:梁倩.研发强度五连升——从2022年500强榜单看我国企业创新发展动力[N].经济参考报,2022-09-08(1).

第二节 国际直接投资的经济效应与当代特征

国际直接投资作为经济全球化的重要手段,对母公司所在国经济和子公司所在国经济均产生重要影响,主要体现在技术进步、产业结构升级、国际贸易和劳动力市场等方面。在百年未有之大变局的背景下,国际直接投资又呈现一些新的当代特征。

一、国际直接投资的母公司所在国经济效应

(一)国际直接投资对母公司所在国技术进步的影响

先进技术是在激烈的市场竞争中取胜的关键因素。在经济全球化背景下,技术的研发

创新呈现一种国际化趋势。研发创新国际化可以帮助一个国家的跨国公司通过接触、吸纳海外重要资产和先进技术,以较低成本优势增强自身研发的专业化和强度,从而提升其国际市场竞争力。跨国公司通过对外直接投资提升母公司技术创新能力的路径主要有以下三种。

(1) 研发要素的学习吸纳。在研发成本不断上升,降低成本以及将产品快速投放市场的市场压力下,跨国公司可以对外投资设立海外子公司,而海外子公司在日常经营运行中通过接触、吸纳东道主国家有关研发的资金、人才、技术和资源等重要因素而获得先进生产技术和新的管理经验,进而促进国内母公司自身技术进步创新。这种情况对于以科研为主,需要紧跟新技术的发展动态和变化趋势的跨国公司而言更甚。

(2) 研发成果的逆向转移。通过对外投资设立的海外子公司可以充分利用东道国的技术资源优势,对新产品进行研发创新活动,并将研发成果逆向转移,再结合母公司的本土化改造,使母公司快速获得更加先进的生产技术。最为直接的表现就是,许多跨国公司在生产技术先进和人才储备雄厚的国家和地区设立研发中心。如许多国际信息科技公司偏向于在美国硅谷设立科技研发中心,而国际医药开发公司则偏向于在美国波士顿设立医药研发中心。

(3) 研发人员的培养交流。跨国公司通过在海外投资设立研发中心或者合资企业,大量招募国际专业技术人才,通过合作研发与培训交流等多种途径,提升自身人力资本积累和科技研发水平,不断实现技术创新、新产品研发和国际竞争优势的培养。

(二)国际直接投资对母公司国际贸易的影响

在经济全球化的背景下,国际直接投资和国际贸易是一国企业融入全球价值链的两种基本方式。对于国际直接投资和国际贸易之间的内在联系一直是学术界争论的热点,大致存在两种相反观点:一种观点认为,一国对外直接投资替代了母公司国际贸易;另一种观点认为,一国对外直接投资促进了母公司所在国家贸易发展。其实对于国际直接投资对国际贸易的影响要具体情况具体分析,国际直接投资与国际贸易的具体关系取决于国际直接投资的动机类型。

(1) 对于市场寻求型的国际直接投资而言,对外直接投资主要是为了获取和开拓国际市场,帮助母公司成长为全球性跨国公司。如果对外直接投资是出于绕开最终产品的贸易壁垒的目的,将会减小该国该类产品的出口规模,此时对外直接投资将会替代母公司所在国该产品的出口贸易。与此同时,在海外设厂也会增加对上下游产业的国内中间品、资本品和配套服务的相关需求,此时对外直接投资将有可能带动一国上下游出口贸易发展。

(2) 对于资源寻求型的国际直接投资而言,对外直接投资主要是为了获取关键投入品和重要自然资源,这类对外直接投资将会促进该类重要中间品和自然资源的进口贸易和相关机械设备与总部服务的出口贸易。而当国内母公司和相关企业利用这类重要中间品和自然资源制成品再出口,将会促进这类制成品的出口贸易。

（3）对于效率寻求型的国际直接投资而言，对外直接投资主要是为了在全球范围内对生产经营布局，提高生产效率。此时其直接表现为国内生产活动减少，出口贸易将减少，但在国外投资也可能引致对国内相关机械设备、中间品和管理服务等需求的增加，从而扩大一国相应产品出口规模，影响一国出口结构。

（4）对于创新资产寻求型的国际直接投资而言，对外直接投资主要是为了获取高新技术和先进管理经验。这类对外直接投资将会有利于跨国公司增强自身的国际竞争力，提升其国际市场表现和经营绩效，此时这类投资一般会促进国际贸易发展。

（三）国际直接投资对母公司所在国产业结构的影响

一般来说，国际直接投资影响母公司所在国产业结构的机制主要有以下两种：边际产业转移机制和技术创新产业升级机制。

边际产业转移机制是由日本的经济学家小岛清在20世纪70年代提出的。小岛清依据日本对外直接投资的情况，提出了边际产业转移的国际直接投资理论。他认为，投资国具有比较劣势的产业（边际产业）在国际市场中并不具有竞争力，如果将这些产业中的企业经营资源转移到具有潜在或明显比较优势的东道国，海外子公司在获得投资国的技术、资本和管理技能后，生产的该产业的产品将在国际市场上具有很强的竞争力和更高的利润，而国内母公司则可以利用增加的利润和重新释放出来的国内要素改造升级边际产业或投资新兴产业，从而实现国内产业结构的升级。

技术创新产业升级机制是由英国学者约翰·坎特维尔（John Cantwell）和托兰惕诺（Paz Estrella Tolentino）共同在20世纪90年代提出的。他们从技术积累的视角，解释了发展中国家对外直接投资演进过程中的动态化和阶段化。他们认为，产业升级需要技术的创新。与发达国家不同的是，发展中国家的技术创新活动更多的是通过"学习"。也就是说，发展中国家根据自身条件不断地学习和掌握已经成熟的发达国家的生产技术，通过不断的技术积累，实现发展中国家产业结构的升级。从产业分布上，发展中国家企业的对外直接投资最先以获取自然资源为目的，随着技术创新的加快和产业结构的升级，对外直接投资转向了传统的产品领域。当科学技术达到一定水平，发展中国家企业对外直接投资开始涉及高科技产品的研究开发和生产销售活动。

（四）国际直接投资对母公司所在国劳动力市场的影响

对外直接投资对母公司所在国劳动力市场的影响一直是国际经济学的重要命题之一，目前存在两种观点。一种观点认为，对外直接投资对母公司所在国劳动力市场具有消极的替代作用，原因有三点：一是对外直接投资使国内资本外流，生产阶段分布于国外，容易引起产业空心化，对国内劳动力的需求下降；二是对外直接投资可能会对国内出口产品起到替代作用，减少国内出口量，导致产业萎缩，就业率和工资水平下降；三是对外投资生产的产品也可能返销回国内，加剧国内的竞争，压缩国内企业的市场份额,降低国内企业的劳动力需求。另一种观点认为,对外直接投资对母公司所在国劳动力市场具有积极的促进作用,原因也有三点:一是对外直接投资会提高企业的生产率水平,增强企业竞争力,从而提高企业盈利,有利于扩大经营规模和范围,从而提升劳动者就业率和工资水平;二是企业对外直接投资,一方面会通过从国外进口中间品而增加国内企业的出口,另一方面也可能会生产和国内产品具有互补性的产品,从而增加国内企业的出口,出口的增加会带动国内就业率和工资水平的提升;三是对外直接投资行为会增加国内对于监督、研发、管理、金融等"总部服务"人才的需求。

此外,罗伯特·芬斯特拉(Robert Feenstra)和戈登·汉森(Gordon Hanson)的生产外包理论对对外直接投资和工资收入的关系进行了更为详细的阐述。他们假设市场结构为完全竞争,市场中只有一种产品,完成该产品生产需要三种投入要素——资本、低技能劳动力和高技能劳动力。有两个国家,本国和他国,本国是高技能劳动力丰裕而低技能劳动力不丰裕的发达国家,他国为低技能劳动力丰裕而高技能劳动力不丰裕的发展中国家。所有环节,如研发、生产、运输、售后服务等都需要同时使用高技能劳动力与低技能劳动力,按照生产中所需高、低技能劳动力占比对生产环节进行升序排列,随着生产过程推移,生产中所需的高技能劳动力占总的劳动力的比例越来越大。本国为实现成本最小化,会确定生产环节的临界值,将技能密集度低于该临界值的环节外包给低技能劳动力丰裕的他国,本国将专注于技能密集度高于临界值的生产环节。当资本可以在全球范围内流动时,资本会由资本充裕国家流向资本非充裕的国家,资本由发达国家向发展中国家流动,资本的流入增加发展中国家生产的产品种类,通过国际贸易,发达国家从发展中国家进口这些产品。对于发达国家而言,这些产品是低技能密集型产品,但对于发展中国家来说则属于高技能密集型产品,因此对于发展中国家来说,这增加了对高技能工人的需求,有利于高技能工人就业率和工资水平的提高,从而扩大发展中国家的技能工资差距。发达国家通过对外直接投资将释放出的国内生产资源主要集中用于生产其高技能密集型产品,这增加了发达国家对于高技能工人的需求,增加了高技能工人工资,从而发达国家对外直接投资也加剧了发达国家自身的技能工资差距。这一理论很好地解释了自20世纪80年代以来观察到的发达国家和发展中国家的技能工资差距都持续扩大的现象。[①]

二、国际直接投资的东道国经济效应

(一)国际直接投资对东道国技术进步创新的影响

跨国公司的国际直接投资已经成为东道国技术进步的重要途径。国际直接投资可以通过以下三种效应影响东道国的技术进步:一是技术转让效应。跨国公司对东道国直接投

---

① FEENSTRA R C,HANSON G. Globalization,outsourcing and wage inequality[J]. American economic review,1996,86(2):240-245.

资设立合资子公司,然后通过内部贸易直接转让先进技术到东道国企业,东道国企业进行技术模仿和升级改造,在一定程度上可以促进东道国生产技术进步与创新。二是技术外溢效应。本土化作为跨国公司发展的趋势之一,跨国公司进入东道国,往往与东道国企业形成产业上下游关联效应,向东道国上下游企业提供新的技术标准、新的生产信息和新的经营理念,此时技术的外溢效应明显。其中,英国经济学家桑贾亚·拉奥(Sanjaya Lall)很早就提出技术地方化理论。拉奥认为,发展中国家的跨国企业在引进和吸收国外先进技术时,根据自身条件和市场需求对该技术进行了改进和再创新,从而形成了自己的"特有优势"。投资国向东道国提供的技术不一定是最新技术,但这种技术通过东道国企业消化吸收后再改进,从而更加满足东道国的需要,更好地迎合东道国的要素市场和产品市场的要求,即把这种技术知识当地化。此外,跨国企业也需要通过对东道国员工进行相关业务培训,如现场传授、讲座学习和培训交流等,提升东道国员工的技能水平。当这些员工在当地企业间跳槽流动时,也会带来技术的外溢效应,促进东道国技术进步。三是示范竞争效应。跨国公司进入东道国将会加剧东道国行业内的竞争,东道国企业出于生存与发展的需要,将不得不学习、模仿和改进自身生产技术,从而促进东道国的技术进步。

(二)国际直接投资对东道国国际贸易的影响

一方面,国际直接投资对东道国生产技术具有技术转让效应、技术外溢效应和示范竞争效应,有利于东道国整体水平的技术进步,从而有助于提升与促进东道国的国际市场竞争力和国际出口贸易发展。另一方面,国际直接投资通过中间品、机械设备和总部服务等联系,也会增加东道国从母公司所在国的进口贸易。但如果对东道国的直接投资只是为了绕开东道国或者第三国的最终产品的贸易壁垒与非贸易壁垒,此时对东道国的直接投资将会大幅减少东道国该类产品从投资国的进口贸易,或者大幅增加东道国该类产品对第三国的出口贸易。

(三)国际直接投资对东道国产业结构的影响

国际直接投资对东道国产业结构的影响主要有两种效应。一是直接效应。跨国公司通过资本、技术等生产要素的流入,改变东道国的投资结构,进而直接影响东道国的产业结构。二是间接效应。国际直接投资能够影响东道国的技术进步和贸易结构,从而间接改变东道国的产业结构,同时跨国公司的直接投资通过带动东道国经济发展和居民收入水平提高,影响东道国的消费结构,进而影响东道国的产业结构。但需要注意的是,只有当东道国生产要素禀赋与跨国公司带来的外来生产要素实现有效融合时,国际直接投资才能对东道国产业结构优化产生最大限度的正效应。

(四)国际直接投资对东道国劳动力市场的影响

从就业数量而言,国际直接投资将有助于促进东道国劳动力就业。跨国公司通过对外投资在东道国设立分支机构或者建立生产工厂等,直接为东道国创造就业机会,并且投资规模越大,绿地投资占比越高,本土化经营观念越强,国际直接投资的东道国就业创造效应就越明显。东道国的劳动力资源丰富、劳动力成本越低,跨国公司投资于劳动密集型产业的可能性就越大,创造的就业机会也可能会越多。跨国公司的国际直接投资也会通过东道国产业间上下游的关联效应,带动东道国上下游产业就业机会的增加。此外,国际直接投资还会通过带动当地经济增长,促进经济发展,从而间接带动就业。

从就业质量而言,国际直接投资将有助于提高东道国就业质量。一方面,跨国公司需要规避"外来者劣势",往往采取诸多措施吸引雇员,如高额薪酬、好的工作环境、优良的福利待遇等,以激励东道国雇员提高生产率,整体上改善就业质量;另一方面,跨国公司为了提升当地雇员与自身生产技术匹配度,也会对雇员进行相关的业务培训,提升当地雇员的技能水平,提高就业质量。

从就业极化而言,国际直接投资有可能加剧东道国就业极化。由于跨国公司从事全球生产分工布局时会充分考虑当地的要素禀赋,例如,在生产技术先进地区设立研发中心,在劳动力丰富地区设立生产工厂等。生产技术先进的地区对高技能员工的需求相对较大,而跨国公司在该地区设立研发中心将加剧该地区对高技能员工的需求,从而引发高、低技能员工就业的极化现象。劳动力丰富地区大多为发展中地区,跨国公司转移到该地区的产业相对于该地区整体经济发展而言,很有可能依然属于高技术产业。此时在劳动力丰富的该地区设立生产工厂等,也会加剧对该地区相对而言高技能员工的需求,从而加剧该地区的高、低技能员工的就业极化。

三、国际直接投资的当代特征

在百年未有之大变局和新冠病毒感染疫情全球大暴发的叠加之下,世界地缘政治冲突加剧、全球能源结构加速转型和国际产业分工深度调整,正在重塑全球经济格局,世界范围内国际投资也呈现新的当代特征。

(一)国际直接投资明显回暖,但下行压力较大

联合国贸发会议发布的《2022年统计手册》显示,国际直接投资经过自2016年以来的回落调整后,在2020年低基数的基础上,2021年全球对外投资流量增长了64%,达到1.58万亿美元,已逐渐恢复到新冠病毒感染疫情前的水平。这主要得益于蓬勃发展的并购活动,以及宽松的融资和重大的基础设施刺激计划带来的国际项目融资的快速增长。《2021年世界投资报告》显示,尽管经济复苏惠及所有地区,但近3/4的增长集中在发达经济体,主要推动因素是外商投资增加了134%,以及跨国公司获得了创纪录的利润。

（二）国际直接投资的南北差距不断加大

《2022年世界投资报告》显示，发达国家和发展中国家的对外投资出现明显分化，南北发展不平衡问题进一步加剧。2021年发达国家外资流入反弹更快，经济恢复获得有力支撑。报告显示，2021年全球跨境投资较2020年增长64%，达到1.58万亿美元，但增长冷热不均。发达经济体吸引外资增长了200%，贡献了全球跨境投资增长的近70%，而发展中国家吸引外资只增长了30%，最不发达国家、内陆发展中国家吸引外资较2020年甚至减少3.5%。发达国家外资流入反弹动能主要来自跨境并购的增加和国际项目融资（以项目融资形式实施的跨境基础设施投资）的增长。外资流入和经济恢复互为因果，相较发展中经济体，发达经济体经济治理能力更强，能够有效运用量化宽松等刺激手段推动经济恢复发展，更大力度地吸引国际资本聚集，也为后续的经济复苏积蓄了优势。

（三）国际直接投资的海外政策环境趋于分化

国际直接投资的海外政策环境出现分化现象，欧美发达国家收紧投资政策，而新兴市场国家政策总体放宽。早在2018年，美国就通过了《外国投资风险审查现代化法案》，2021年又发布了对《外国投资风险审查现代化法案》的实施细则。美国的"长臂管辖"对全球企业的国际投资合作造成负面影响。与欧美不同的是，东盟、"一带一路"沿线国家等国家和地区在疫情暴发后放宽了对外商投资的限制，还采取了减税、补助等多种方式吸引外资。而且RCEP的生效，也为地区投资带来消除经贸壁垒、促进贸易便利化与投资便利化等利好。

根据《2021年世界投资报告》的国别投资数据（表3-6），2020年通过的投资政策措施数量（152项）相较2019年增加了40%以上，限制性或监管性措施占全部投资措施的比例达到41%的历史最高点。2020年，67个经济体总共推出了152项影响外国投资的政策措施，与2019年相比增加了约42%，主要由发达经济体引入的监管或限制性措施数量增加了1倍多，达到50项，而旨在促进投资及其自由化和便利化的措施总数保持相对稳定，其中大部分由发展中经济体引入。如位于亚洲、非洲、拉丁美洲和加勒比海地区的发展中经济体以及转型经济体所采取的72项措施旨在促进投资及其自由化和便利化，而只有15项提出了新的规定或限制。与此形成鲜明对比的是，位于欧洲、北美洲和其他发达地区的发达国家出台的绝大多数措施都引入了新的规定或强化了现有规制。此外，尽管相较2020年，2021年通过的投资政策措施数量有所减少，但限制性或监管性措施占全部投资措施（不含投资中性/待定措施）的比例达到42.1%的历史最高点。其中，2021年发展中经济体所采取的投资措施中有2/3旨在促进投资的自由化和便利化，而发达经济体采取的大多数措施都属于投资限制和监管措施。

表 3-6 2012—2021 年国别投资政策措施变化

类别	2012年	2013年	2014年	2015年	2016年	2017年	2018年	2019年	2020年	2021年
政策措施变化的国家数量	57	60	41	49	59	65	55	54	67	53
政策措施变化的总数量	92	87	74	100	125	144	112	107	152	109
投资自由化/促进措施数量	65	63	52	75	84	98	65	66	72	55
投资限制/监管措施数量	21	21	12	14	22	23	31	21	50	40
投资中性/待定措施数量	6	3	10	11	19	23	16	20	30	14

资料来源：《2021年世界投资报告》。

此外，受到俄乌冲突影响，2022年第一季度通过的投资政策措施急剧增加，并且呈现更严格的监管趋势。其中，利好政策与利空政策的比例为42∶100，达到了有记录以来的最高比例。从各国投资政策来看，2022年发达国家进一步加强了投资限制，而这些措施与关键基础设施、核心技术等国家安全相关。除了直接禁止或限制海外直接投资外，部分发达国家对贸易以及针对运输公司的封锁制裁，对外国制造商的供应链也产生了重大影响。相反，发展中国家继续放宽政策以促进投资。2022年第一季度采取的23项与制裁无关的投资政策措施中，60%是由发展中国家采取的，而在发达国家采取的其余8项措施中，有5项旨在加强对外国直接投资的控制。因此，国际直接投资的海外政策环境分化现象很有可能进一步加剧。

（四）区域性国际投资新规则制定正在加速

近年来，大型区域性国际投资协定不断涌现，未来将对国际投资规则制定产生重大影响。大型区域性国际投资协定是在广泛的国家群体间签署的经济协定，其作为整体具有重大的经济影响力，而国际投资只是其中所涉及的数个主题之一。新近部分大型区域性国际投资协定，如非洲大陆自贸区的可持续投资议定书、欧盟—英国贸易协定、中欧全面投资协定、《区域全面经济伙伴关系协定》《美墨加协定》和《全面与进步跨太平洋伙伴关系协定》等，虽然其处理投资义务的方式有所不同，但几乎所有协定都倾向于引入改革导向的条款，旨在确保投资保护和国家监管权之间的平衡。

虽然各区域性国际投资协定引入的投资条款各异，但都以其不同的方式规范投资保护和自由化。除了倡导投资保护和自由化以外，许多区域性国际投资协定不仅包含绿色发展、人类健康等可持续发展等条款,还增加劳工标准、社会责任、数字经济和产业开放与自由化等内容,因此对于推动国际投资在更多行业的发展具有积极意义。对中国而言,新一代区域性国际投资协定所包含的准入前国民待遇、负面列表清单、知识产权保护、竞争中立政策等原则也比较新颖,这些原则的落实和推行不仅涉及外资管理模式的改革和产业领域的扩大开放,更涉及宏观经济管理体制、开放型经济体系、产业政策、所有制结构和国有企业改革等深层次问题。

(五)区域内对外直接投资的势头预期增强

随着近年来地缘政治冲突和逆全球化思潮的加剧,各国政府日益重视自身供应链的稳定性和产业链的韧性,通过签订各式各样的双边协定和区域协定,更多地将产业布局于经济联系紧密且政治关系稳定的邻近国家,国际生产网络布局更具区域性,国际直接投资呈现区域内部发展的势头。世界贸易组织利用马尔可夫链方法测算2015—2019年区域内对外直接投资的增长率高达3%。

第三节 中国从引进外资大国转向对外直接投资大国

经济全球化正使世界各国之间的联系更为紧密,一国在吸引外资流入的同时往往伴随着对外投资。外资流入通过为东道国提供资金、技术和管理经验等生产要素,促进东道国的经济发展。而东道国随着其经济能力和国际竞争力的不断增强,也将逐步扩大对外投资,实现全球范围内的资源高效配置,最大化追寻经济发展。现阶段中国引进外资和对外投资均实现了由量变到质变的发展。促进引进外资和对外投资的协调发展,构建高水平双向直接投资新模式,对于"双循环"新发展格局下,实现中国经济高质量发展具有重要意义。

一、中国双向投资的发展历程

自十一届三中全会确定改革开放基本国策以来,中国吸引外商投资和对外直接投资的发展已经经历40余年,其间经历了从无到有和从小到大。中国逐渐从引进外资小国发展为吸引外资大国。根据双向投资的规模和质量,并结合中国改革开放的重要进程,大致可将中国双向投资划分为四个阶段:1979—1991年的探索起步阶段、1992—2001年的快速发展阶段、2002—2012年的稳定增长阶段和2012年至今高质量发展阶段。

(一)1979—1991年的探索起步阶段

中国改革开放基本国策的确定揭开了中国引进外资发展的序幕。1979年开始,中国陆续制定和颁布了《中华人民共和国中外合资经营企业法》《中华人民共和国外资企业法》等相关法律法规,为中国吸引和利用外资提供了基本的法律依据和法律环境。1980年,中国设立深圳、珠海、汕头和厦门四大经济特区,通过实行特殊优惠政策吸引外商投资,并且随后进一步将14个沿海城市、长三角和珠三角确定为经济开放地区,将引进外资的优惠政策进一步扩大至沿海地区。但这一阶段由于处于改革开放的初期,市场经济体制不健全,中国实际利用外国直接投资规模较小,主要投资于沿海城市,集中于劳动密集型的加工业和服务业,整体技术水平较低。

此外,这一阶段由于国家外汇储备十分短缺,对外直接投资需要政府部门的严格审批,受到政策的监管和限制,发展进程十分缓慢。其间对外直接投资的主体大都是国有大型企业,投资规模也很小,始终未突破10亿美元,规模最大为1991年的9.1亿美元。

(二) 1992—2001年的快速发展阶段

1992年邓小平南方谈话进一步解放了思想,市场经济体制不断发展完善,中国引进外资步入快速发展阶段。这一阶段,有关部门颁布了有关投资环境、外资企业监管和外汇管理等一系列法律法规,大幅完善了引进外资的法律体系。中国政府进一步扩大对外开放的领域和地区,一方面,允许在金融、保险、医疗、运输和房地产等行业开展外资试点,鼓励外资企业在华设立研发机构;另一方面,开放地区由沿海地区逐步扩展到内陆。此外,1995年中国首次颁布了《外商投资产业指导目录》,用于指导调整外资投资方向,并且1997年对《外商投资产业指导目录》进行了修订,对外资企业实行更优惠的税收政策。如图3-6所示,这一阶段中国实际利用外国直接投资规模快速扩大,大量外资流入中国制造业,外商投资方式逐渐多样化,不少欧美跨国公司和日本跨国公司来华投资,资本密集型和技术密集型的项目明显增加,投资的产业结构逐步呈现高级化的发展态势。

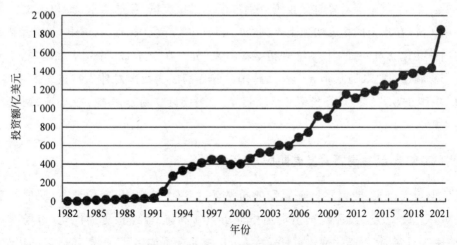

图3-6 中国实际利用外商直接投资额

资料来源:联合国贸易和发展会议网站。

此外,这一时期国家提出进一步深化经济体制改革,扩大对外投资和跨国经营,国内政治经济形势的转变致使对外直接投资迎来了一波快速但十分不稳定的发展。联合国贸易和发展会议网站显示,1992年和1993年中国对外投资突破40亿美元大关,随后又震荡回落,2001年随着"走出去"战略的提出,中国对外直接投资又猛然增加到近70亿美元。这一期间中国对外直接投资的大幅波动反映了当时国内市场经济体制的深刻变革,国内企业逐渐有意识地探索对外投资。但由于受到各方面条件的约束,企业个体对外投资行为很不稳定,受到政策等偶然性因素的冲击和影响较大,缺乏长期的发展定位和发展规划。

(三) 2002—2012年的稳定增长阶段

随着中国正式加入世界贸易组织,中国遵守"入世"承诺,对外商投资的相关法律进行了修改,取消与WTO规定不符的内容,进一步营造公平开放的投资环境。其间,中国多次修改和调整外商直接投资的产业政策,积极引导外商投资方向,优化国内产业结构,进一步扩大了服务业外商直接投资的领域,增加了旅游、证券和电信等领域。根据中国商务部外商直接投资数据,这一阶段,中国实际利用外商直接投资规模稳步大幅增长。2002年,中国引进外资开始迈上第二个台阶;2003年,中国吸引外商投资额首次超越美国,一度成为全球吸引外商直接投资最多的国家;2011年,中国实际利用外资金额达1160亿美元,创历史新高。这一阶段制造业外商投资大型项目显著增加,服务业外商直接投资步伐加快。跨国公司加速在华设立制造工厂和研发中心,不断将产业链环节转移到中国。中国步入全球生产经营网络的核心,深度嵌入全球价值链中。

此外,其间中国政府提出坚持"引进来"与"走出去"相结合,大力实施"走出去"战略,中国对外直接投资取得了快速、稳定的发展。根据《2012年度中国对外直接投资统计公报》数据,中国对外投资流量由2001年的69亿美元,快速增长到2012年的878亿美元,增长了10倍有余。2012年中国对外直接投资分别占全球当年流量、存量的6.3%和2.3%,流量全球排名第3位,存量全球排名快速上升到全球第13位。截至2012年,中国1.6万家境内投资者在国外共设立对外直接投资企业近2.2万家,分布在全球179个国家和地区,年末境外企业资产总额超过2.3万亿美元。其间跨国并购逐渐成为我国对外直接投资的重要形式。2012年,中国企业共实施对外投资并购项目457个,实际交易金额434亿美元,两者均创历史之最(图3-7)。

(四) 2012年至今高质量发展阶段

党的十八大以来,我国坚持统筹发展和安全,在更大范围、更宽领域、更深层次上扩大高水平对外开放。这一阶段我国引资规模创历史新高,产业结构更加优化,市场准入大幅放宽,管理体制深刻变革,政策体系日益完善,开放平台更加多元,投资环境持续优化,对经济社会发展贡献突出。我国引进外商直接投资发展逐渐由数量扩张向增质提效转变。一是外商投资规模体量持续增加。根据商务部发布的2021年中国实际利用外商投资额数据,2021年中国利用外资金额比2012年增长55.3%,年均增长5%。外商投资企业数量快速

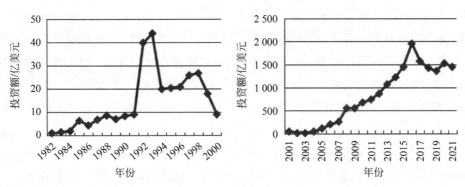

图 3-7 中国历年对外直接投资流量

注：2000 年及以前的数据来自 UNCTAD，2001—2021 年数据来自商务部。

增加，市场主体活力不断增强。2021 年，中国新设外商投资企业数量 4.8 万家，较 2012 年增长近 1 倍。二是外商投资产业布局持续优化。中国吸引外资更加注重结构优化，不断引导投资更多向高新技术产业、战略性新兴产业、现代服务业等产业倾斜。2017—2020 年，连续 4 年缩减全国（不含港澳台）和自贸试验区外商投资负面清单，大幅放宽金融服务、高端制造、电子信息等领域外资准入条件。2021 年国家统计局发布的经济社会发展成就系列报告显示，2021 年，服务业实际使用外资 9 065 亿元，占当年利用外资总额的 78.9%，比 2012 年提高 30.7 个百分点。三是吸引外资能力不断增强。党的十八大以来，中国出台了一系列高水平投资自由化、便利化政策，保护外商投资合法权益，营造法制化国际一流营商环境。如 2020 年中国实施《中华人民共和国外商投资法》，创新外商投资法律制度，对外商投资实行准入前国民待遇加负面清单管理制度。根据世界银行排名，中国已连续两年跻身全球营商环境改善最快的前十个经济体之列。

此外，中国政府发出了"一带一路"倡议，对外直接投资 2012 年至 2016 年实现快速发展，但由于受到近年来国际地缘政治动荡的影响，中国对外直接投资经历震荡调整，在全球直接投资回落的背景下保持着高质量发展态势。2012 年至 2022 年这 10 年间，中国对外直接投资合作量质齐升，在促进互利共赢、提升国际竞争力等方面发挥了显著的积极作用。根据《高水平开放成效显著 合作共赢展现大国担当》数据，2013—2021 年，中国对外投资流量稳居全球前列，对外直接投资流量累计达 1.4 万亿美元，年均增长 8.2%。2021 年，中国对外直接投资流量为 1 788 亿美元，同比增长 16.3%，排名世界第 2 位。中国对"一带一路"沿线国家投资增长尤其迅速，截至 2021 年，中国在"一带一路"沿线国家设立境外企业超过 1.1 万家，开展非金融类直接投资 203 亿美元，同比增长 14.1%。2013—2021 年，中国对"一带一路"沿线国家累计直接投资 1 613 亿美元，为促进东道国经济发展作出了积极贡献。

二、中国从引进外资大国转向对外直接投资大国的必然性

通过以上关于双向投资发展历程的回顾与总结，可以看出改革开放之初，中国对外开

放的重心主要是吸引外资,采取了多项政策措施引进外资,国外资本、技术和管理经验等流入国内,极大地促进了中国经济的高速发展。进入21世纪以后,伴随着经济全球化的不断深入,中国经济能力和国际竞争力的不断增强,中国对外开放进程进一步加快,对外投资开始崭露头角,中国逐渐从引进外资大国转向对外直接投资大国。中国的这一转变不仅在理论上符合发展中国家对外投资进程滞后引进外资的一般规律,也是国家现实经济发展的必然要求。

(1) 引进外资为对外投资提供物质基础。改革开放初期,中国虽然劳动力丰富,但技术水平相对低下并且资本积累严重不足,国际竞争力不足,国内外汇储备也十分紧缺。此时中国通过引进外资政策不仅吸引了大量国外市场资本,增加了国际收支,也获得了国际市场上生产技术和管理经验,并将之与国内丰富的廉价劳动力相结合,充分实现了国际市场和国内市场要素资源的高效配置,显著提升了国内生产技术水平和要素配置效率,完善了产业体系结构,逐步加入国际生产网络体系,逐渐成为世界制造业的枢纽。引进外资的快速发展为以后对外投资所需的资金和技术提供了物质基础。

(2) 对外投资弥补了引进外资的不足。外商投资的大规模流入虽然能够有力地推动中国经济发展,但也存在一些问题:一方面,过度引资所带来的国际收支双顺差问题日益严重,贸易摩擦加剧,大量外汇储备未被高效利用;另一方面,外资企业大量进入国内市场,造成国内市场竞争日益加剧,引起国内产业饱和和过剩现象。此外,之前引进的外资大多是想充分利用国内廉价劳动力,主要集中于劳动密集型产业,属于粗放式。粗放式的外资虽然短时间内带动了经济高速发展,却为后期经济增长乏力埋下了隐患。首先,随着我国经济水平的发展,劳动力成本上升和资源承载力受限,成本优势逐渐消失殆尽,经济可持续发展能力不足;其次,粗放型的外资产业研发意愿不强、增加值率偏低,容易导致我国产业在全球价值链中的长期"低端锁定"。中国企业"走出去"发展,一方面,不仅能够改善国际收支双顺差的局面,缓解国际收支长期失衡问题,也能够提高我国外汇储备的利用效率,降低国际货币政策的风险;另一方面,对外投资不仅可以通过利用国际消费市场,实现国内过剩产能的跨国转移,也可以利用国际市场优质的要素资源,提高资源全球配置的效率,增强国内企业的国际竞争力,实现全球价值链的攀升。

由此可见,引进外资和对外投资是作为发展中国家的中国对外开放的重要手段和方式,在很大程度上是相辅相成、相互促进的辩证统一关系。中国近些年来逐渐由引进外资大国成为对外投资大国是现实经济发展的必然结果。

三、中国对外直接投资的高质量发展

(一) 中国对外直接投资面对的新挑战

1. 全球经济下滑、地缘政治冲突等导致对外直接投资信心不足

进入2022年,以欧美国家为首的不少发达国家出现了经济增速下滑、资本市场泡沫破灭、通货膨胀高企的现象。甚至一些国家出现债务违约等情况,同时俄乌冲突加剧,更加大了世界经济的波动。这一事件的持续,从多方面影响到我国的对外直接投资:一是带来巨大的安全风险,进而波及我国企业对"丝绸之路经济带"中俄乌及相邻国家的投资;二是导致大宗商品价格大幅波动,使得对外投资标的估值标准不稳定;三是导致各国纷纷站队,地缘政治分歧给资本流动带来障碍,也给跨国投资带来困难。2022年至今,我国"一带一路"沿线投资锐减,即是受到战争影响的结果。联合国发布的《2021年世界投资报告》数据显示,2020年全球外国直接投资大幅下降,仅为9 290亿美元。尽管2021年强劲反弹,但是全球经济复苏呈现极不均衡的局面。全球经济下滑、地缘政治冲突等导致全球对外直接投资信心不足。

2. 国际投资环境发生变化,中资企业对外直接投资难度加大

一方面,中美经济脱钩风险使得中资企业赴美投资难度剧增。自2016年以来,美国就发布了多个限制中资企业投资的严厉规定。2018年8月通过的《外来投资现代化法案》,扩大了对中资企业赴美投资的产业审查范围,增加了对中资企业审查的环节。该法案的实施,增大了中资企业赴美投资的难度,导致投资金额明显下滑。另一方面,中资企业对外并购引发部分东道国高度关注。2019年3月,欧盟委员会的一份文件在承认中国是合作伙伴的同时,首次称中国是"系统性竞争对手"。法国、德国及英国等国随后分别加强了对外资投资并购的审查。澳大利亚、加拿大、欧盟各国、印度等多个国家,先后密集发布或启动外资监管新政,通过扩大审查范围、降低审查资金门槛(更低投资额度被纳入审查范围)、限制投资领域等多种方式,收紧外资监管。逆全球化趋势的直接诱因是国际政治因素,而政治因素是慢变量,这意味着这一趋势在短期内很难转变,中资企业对外直接投资难度加大。

3. 国内监管政策日趋完善,限制企业非理性对外投资行为

近年来,随着中国过度对外投资问题的不断暴露,国务院国有资产监督管理委员会出台《中央企业境外投资监督管理办法》等政策文件,同时国务院办公厅转发了《关于进一步引导和规范境外投资方向的指导意见》,严格规范国企尤其是央企境外投资,建立了完善境外投资监管体系,严格实施境外投资事前、事中、事后监管,实行境外投资风险管理等。这一系列监管政策,有效化解了企业对外投资中的"泡沫"风险,限制了企业非理性对外投资行为。

以上国内外环境的变化,要求我国企业对外直接投资走出一条与以往不同的道路,一条更加注重效益、更加注重应对风险、更加健康可持续的道路,也正是高质量发展之路。

(二)中国对外直接投资高质量发展的政策选择

1. 推动高水平对外开放

党的二十大报告提出推动高水平对外开放。从对外投资的角度来看,分别针对国际市场和国内市场主要体现在以下两点。一是积极推动与更多的国家签署投资协议,开拓国际市场。国家间签署投资协议,能够显著地推动企业跨境投资。我国一直积极推动各类自贸区协议和投资协定的签署,近几年受逆全球化思潮影响,进度有所放缓,将来仍要将其作为重要工作加以推动。积极推动中日双边贸易协定谈判,推动加入CPTPP的工作。对于已签署的经贸投资协议应深化合作。充分利用RCEP中的投资便利,深耕东南亚市场;力争实现中欧双边投资协定落地。二是进一步缩减并完善负面清单,扩大国内市场开放。两国之间资本往来,市场开放应是对等的。我国2021年版的《外商投资准入特别管理措施》(负面清单)中包含31项,进步明显。但是在清单的可操作性和部分产业的开放上仍存不足。未来应进一步细化和缩减负面清单,增强可操作性。在高端制造业和服务业上加大开放力度。尤其在金融服务方面,更多地引进外资金融机构,可以加快国内金融市场的竞争节奏,也可以为我国金融机构"走出去"创造条件。借助"引进来"和"走出去",促进我国金融业提高效率,增强国际市场竞争力。

2. 优化对外投资结构

(1) 优化对外投资产业结构。随着中国进入产业结构调整的深化阶段,应大力鼓励中国企业在结构调整和转型升级的产业领域开展大规模对外投资,引导中国企业在国际市场加大对于高技术含量和高附加值的新兴产业、高端服务业与消费品业等领域的绿地投资及海外并购,通过"走出去"攻关关键核心技术,弥补技术薄弱环节,助力中国企业开始向全球产业链高端布局和发力,推动中国产业补链、延链和强链。

(2) 优化对外投资区域布局。在对欧美国家投资的同时,应重视对发展中国家的投资。近年来,这些区域市场的经济增长速度已经高于欧美国家增长速度,市场发展潜力和发展前景较好。与此同时,随着全球地缘政治经济冲突加剧,通过分散对欧美以外区域投资,能够有助于提升我国产业链稳定性和韧性,减少地缘风险产生的损失。

3. 完善对外直接投资的支持体系

(1) 厘清和完善法律法规体系,设立相应专职机构。虽然自改革开放以来,中国制定和实施了一系列的相关法律法规,但现有法律法规存在不系统不全面,且多头管理、相互缺乏沟通协调、缺乏国际法律互助体系等问题。因此,需在厘清前期法律法规基础上,逐步完善对外投资法律体系,构建境外投资监管体系,规范企业对外投资行为,并保障其合法权益。

(2) 加大财税支持力度,加快相关金融制度改革步伐。在财税优惠上,政府可以通过税收减免、抵税和延期支付等政策措施给予海外投资企业支持;在财政便利上,国家可设立企业对外投资的支持发展基金,结合国家重大发展规划,给予符合条件的相关海外投资企业以财政补贴。同时,在对外投资的金融体系建设上,要紧跟国际投资市场的发展步伐,加快国际金融服务体系改革,形成金融机构优势互补,拓展海外投资多元融资渠道,为企业海外经营活动提供投融资便利。

4. 强化对外投资平台功能

结合国家"一带一路"倡议等重要发展举措,围绕高水平开放和国际投资合作,中国政府应强化相关对外投资平台的功能。中国政府应积极建设和参与世界范围内的像中国国际投资贸易洽谈会这一类型的高水平对外投资平台,做好产品特色展览、项目展示路演和对接洽谈合作等工作,持续发挥双向投资促进、权威信息发布和投资趋势研讨等重要功能,为全球投资合作提供汇聚共识和行动支持的平台,扩大并加深与全球和"一带一路"沿线国家的对外投资合作。

5. 积极参与国际投资高水平规则制定

当前,世界经济处于缓慢复苏期,国际投资规则处于重塑期。作为快速发展的国际投资大国和负责任的国际社会成员,我国需要广泛参与国际投资规则的制定、调整与变革,在获取"创始红利""参与红利"和"改革红利"的同时,为完善国际投资规则体系作出自己的贡献。积极参与和推进双边和区域投资协定谈判进程,如中美投资协定、中欧投资协定和CPTPP等,并在当前国际投资规则中关于市场准入、劳工标准、环境保护、社会责任、数字经济和知识产权保护等相关条款议题上,切实维护自身和发展中国家与地区的经济利益。

第四节 中国典型企业的国际化道路比较

中国作为最大的发展中国家有其一定的特殊性。中国跨国公司的成长与许多国际跨国公司的全球化路径有很大的不同,其中最基本的差别在于,典型的发达国家跨国企业通常是先在本国发展壮大,并取得在同行业中的竞争优势,如在技术研发和品牌影响力等方面的优势后,再将这些竞争优势有效拓展到海外市场。中国企业尽管在改革开放的40多年历程中发展迅速,积累了一定的资本,但比起发达国家的跨国企业,在技术和品牌方面积累仍然不够。因此,中国跨国企业有其自身独特的国际化发展道路。其中较为典型的国际化道路有浙江吉利控股集团(以下简称"吉利")"他山之石,可以攻玉"的国际化战略和华为技术有限公司(以下简称"华为")"农村包围城市"的国际化战略。

一、吉利的国际化道路

(一)吉利"他山之石,可以攻玉"的国际化经营历程

吉利始建于1986年,1997年进入汽车行业,一直专注实业,专注技术创新和人才培养,不断打基础练内功,坚定不移地推动企业转型升级和可持续发展,业务涵盖汽车及上下游产业链、智能出行服务、绿色运力、数字科技等。吉利官网显示,截至2023年,吉利现资产总值超5100亿元,员工总数超过12万人,连续12年进入《财富》世界500强(2023年排名225位),是全球汽车品牌组合价值排名前十中唯一的中国汽车集团。

吉利国际化经营首先是通过本土经营获得资本积累,然后通过海外并购等方式获得先进技术、资源和经营管理模式,不断扩充自身实力,最后寻求到海外市场扩张。由于我国汽车产业起步较晚,汽车产业领域长期被欧美等发达国家的大型跨国企业所占据,大量的汽车专利、先进技术和高端品牌被这些发达国家的汽车巨头所垄断。后发的我国汽车企业要

想单一地通过自主技术研发追赶和超越这些拥有很宽护城河的汽车世界巨头是很难的。因此,吉利采取了后发优势的国际化经营战略,在国内市场站稳后,直接并购国际汽车巨头子公司,利用其现有先进技术和品牌溢价,通过快速引进、吸收、消化和改进国际先进技术,实现弯道追赶。在吉利众多并购案例中,最为经典的当属2010年收购沃尔沃。吉利在国内市场站稳脚跟后,在中低端汽车产品制造上占据了局部优势。但吉利并不满足于中低端市场,一直谋求通过嵌入国际汽车产业链条实现向国际中高端汽车市场进军。通过10年的不懈努力,2010年8月2日,吉利正式完成对福特公司旗下沃尔沃轿车公司的100%股权收购,成功嵌入国际汽车产业链。随后,吉利充分利用沃尔沃公司的现有先进技术基础,快速投入大量资金,进行技术研发和系统资源整合,通过设立欧洲研发中心(CEVT),成功开发了全新基础模块化架构CMA(紧凑型模块化架构),大幅提升了吉利汽车的品质和性能,延伸并拓展了相关子品牌,实现了全新的高质量发展。

(二)吉利国际化经营的经验

通过对吉利国际化发展历程的梳理,可以总结出吉利国际化经营以下两条重要经验。

(1)"他山之石,可以攻玉"的跨国经营战略。吉利作为国际汽车产业的后来者,单纯自主进行技术研发很难突破国际汽车巨头的护城河,不得不采取开放式的发展道路,通过借用国际汽车巨头的先进技术、专利和品牌,并努力消化、吸收和改进,实现为我所用。

(2)注重产业链的攀升。吉利汽车站稳国内市场后,不满足于中低端汽车产品的定位,不拘束于低成本的局部制造竞争优势,一直希望向全球价值链中高端市场进军。通过多年坚持不懈的努力,吉利采用出口、海外建厂和跨国并购等方式,成功整合了各种生产要素资源,实现了全球范围内产业链的各个环节高效配置,成功提升了全球价值链中分工地位和产品附加值。

二、华为的国际化道路

(一)华为"农村包围城市"的国际化经营历程

华为成立于1987年,起初只是一家生产用户交换机的香港公司的销售代理,并没有自己的产品和技术,然而经过几十年的发展,现如今成为全球ICT基础设施和智能终端解决方案的领导者和世界500强企业之一。2022年华为年报显示,华为约有20万员工,业务遍及170多个国家和地区,服务全球30多亿人口。尽管近年来持续受到美国政府的恶意打压,2021年华为的总收入依然高达6 368亿元,净利润达到1 137亿元。

华为国际化经营采取了"农村包围城市"的战略。起初华为主要面向境内市场,与境内众多竞争对手争夺市场生存空间。直到1996年华为为中国香港和记电讯提供技术服务,获得了第一笔境外订单。随后华为开始进军国际市场,首先选择了与中国邻近的且政治关系稳定的属于发展中国家的俄罗斯。取得成功后华为继续进入当时与中国外交关系友好且稳定的南斯拉夫、巴西、泰国等发展中国家开拓国际市场。在泰国，华为利用自身研发的移动智能网产品与泰国当地运营商合作，使得相关产品在泰国销售份额大幅上升，一度成为亚太地区华为销售收入最高地区。对发展中国家投资初见成效以后，华为进一步拓展国际市场，着手进军欧美发达国家。华为通过进入欧洲部分国家，逐渐了解欧美发达国家的竞争态势、法律法规与人文环境，为后续进军美国市场做足了准备。其间在欧洲华为与西门子合作研发 3G（第三代移动通信技术），与欧洲英飞凌科技公司合作开发低成本、宽带码分多址平台，并与英国电信、法国电信和沃达丰等跨国运营商成为战略合作伙伴。华为通过与目标市场的通信企业建立战略同盟关系，很好地减小进入阻力，取得了显著成效。随后华为成功打入美国市场，与 3Com 公司成立合资公司，标志着华为跨国经营全面铺开。

伴随国际市场的不断开拓，华为跨国经营模式也在不断丰富和多样化。华为从起初单一低价策略的出口模式逐步演变为通过成立合资公司充分利用东道国的本土资源和销售网络。同时，华为不断坚持加大开发创新领域的投入，深度挖掘世界范围内的技术资源，逐渐建立自身的国际竞争优势。现如今华为先后在中国、美国、印度和瑞典等国设立了研发中心和研究所，每年获得国际专利申请数量高居世界前列，成为世界一流企业。

（二）华为国际化经营的经验

通过梳理华为国际化历程的发展脉络，可以总结出华为国际化经营以下几条重要经验。

(1)"农村包围城市"的跨国经营战略。在国际化经营初期，华为通过优先进军发展中国家，特别是与中国政治关系稳定、地理距离较近、基础设施完善、经济互补的国家，成功降低进入门槛，避免和缓解前期的国际竞争压力。在获得跨国经营相关成功经验的基础上，再慢慢进入发达国家市场，避免盲目的国际化扩张，选择了一条与自身技术水平发展相适应的国际化道路。

(2)灵活多变的跨国经营模式。华为在最开始跨国经营时，首先利用低价的单一产品出口的方式打开国际市场；随后通过成立合资企业，利用东道国企业自身成熟的本土资源和销售网络进一步挖掘国际市场；最后在积累品牌经验和口碑信誉后，通过与发达国家合作研发，成功大幅提升国际竞争优势，成为国际一流知名企业。

(3)注重研发创新。华为在成功开拓市场的同时，不断加大研发投入，每年将销售收入的 10% 作为研发创新投入。华为在世界范围内大量聘请和培养专业技术人才，广泛设立研发创新中心，并积极将最新的技术进行当地化升级改造，积极研发符合东道国习惯和标准的新产品与新专利。

【本章复习思考题】

1.跨国公司发展的新特征主要有哪些体现？

2. 中国跨国公司的发展具有哪些新特征？

3. 阐述国际直接投资的东道国经济效应。

4. 如何实现中国对外直接投资的高质量发展？

5. 用案例分析说明中国企业国际化道路的独特性。

【本章荐读书目】

1. 赵春明. 跨国公司与国际直接投资[M]. 3版. 北京：机械工业出版社，2020.

2. 全球化智库，西南财经大学发展研究院. 中国企业全球化报告[M]. 北京：社会科学文献出版社，2020.

3. 卢进勇，蓝庆新. 中国跨国公司发展报告[M]. 北京：对外经济贸易大学出版社，2017.

4. 任永菊. 跨国公司与对外直接投资[M]. 北京：清华大学出版社，2019.

5. 赵蓓文，等. 中国企业对外直接投资与全球投资新格局[M]. 上海：上海社会科学院出版社，2016.

【即测即练】

第四章

经济全球化与中国金融体制的深化改革

【本章学习目标】

(1) 掌握实体经济和虚拟经济之间的关系及其处理原则;
(2) 了解美国次贷危机和欧洲主权债务危机之间的异同;
(3) 熟悉中国经济"脱实向虚"的表现及其危害,理解中国经济"脱虚向实"的必要性;
(4) 熟悉数字货币的定义及其发展方向;
(5) 了解人民币国际化的成绩及其问题。

【本章基本概念】

实体经济;虚拟经济;次贷危机;欧洲主权债务危机;数字货币;人民币国际化

作为生产要素跨国界流动和配置的一种现象,经济全球化的一项重要内容就是资本流动自由化,而促进资本流动,提高资本配置效率则是中国金融体制改革的重要内容。

第一节 从实体经济到虚拟经济

一、实体经济与虚拟经济

正如从新旧石器时代、金属时代发展到蒸汽机时代、内燃机时代,再到当前的信息经济、知识经济和数字经济一样,人类经济活动从实体经济形态走向虚拟经济形态,也是生产力发展的必然结果,是市场经济的必由之路。当前美国硅谷甚至把虚拟现实提升到元宇宙高度,在其看来,元宇宙就是人工智能的自由市场经济,它将进一步打破实体经济的限制,推动显卡、芯片、云服务器、通信系统等软硬件领域再升级,扩大人类知识和智能的活动领域。

(一) 实体经济的界定

实体经济,是指物质的、精神的产品和服务的生产、流通等经济活动。其包括农业、工业、交通通信业、商业服务业、建筑业等物质生产和服务部门,也包括教育、文化、知识、信息、艺术、体育等精神产品的生产和服务部门。实体经济始终是人类社会赖以生存和发展的基础。

传统的观点认为,实体经济就是指那些关系到国计民生的部门或行业,最典型的有机械制造、纺织加工、建筑安装、石化冶炼、种养采掘、交通运输等。这种界定比较狭隘,目前人们对实体经济的认知更倾向于从广义角度去看,认为只要是经过工商注册登记的,既有有形生产活动,也有无形服务活动的经济组织都可以算作实体经济。当然,金融服务业不算作实体经济,因为金融服务业属于特定行业,而其服务活动也有别于一般的服务业。

一般来说,实体经济的特点可以归纳为以下四点:有形性、主导性、载体性、下降性。有形性是指实体经济看得见、摸得着,具有明确的实质形态;主导性是指实体经济在国民经济活动中具有压倒性优势,能够主导各种虚拟经济活动;载体性是指实体经济必须通过一定介质,才能对国民经济活动产生影响;下降性是指随着生产力的发展,以及人类影响和改造大自然的能力提升,越来越多的就业人员投入各种虚拟经济活动中,从而使实体经济在国民经济活动中的占比不断下降,产业结构不断升级。

那么,以物质资料的生产经营活动为内容的实体经济,在国民经济发展过程中的功能又是什么呢?简而言之,实体经济功能可以归纳为以下三点。

1. 提供基本生活资料

日常生活中,人们总是要吃饭、穿衣、行动、居住、婚丧嫁娶、旅游休闲等,这些都离不开基本生活资料的支持,而基本生活资料则是由各式各样实体经济生产出来的。我们无法想象,如果实体经济彻底停止,人们基本生活资料怎样才能得到正常供应。

2. 提高人的生活水平

同样,古往今来,人们不仅要生存,更要发展,为了保证人们获得更好的物质条件,实体经济必须通过提高劳动生产率来为人们提供各式各样的更高水平的物质成果。如果实体经济活动停止,那么人们就从根本上失去提高生活水平的基础。

3. 增强人的综合素质

人们不仅要生活得更好,而且要使自己的素质得到全面的增强,如果实体经济满足人民物质文化需要的生产服务活动停止,那么人们同样会从根本上失去增强综合素质的可能。

(二)虚拟经济的界定

虚拟经济,是相对实体经济而言的,是经济虚拟化(西方称为"金融深化")的必然产物。与实体经济相比,虚拟经济具有明显不同的特征,其原因在于虚拟经济主要表现为高度波动性、价格不稳定性、高风险性和高投机性四个方面。这是由于人类经济活动一般是由两套不同的定价系统组成的:物质定价系统和资产定价系统。与由成本和技术支撑定价的物质定价系统不同,资产定价系统是以资本化定价方式为基础的一套特定的定价体系,也就是虚拟经济。由于资本化定价,人们的心理因素会对虚拟经济产生重要的影响,这也就导致虚拟经济在运行上具有内在的高度波动性;高度波动性必然导致价格不稳定,价格不稳定又会导致成本收益不对称,进而造成高风险;而高风险必然吸引一些资本利用时空价格差异和杠杆大小渔利,从而表现为高投机性。

应当说,虚拟经济是市场经济高度发达的产物,以服务于实体经济为最终目的。随着虚拟经济迅速发展,在一些发达国家,其规模已超过实体经济,成为相对独立的经济范畴。

二、实体经济与虚拟经济之间的关系

实体经济与虚拟经济的关系,可以简单归纳为一句话:实体经济借助虚拟经济,虚拟经济依赖实体经济。实体经济与虚拟经济之间存在着极其密切的相互依存、相互促进的关系。

(一)实体经济借助虚拟经济

1. 虚拟经济影响实体经济的外部宏观经营环境

实体经济要生存、要发展,除了其内部经营环境外,还必须有良好的外部宏观经营环境。这个外部宏观经营环境,就包括全社会的资金总量状况、资金筹措状况、资金循环状况等。这些方面的情况如何,将会在很大程度上影响实体经济的生存和发展状况,而这一切都与虚拟经济存在着直接或间接的关系。因此,虚拟经济的发展状况如何,将会在很大程度上影响实体经济的外部宏观经营环境。

2. 虚拟经济为实体经济的发展增加后劲

虚拟经济为实体经济发展提供资金等要素服务,虚拟经济越发达,实体经济发展后劲越足。

3. 虚拟经济的发展状况制约着实体经济的发展程度

实体经济要运行尤其要发展,首要的条件就是必须有足够的资金。事实证明,虚拟经济发展的阶段不同,对实体经济发展的影响也就不同,亦即虚拟经济发展的高一级阶段对实体经济发展程度的影响,总比虚拟经济发展的低一级阶段对实体经济发展程度的影响大一些。反之,则会小一些。

(二)虚拟经济依赖实体经济

1. 实体经济为虚拟经济的发展提供物质基础

虚拟经济不是神话,而是现实。因此,它不是"吊在天上",而是立足于地下。这就从根本上决定了无论是其产生,还是发展,都必须以实体经济为物质条件。否则,它就成了虚无的空中楼阁。

2. 实体经济对虚拟经济提出了新的要求

随着整体经济的进步,实体经济也必须向更高层次发展。否则,它将"消失"得更快。实体经济在其发展过程中对虚拟经济的新要求,主要表现在有价证券的市场化程度上和金融市场的国际化程度上。也正是因为实体经济在其发展过程中产生了博弈实体经济学,特别是使它能够发展,否则,虚拟经济就将成为无根之本。

3. 实体经济是检验虚拟经济发展程度的标志

虚拟经济的出发点和落脚点都是实体经济,即发展虚拟经济的初衷是进一步发展实体经济,而最终的结果也是指导实体经济。这样,实体经济就自然而然地成为检验虚拟经济发展程度的标志。

(三)虚拟经济对实体经济具有二重性

一方面,我们应该发挥虚拟经济对实体经济的积极作用,具体表现为以下几点。

(1)为实体经济提供金融支持。实体经济是社会财富和综合国力的基础,是改善人民生活的基础,也是虚拟经济发展的基础。

(2)有助于分散经营风险。金融市场能扮演风险识别的角色,预警实体经济发展可能出现的问题,也能促进实体行业之间的竞争。例如,股市能将难以进入社会再生产的分散资金聚集起来,满足企业的融资需求;而股票的买入和卖出过程,也是发现企业风险的过程,对企业经营能起到预警作用。

(3)促进社会资源优化配置。金融市场的合理运行让闲置资金匹配合适的实体经济投资领域,为实体经济发展提供融资平台,提高资金配置效率。

(4)有利于产权重组,深化企业改革。金融是现代经济的核心。在市场经济中,实体经济持续健康发展,离不开以金融业为核心的虚拟经济支持。

另一方面,我们还应积极预防虚拟经济对实体经济可能产生的负面影响。

(1)虚拟经济过度膨胀导致泡沫经济的形成。如果虚拟经济脱离实体经济盲目扩张、过度炒作资产等现象蔓延泛滥,将产生巨大的危害,从而影响经济社会发展,扩大社会贫富差距。

(2)虚拟经济过度膨胀还会掩盖经济过热的现实。无论是房地产炒作还是农产品炒作,最终结果都是价格急剧上涨进而产生泡沫。这个过程的受益者往往是大量资本持有者即炒作的最先发起者,而受害者往往是后来的跟进者,大多是财富拥有量较少的群体。因此,炒作的过程,成了财富从穷人向富人集中的过程,贫富差距会因此加大。

(3)虚拟经济过度膨胀加大实体经济动荡的可能性。虚拟经济的利润最终来自实体经济,离开了实体经济,虚拟经济就会成为无源之水、无本之木。如果不有力抑制"脱实向虚"、遏制投机炒作,就会导致实体经济无法获得虚拟经济的充分支持,制约其较快发展,不利于增加就业岗位、改善人民生活、实现经济持续发展和保持社会稳定,最终将影响虚拟经济的发展。

三、正确处理两者之间关系的基本原则

既然虚拟经济与实体经济之间存在密不可分的关系,就必须对它们进行很好的处理,不然就会影响它们的正常发展。那么,处理虚拟经济与实体经济之间关系的基本原则有哪些呢?

(1) 一视同仁。虚拟经济与实体经济都有其各自独特的功能,虚拟经济与实体经济都对整个市场经济有促进作用。这就决定了在它们的发展速度、规模形成、比例确定以及计划安排上,都应相互兼顾。

(2) 统筹一致和协调发展。经济发展的实践已经告诉我们,虚拟经济与实体经济毕竟是两种性质不同的经济形式或形态,它们各自的运行方式、经营特点、行为规范、内在要求、营销策略、服务对象等,都是不尽相同的。在这种情况下,两者之间就有极大的可能出现或产生矛盾。其具体表现是,要么是实体经济脱离虚拟经济而独自发展,要么是虚拟经济超越实体经济而"突飞猛进"。事实证明,后者是主要现象,其结果就是所谓的"泡沫经济"。因此,为了防止和遏制泡沫经济的产生或出现,就必须强调统筹一致和协调发展的原则。

为此,我们必须做好以下三点。

(一) 积极推进实体经济的发展

党的二十大报告强调,坚持把发展经济的着力点放在实体经济上,推进新型工业化,加快建设制造强国。如果没有实体经济的支撑,金融资产投资和交易的回报就没有坚实的基础,而目前国有经济发展中普遍存在着产品结构、技术结构、产业结构等不合理及资本严重固化、缺乏流动性的问题,因此我们需要对行业布局、地区结构以及国家所有制进行调整,努力推进现代企业制度,要使国有资本活起来,在流动中优化配置,充分发挥其对实体经济的贡献。应通过政策性扶持、鼓励民间风险投资等多种方式,大力发展高新技术产业,加快科技成果的产业化进程,以技术商品化为特点、以市场需求为导向,加快中国经济结构的调整和升级,促进实体经济稳步发展,为虚拟经济的发展提供充分的保障。

(二) 适度发展虚拟经济

如前所述,在经济全球化发展的时代,适度发展虚拟经济有重要意义,它有助于改造和提升实体经济。目前中国直接融资比重较小,资本市场还不成熟,规模小、品种少、运作不够规范,金融创新也是刚刚开始。因此应当借鉴西方国家金融创新的经验,积极探索虚拟资本的新形式以及虚拟资本交易的新技术,促进实体经济的货币化和资产证券化发展。在增强防范和消除市场投资风险能力的同时,把开发具有避险和保值功能的各种衍生工具作为虚拟经济创新发展的重点。由于虚拟经济发展到一定程度会挤占实体经济的投资,因此我们还要注意对虚拟经济的扩张程度加以控制,依赖政府的宏观调控,通过制定相应的货

币政策协调实体经济与虚拟经济的关系,引导虚拟经济对实体经济的回归。

(三) 完善监管体系和制度建设

由于虚拟经济自产生之日起就蕴含着内在的不稳定性,随着现代科学技术的不断发展,金融网络化、电子化手段加强,金融交易市场呈现较强的多变性,特别当金融扩张超过经济贸易的增长速度时,以资金融通和投机牟利为目的的资本运动使经济中的泡沫成分增加,若没有完善的监管体系,必然影响实体经济的稳定发展。我们应加强对银行资本充足率、资产流动性、风险管理的监督,建立公众监督、舆论监督机制。同时,规范证券市场的操作,加强对国际游资的管理,监控金融衍生工具的虚拟和投机。我们要有步骤、分阶段地推进虚拟经济各层次的发展,审慎有序地开放金融市场。

第二节　美国次贷危机和欧洲主权债务危机的警示

21 世纪前 10 年,世界接连发生了美国次贷危机和欧洲主权债务危机,关于这些危机的根本原因,美国著名的经济史学家查尔斯·P.金德尔伯格(Charles P. Kindleberger)在其名著《世界经济霸权 1500—1990》中曾意味深长地说,一个国家的经济最重要的就是有"生产性"。历史上的经济霸权大多经历了从"生产性"到"非生产性"的转变,这就使得霸权国家有了生命周期性质,从而无法逃脱由盛到衰的宿命。实际上,这种"生产性"不仅是霸权国家盛衰的重要基础,也是一般国家经济繁荣与衰退的基础。

一、美国次贷危机与欧洲主权债务危机的由来

客观来说,美国次贷危机和欧洲主权债务危机的产生各有其历史、体制和自身的原因,但根本原因是这些国家的经济失去了"生产性"。

(一) 美国次贷危机

次贷即"次级抵押贷款"(subprime mortgage loan)的简称。在此,"次"是与"高""优"级对应的较差的一种抵押贷款。在美国,那些收入并不稳定甚至根本没有收入的人,由于信用等级达不到买房标准,就被定义为次级贷款者。这种贷款者由于信用等级低、还债能力差、信用记录不佳,所以对其征收的贷款利率也就比一般抵押贷款高得多,而且通常采用固定利率和浮动利率相结合的还款方式,即购房者在购房后头几年以固定利率偿还贷款,其后以浮动利率偿还贷款。

21 世纪初,由于美国住房市场持续繁荣,加上前几年美国利率水平较低,美国的次级抵押贷款市场迅速发展。但 2006 年以来随着美国住房市场的降温尤其是短期利率的提高,次

贷还款利率大幅上升,购房者的还贷负担大为加重。同时,住房市场的持续降温也使购房者出售住房或者通过抵押住房再融资变得困难。这种局面直接导致大批次贷的借款人不能按期偿还贷款,银行收回房屋,却卖不到高价,大面积亏损,引发次贷危机。

2007 年 4 月,美国第二大次级房贷公司——新世纪金融公司的破产就暴露了次级抵押债券的风险;从 2007 年 8 月开始,美联储作出反应,向金融体系注入流动性以增加市场信心,美国股市也得以在高位维持。然而,这随后引发了雷曼兄弟的倒闭,也导致了世界上几乎所有证券市场价格暴跌。2008 年 8 月,随着美国房贷两大巨头——房利美和房地美股价暴跌,持有"两房"债券的金融机构大面积亏损,美国财政部和美联储被迫接管"两房",表明次级按揭贷款危机已经发展为全球金融危机。

美国次贷危机的根源在于:首先,美国政府不当的房地产金融政策为危机埋下了伏笔。其次,金融衍生品的滥用,拉长了金融交易链条,助长了投机,美国许多金融机构在这次危机中难以幸免,其次贷问题的严重程度也远远超过人们的预期。最后,美国货币政策推波助澜,随着 21 世纪初网络泡沫的破灭,美国实行了极低利率的宽松货币政策,进而导致更大的房地产泡沫的形成,为了抑制泡沫,美联储转而实行了不断加息的紧缩货币政策,到 2006 年初,美国联邦基金利率高达 6%,进而导致泡沫急剧破灭,引发华尔街风暴,后来演变为全球性的金融危机,其过程之快、影响之巨,可谓始料未及。这是自第二次世界大战结束以来将全球经济拖入全面持续衰退的最严重的一次金融危机。

(二)欧洲主权债务危机

欧洲主权债务危机起源于国家信用,主要是大幅增加的财政赤字引发政府资产负债表出现收不抵支的问题,从而以主权债务危机的形式出现的一种金融危机。在此,主权债务是指一国以自己的主权为担保,向外借来的各种债务,这种危机一旦发生,就会将一国政府置于失信、不能及时履行对外债务偿付义务的风险中。

欧洲主权债务危机肇始于希腊。2009 年 11 月,希腊财政部部长宣布,其 2009 年财政赤字对 GDP 之比将为 13.7%,市场出现恐慌,希腊国债信用违约互换价格急剧上升。2009 年 12 月 8 日,全球三大信用评级机构惠誉、标准普尔和穆迪相继调低希腊主权信用评级,这不仅引发了希腊股市大跌,还引发大约 250 万名希腊劳工走上街头抗议、罢工,拖累欧元对美元比价节节走低。2010 年 7 月 19 日,爱尔兰政府债券评级也出现下调。之后,西班牙、葡萄牙、意大利等国也出现主权信用评级下调现象,欧洲主权债务危机进一步扩散。

为了避免危机进一步扩大,2010 年 5 月 10 日,欧盟成员国之间达成了一项总额高达 7 500 亿欧元的稳定机制,避免危机蔓延。稳定机制由三部分资金组成:第一,4 400 亿欧元由欧元区国家根据相互间协议提供,为期 3 年;第二,600 亿欧元将以欧盟《里斯本条约》相关条款为基础,由欧盟委员会从金融市场上筹集;第三,国际货币基金组织提供 2 500 亿欧元。

纵观本次危机,经济发展水平的不一致以及经济政策的不协调,是导致危机爆发的主要原因。随着欧洲经济货币联盟的成立,在欧元区国家里面,就出现了货币政策受到约束,而财政政策各自为政的现象。进而随着全球金融危机的扩散,财政政策与货币政策的矛盾日益变得不可调和,最终导致在欧元区,基本面不佳的国家以主权债务危机形式爆发内部矛盾。例如,欧盟《稳定与增长公约》规定,各成员国赤字不得超过其国内生产总值的3%,公共债务不得超过国内生产总值的60%。但根据欧盟数据,2009年和2010年,27个成员国中只有瑞典和爱沙尼亚达标。深陷危机中的希腊、西班牙、葡萄牙、爱尔兰的赤字,均占到本国GDP的10%以上,远远高过3%的安全线和欧盟自身的标准。

二、美国次贷危机与欧洲主权债务危机的异同

(一) 相同点

(1) 这两个危机的爆发都受到了前期宏观政策的较大影响。在危机爆发前,为了促进经济增长,美国与欧洲五国都采取了扩张性的财政政策和货币政策。

对于美国次贷危机的发生,一般看法认为,这场危机主要是金融监管制度的缺失造成的,华尔街投机者钻制度的空子,弄虚作假,欺骗大众。其实这场危机的一个根本原因在于美国近30年来加速推行的新自由主义经济政策。所谓新自由主义,是一种以复兴传统自由主义理想减少政府对经济社会的干预为主要经济政策目标的思潮。美国新自由主义经济政策开始于20世纪80年代初期,其背景是20世纪70年代的经济滞胀危机,内容主要包括:减少政府对金融、劳动力等市场的干预,打击工会,推行促进消费、以高消费带动高增长的经济政策等。为此,美国放松了房地产个人信用政策,美联储甚至一度将基准利率降到1%,与此同时,美国政府还配套了减税政策来刺激经济,这就必然导致泡沫的累积。

而作为欧洲主权债务危机策源地的希腊,20世纪末,为了实现加入欧元区,满足《马斯特里赫特条约》提出的要求,2001年与高盛等投行签订一系列金融衍生品协议,以降低财政赤字。2004年,希腊又曾向上修正2000—2002年的财政赤字,这种对于财政赤字情况的隐瞒,也为后来的危机埋下了伏笔。作为欧盟援助计划的主要受益国,希腊经济虽在2003年至2007年实现了年均4%的快速增长,但这种高增长主要来自财政和经常项目的双赤字以及加入欧元区后更容易获得廉价的贷款带来的基础设施建设的拉动以及信贷消费。2008—2009年爆发的全球金融危机严重影响居民消费,导致经济下滑,欧元的高估又使得出口始终较差,而没有灵活的货币政策,政府不得不依靠大量投资和消费拉动经济,赤字不断累积。赤字与出口下滑的恶性循环,最终使希腊的主权信用风险逐步积累,并在本次经济危机中完全暴露出来。其他欧洲国家也在危机之前都曾实施大规模经济刺激政策而产生高额财政赤字和公共债务,这毫无疑问会增加主权债务危机爆发的风险。

(2) 房地产市场是重要的风险聚集地。美国次贷危机源于住房抵押贷款机构将资金大量贷给没有稳定收入证明的次级贷款者,从而积聚了巨大的违约风险。爱尔兰、西班牙等

国政府的房地产刺激计划,使得房地产市场空前繁荣,在信用审查中降低门槛,产生了大量不良债务,直接导致债务危机的爆发。

(3) 从影响上来说,都对中国产生了不利影响。美国次贷危机爆发后,股市震荡,美元贬值,进口需求乏力。中国持有的美国国债价值下跌,股市也经过传导直接下滑,没有强力的需求出口自然乏力。2007年,由于美国和欧洲的进口需求疲软,我国月度出口增长率从2007年2月的51.6%下降至12月的21.7%,而这又引起我国经济增长在一定程度上放缓,且随着我国经济增长放缓,社会对劳动力的需求小于劳动力的供给,使整个社会的就业压力增加,导致我国面临经济增长趋缓和就业形势严峻的双重压力。在美国次贷危机后,中国政府调整了外汇储备,增加了欧洲资产,但随后不久欧洲爆发主权债务危机,使中国外汇储备再次遭受损失,同时这一危机还造成我国出口增长下降,实体经济尤其是工业面临巨大压力。而大量中小型加工企业的倒闭,也加剧了失业形势的严峻。

此外,为应对次贷危机造成的负面影响,美国采取宽松的货币政策和弱势美元的汇率政策。美元大幅贬值给中国带来了巨大的汇率风险。而在全球金融危机爆发后,随着发达国家经济放缓、欧洲主权债务危机的爆发和人民币不断升值,国际资本流动出现了转向,还导致了部分热钱加速流向我国寻找避风港,加剧了中国资本市场波动的风险。

(二) 不同点

(1) 直接主体不同。欧洲主权债务危机是政府以主权担保,获得对外借款,主体是各国政府,债务性质是对外债务,危机发生后,主要在国家间传导。美国次贷危机主体繁多,次级贷款者、商业银行、投资银行和对冲基金、保险公司等都卷入其中,主要是在金融行业中震荡。

(2) 导致危机的原因不同。对于欧洲来说,高支出、高福利政策和庞大的政府机构已经成为政府的负担。希腊等南欧国家的经济缺乏生产性,例如,希腊的主要产业为农业、旅游业、海运业,极易受到外部经济活动的冲击;欧盟内部的财政政策和货币政策不一致,各国经济发展也不均衡。对于美国来说,住房抵押贷款机构发放了大量的次级贷款,聚集了巨大的风险,又将不良贷款证券化卖给投资银行和对冲基金,风险虽然转移了,但是规模也变得更大。投资银行又对证券化后的产品进行复杂的包装,包装成高收益和低风险的产品,同时转卖给保险公司等,风险变得更加庞大,最终房地产价格下跌,引发连锁反应。

三、对中国的启示

(1) 必须严控房地产信用风险,为此商业银行必须加强房地产贷款对个人信用的审核,要求贷款人有稳定的收入来源证明,同时提高首付比例。

(2) 必须加强对金融机构研发金融衍生品的监管,为此,中国银行保险监督管理委员会、中国证券监督管理委员会等有关部门出台政策,严审金融衍生品的研发。

（3）必须注意财政收支平衡，降低债务率，避免高福利危机。为此，政府应成立专家组，定期收集数据，在大力支持教育、医疗等社会保障事业发展的同时，还要控制财政支出的力度，降低公共部门杠杆率，判断最合理的工资水平和福利水平。

（4）必须重视经济结构的稳定和均衡，避免"非生产性"项目大量上马。为此，一方面，要落实中央"房子是用来住的，而不是用来炒的"的定位要求，坚持"一城一策"，因地制宜，严控降低首付导致大量信贷资金流往房地产市场的迹象；另一方面，要实现国民经济均衡发展，坚持总体国家安全观，避免像希腊一样多个主导产业都受外部影响极大。

（5）必须扎扎实实促进实体经济发展，鼓励银行贷款优惠政策向制造业、农业倾斜，确保经济基础稳固。

（6）必须严控地方政府债务。截至2021年6月底，全国（不含港澳台）地方政府债务余额347 503亿元，但我国31个省、自治区、直辖市中，有9个省份地方债务率（地方一般债务加上城投发债除以地方财政支出之比）突破300%[1]，建议由中央严密清查地方政府的隐形负债情况，政绩考核增加地方政府的债务控制指标等。

第三节 中国经济从"脱实向虚"到"脱虚向实"

近年来，我国资产价格（尤其是房价）不断高企，与此同时，实体制造业（主要是民间投资）却持续低迷。对此，各界开始对资金的"脱实向虚"展开激烈的讨论，同时对其"脱虚向实"有了更多期待。

一、中国经济"脱实向虚"的表现

"脱实向虚"，是指脱离实体经济的投资、生产、流通转向虚拟经济的投资。如前所述，虚拟经济是相对实体经济而言的，是经济虚拟化的必然产物，包括金融业、博彩业、收藏业等。

（一）虚拟经济在国民经济中的占比越来越高

随着人们对物质文化和精神享受方面需要的提升，过去几十年中国经济呈现明显的"脱实向虚"的变化过程，虚拟经济占GDP的比例越来越高。1952—2021年，金融业年均增速为13.9%，比同期GDP增速高出2.5个百分点。[2]

不仅如此，我国社会资金"脱实向虚"还表现在：金融行业资金回报率远高于实体经济回报率；社会融资信贷量虽然大增，但结构偏向虚拟经济；资金过度追逐表外利润；实体经

---

[1] 刘郁,姜丹.城投解惑系列之五十一——各省市2021年债务率,红橙黄绿知多少？[R].2022.
[2] 国家统计局.中国统计年鉴[M].北京：中国统计出版社,2022.

济经营困难。截至 2022 年 10 月底,我国 A 股共有上市公司 4 990 家,其中金融类上市公司 96 家,占比仅为 1.9%,但以 2021 年年报数据统计,其总资产、净资产、净利润占比分别高达 71.91%、39.98%、42.84%;尤其是 42 家上市银行占比分别高达 64.37%、32.24%、39.53%。①

(二) 以房地产价格飙升引申的"脱实向虚"现象

不少学者认为,房地产其实并不完全是虚拟经济,反而与实体经济关系更为紧密,不管是房产的买卖还是其中牵涉的建筑工业的制造以及商业服务等,都能体现出房地产行业与实体经济的关系。然而由于炒房一事的迅速蔓延,房地产飞快从实体经济中剥离,"炒房热"主导着房产成为一个概念而不是商品,于是在房地产价格飙升的过程中,资金过度流向房地产领域是资金"脱实向虚"的最直接体现。

自 1998 年取消福利分房、建立货币化分房制度以来,房地产价格一路飙升,2016 年年底的中央经济工作会议首次提出"房住不炒"相关政策后,房地产价格涨势开始得到控制,局部地区甚至出现了房价下跌现象。但也正因为如此,不少房地产商因为房地产利润的降低,从而转战金融资本市场,通过将手中的资产放入股市、货币、债务、金融衍生品等虚拟经济主导的市场,撬动杠杆获得较高收益。与此同时,这也导致资本迅速集中于虚拟经济市场,在虚拟经济之中运转,逐步远离实体经济。

(三) 大量理财业务和借贷业务的飞速发展

货币供应量和金融资产的增长速度加快,余额宝、P2P(个人对个人)等金融产品如同雨后春笋般出现,人人贷、钱多多等理财平台更是层出不穷,这就造成了三种现象:一是比起理财产品的收益,银行的利息微薄无比,不少投资者尤其是中小投资者,更愿意将手中的资金用于理财业务,而不是存储在银行,以至于大量资金流入虚拟经济市场;二是由于实体经济的成本上升,人们更加倾向于虚拟经济的高盈利,然而由于金融市场发展较快,法律完整度不高,一些公司钻了法律的空子,进行非正常性盈利;三是民间借贷业务发展活跃,越过了银行等金融中介,加之实体经济收益逐步下滑,大量资金难以投向实体经济,便造成金融业务趋向于泡沫化。

二、我国金融"脱实向虚"的成因

(一) 国际经济不振,贸易保护主义盛行使得资金在国内"脱虚向实"

从国际背景看,全球金融危机引发欧洲主权债务危机进而导致美国、欧洲等发达国家

---

① Wind 数据库(万得信息网,wind.com.cn)。

都不同程度以量化宽松政策应对危机,金融资产呈现泡沫化特征,一些大宗商品如铁矿石、铜、铝、钢铁等在全球范围内都出现严重产能过剩,全球经济长期陷入增长停滞状态,一些主要发达国家为提振国内经济重拾贸易保护主义,大搞"逆全球化",限制了正常的国际资金跨境流动,加剧了资金在国内逐利。

(二)虚拟经济的高回报与实体经济的不景气

不管是楼市盈利逐渐转薄,还是金融业在服务业中占的比例越来越大,都充分反映了一个问题,即在如今经济下行的情况下,人们趋利的本能使他们更加青睐高回报的虚拟经济。资本天生逐利性使其具有"天使"和"魔鬼"的双重属性。资金天然寻求尽可能的最大收益,这使好项目能脱颖而出获得发展需要的资金,带动实体经济发展;现代公司制度使资金方能够以股权方式参与甚至控制公司管理,资金方很容易通过各种金融制度和金融工具尽可能攫取最大利润,形成各种实质上的不平等,加剧贫富分化,引发各种社会问题。

(三)经济结构造成实体经济的产能过剩,产品成本不断上升

不合理的监管制度体系和行业垄断使得实体经济利润被侵蚀,对于这一点,最主要的便体现在钢铁、水泥等低端经济上面,产品成本增加,卖不出去收不回成本,成为实体经济中传统制造业发展的一大窘境,不少公司破产从而转向更加容易进入市场的虚拟经济。2008年至今,我国广义货币供应量(M2)增加了190多万亿元,大量的资金并未进入实体经济,而是在金融体系内空转。成本上升还造成了一个困难,那就是企业融资不便或者企业无力负担债务,资金难以筹措,资金链难以维持下去,最终导致破产的危机。

(四)金融监管薄弱,逐渐不能适应新兴金融经济的发展

金融监管薄弱,逐渐不能适应新兴金融经济的发展,为套利者和投机者提供了不少漏洞。

近年来,随着我国货币持续超发,许多企业争相追逐"监管套利、空转套利、关联套利",引发金融加杠杆,导致股市震荡、债市震荡、房地产泡沫不断膨胀;P2P网贷平台及民间高利贷盛行等借贷投机行为大量游离在监管之外,一些网贷平台超越监管红线;银行、信托、证券、保险分属不同部门监管是导致我国金融领域长期存在监管套利的深层次制度原因,表现为信托及资管领域的理财资金出表业务盛极一时,一线从业人员年收入动辄数百万元,远远超过实业领域的专业技术人员和大多数管理干部收入。

三、我国金融"脱实向虚"的潜在风险

(一)资金"脱实向虚"阻碍了微观经济运行

首先,加大了中小微企业融资困难,导致实体经济发展环境恶劣。整个金融运行体制

的资金不断流向大型垄断企业,加上大部分中小微企业达不到银行融资门槛,使许多做实业、微利运行的中小微企业很难获得融资机会,只能向民间融资机构寻找资金出路,加大了融资成本,使企业越大资金越多、投资再生产的兴趣越低,企业越小资金越少、为生存而产生的投资意愿越强,催生了全社会企业生存的病态环境。

其次,严重阻碍了产业结构升级。2017 年 7 月,中国经济信贷史产生了史无前例的纪录:当月新增人民币贷款 4 636 亿元,其中住户部门贷款 4 575 亿元,占比 98.7%,房贷几乎占据该月新增贷款的全部。[①] 根据中国人民银行官网(www.pbc.gov.cn)发布的调查数据,截至 2022 年 12 月,金融机构本外币贷款总量 219.1 万亿元人民币,其中住户贷款 74.9 万亿元,占比 34.2%,而 2015 年 1 月,住户贷款近 23.6 万亿元,占金融机构本外币贷款总量仅 26.4%,7 年时间总量增加近 2.2 倍,存量占比也提高了 7.8 个百分点。

过多的资金涌入房地产市场,推高了对钢铁等黑色金属的需求,原本高耗能、高污染、粗放式增长的行业反而迎来了发展高潮,使上游行业价格整体走高,其表现为 PPI(工业品出厂价格指数)同比逐月增长,根据国家统计局官网(www.stats.gov.cn)发布的物价统计数据,2021 年 10 月达到 13.5%,刷新自 2008 年 10 月以来的历史新高;与之对应的是 2021 年 10 月 CPI(居民消费价格指数)仅为 1.5%。下游需求疲软使得较高的上游价格无法向下游转嫁,直接压缩中游制造业的利润空间;中游制造业是我国产业升级的重点领域,过低的利润水平严重阻碍了产业结构的升级。

(二)资金"脱实向虚"不利于宏观经济发展

首先,宏观经济政策难以有效施行:一方面,当前低迷的实体经济仍然需要相对宽松的货币政策的支持;另一方面,宽松的货币政策的有效性不仅在明显下降,而且负面效应也在上升。根据中国人民银行官网发布的调查数据,2015 年 9 月至 2018 年 1 月,我国狭义货币(M1)同比增长一直居高不下,均在 10% 以上;而 2018 年 2 月以来,除了个别月份外,狭义货币 M1 同比增速又大幅下跌,一直徘徊在 10% 以下。

其次,助推了金融企业监管套利,放大了金融市场系统性风险。银行、证券、保险等各类金融机构纷纷涉足资产管理领域,以创新之名开发出不少长链条、跨行业、跨市场、层层嵌套、结构复杂的资管产品,各类"通道业务"盛行,脱离了为实体经济服务的金融本质和存在基础。

(三)资金"脱实向虚"不利于资金的融通

在我国存在一种现象,那就是市场上的货币供应量增多,然而一些企业却融资困难,资金拥有者与资金需要者出现断层。资产配置不合理导致部分企业发展困难,部分企业资金剩余,前者选择了民间借贷等筹措资金的方式,后者选择了将资金投入盈利较高的金融市

---

① 中国人民银行金融研究所.中国金融年鉴 2018[M].北京:中国金融出版社,2019.

场炒买炒卖。这样一来,实体经济发展得不到足够资金,不断受挫,而资金逐步流向虚拟经济,形成恶性循环。

(四) 资金"脱实向虚"产生了负面的社会影响

资金在金融体系内空转套利,追逐炒作相关资产或商品,短短几个交易日获得的利润比有些制造企业辛苦几年的盈利还要高,让专注于实体经济的人们心寒,加剧了资金"脱实向虚";资金过度"脱实向虚"不断推高资产价格,"马太效应"使得资金拥有阶层更加富裕,大部分普通群众的生活则由于生活成本快速增加而相对日益窘迫,收入差距在短时间里迅速扩大,贫富差距快速拉大,已经开始影响社会的和谐稳定;由于"投机致富、劳动贫困",社会上自然弥漫"踏实做实业无用"的论调,形成鼓励投机拜金风气,不仅进一步加剧整个社会"脱实向虚"的问题,而且对社会心态、风气和秩序方面造成负面影响。

四、中国经济"脱虚向实"的主要举措

2015年11月10日,习近平总书记在中央财经领导小组第11次会议上首次提出了"供给侧结构性改革",其中去杠杆成为供给侧结构性改革的主要目标,而去杠杆的一个重要内容就是引导资金"脱虚向实",更好地服务实体经济的发展。

总体来说,为了更好地实现"脱虚向实",需要注重以下几个方面的政策导向。

(一) 坚持稳健、中性、连贯的货币政策

对实体经济而言,过于宽松的货币政策使得资金供给增加,虽然会提升企业融资总量,但由于交易成本和操作风险的存在,最终资金的流向可能与政策引导的方向发生偏离,对实体经济产生不利影响。稳健、中性的货币政策,短期可能会减少企业的融资数量,但长期来看可以逐步改善实体经济的融资结构,更加有效地支持实体经济的发展。从宏观经济发展背景来看,经历了10多年危机的全球经济目前仍处于弱复苏、慢增长、低就业和高风险状况,这是全球经济在金融危机之后的"新常态";我国经济经过多年高速增长,产业结构、产能过剩、环境保护等各种问题已开始集中显现,将在较长时间处于"新常态",是全球经济新常态的一部分。货币政策的制定必须考虑这种长期性,不能因为一时的经济发展压力就易弦更张,要有执行定力。

(二) 积极规范发展多层次资本市场,提高直接融资比例

我国企业的融资方式长期以来一直重间接融资、轻直接融资,重银行融资、轻债券融资。这种融资模式导致我国整个社会资金分配运用上的低效率,严重影响金融资源的合理配置和市场风险的分散,也不利于多层次资本市场的完善。我国当前企业负债占GDP的150%左右,尤其是国有企业比重较高,而欧美主要发达国家的这一比例在70%左右,有些

甚至只有50%。由于银行贷款等债权类融资具有较强的顺周期性,企业运行良好时容易获得超额贷款,而出现困难时不但难以获得新的贷款经常面临提前还贷压力,且银行贷款偏向那些国有大型企业,很多国有大型企业由于体制等因素其生产效率低下,真正急需资金发展的广大中小企业却由于种种原因难以从银行获得必要的资金,使那些可以从银行获得低息贷款却生产收益率低下的企业有强烈动机将资金通过各种渠道转贷给需要钱的中小企业,以获取利息差收益,增加了整个社会的资金成本,强化了资金"脱实向虚",加大了实体经济经营的难度。解决这一问题的根本途径是大力发展多层次资本市场体系,直接为中小企业提供投融资服务。目前我国的资本市场体系基本确立了涵盖主板、中小板、创业板、新三板和地方区域性股权交易托管市场的"一二三四板"格局,但仍有待规范和完善,具体来说就是:第一,加快推进股票发行注册制,通过有序"扩容"增强资本市场开放性。第二,加强各板块间的有机结合,促进形成上下贯通的市场体系。正在讨论的"转板"制度非常关键,可以借此形成灵活畅通的直接融资渠道;各层次交易场所间也可以逐步建立更紧密的股权联系与合作关系,例如,上海证券交易所(以下简称"上交所")和深圳证券交易所(以下简称"深交所")均为新三板的股东,深交所还参股了北京、大连、齐鲁、深圳前海等十几家地方股权交易中心,上交所参股了辽宁、浙江、上海等地的股权交易中心。借助股权联系,各交易场所间的人员、技术、信息、管理、制度等层面的交流合作得以增强,也使得转板机制更加灵活。第三,准确定位和激活四板的市场功能。相比"一二三板"的持续火爆,当前四板市场的发展显得过于落寞,尤其是中西部经济欠发达地区的四板市场,普遍存在融资功能差、上市主体不足等问题,建议将地方政府的创投引导基金与四板市场发展结合起来,充分发挥协同作用,帮助地方中小企业快速成长壮大。

(三)认真落实促进中小企业发展的相关政策法规,设立中小企业创投基金,帮助和引导中小企业成长

中小企业是实体经济发展的重要组成部分,其中一些极具创新性,却因为尚未有稳定收益而举步维艰,甚至不得不借助非正常渠道,如高利贷等融资渠道,背上沉重的资金成本负担,限制了未来发展。有鉴于此,我国政府已从制度上高度重视中小企业融资难问题,相继出台了《国务院关于进一步促进中小企业发展的若干意见》《"十四五"促进中小企业发展规划》等促进非公有制经济发展的相关政策法规,其实施效果有待贯彻落实。国际上的通行做法是,政府通过设置创投基金等方式,发挥引导作用,帮助和鼓励中小企业成长。我国政府已开始这方面的工作。2015年1月,国务院常务会议决定设立400亿元的国家新兴产业创业投资引导基金,助力创业创新和产业升级;一些地方政府也在积极践行,譬如,安徽金融办按照"政府引导、市场化运营、专业化管理"的原则着力构建涵盖天使投资基金、风险投资基金、产业投资基金等类别齐全的省级股权投资基金体系,以天使投资匹配种子期企业、风险投资匹配初创期企业、产业投资匹配成长成熟期企业的方式,建立健全覆盖企业全生命周期,服务产业发展的全链条,对接企业上市(挂牌)全过程。

(四)优化企业经营环境,加快推进减税等综合配套改革

根据"一带一路"税收征管合作机制秘书处所编《中国税收营商环境改革发展研究报告(2016—2020)》披露的数据,2016—2020年,中国新增减税降费规模超过7.6万亿元。此外,根据国家税务总局2023年1月31日新闻发布会上披露的数据(国家税务总局,www.chinatax.gov.cn),2021—2022年,中国新增减税降费及退税缓税缓费超过5.3万亿元,减税降费政策红利持续释放。除税制改革外,其他需要重点推进的措施包括:通过利率市场化提高资金配置效率,实现资金公平配置,有效降低企业融资成本;坚持宏观调控引导房地产市场健康有序发展,遏制投机行为,防止经济和社会资源过多集中于房地产领域而对实业投资产生"挤出效应";"治、疏、堵"三管齐下,规范民间资本阳光化发展,发挥其对正规金融体系的辅助补充功能,共同助力实体经济发展;围绕降低实体企业人工成本、财务成本、能源成本、物流成本及减轻税费负担等各个方面进行系列改革,出台切实有效的政策措施,营造有利环境,鼓励和引导企业创新行为;给予社会资金参与实体经济的公平环境,引导更多社会资金向实体经济领域配置。

(五)改革金融机构考核体系,从单一利润转向兼顾盈利和社会责任

近年来,在我国宏观调控节奏加快和力度加大的背景下,信贷资金出现紧缩态势,但产业资金往往通过委托贷款、理财产品等形式过度追逐主业外的利润,一个重要原因在于,金融系统应对各种考核指标和利润目标。因此,推动资金"脱虚向实"亟须改革金融系统的考核体系,避免被动地过度追求高利润、高风险、高杠杆率。具体建议有:第一,结合市场和自身资产负债结构情况,给予银行金融机构在遵循《巴塞尔协议》通行准则下自主调整风控指标考核的一定空间,优化现有存贷比考核,提高在坏账核销、拨备处置上的自由度。第二,适当降低存款、资产规模等总量指标的权重,在一定程度上减缓银行存款压力,引导银行合理扩张规模、回归稳健经营。第三,适当增加一系列措施和政策对小微、三农、创新等薄弱环节的"定向"扶持。第四,通过缩短企业融资链条、清理整顿不合理的金融服务收费和提高贷款审批与发放效率等手段,切实降低企业投融资成本,尽可能防止转嫁成本问题。第五,国有金融投资机构应适当提高风险容错率,从制度上减少国有资产保值增值压力过大而引起的拒绝投资风险较高的创新型项目、追逐各种低风险收益的套利行为。金融是现代经济的核心,"金融活,经济活;金融稳,经济稳"。服务实体经济是金融业发展和改革的出发点和落脚点,金融机构应该承担与其重要地位相匹配的社会责任,成为实体经济的"金融帮手"而非"甩手掌柜",充分利用其在经济社会发展中的特殊优势和影响力,提升金融服务的质量和效率,实施绿色信贷,推动普惠金融发展等,助力国家经济健康持续发展。

(六)建立系统的金融监管体系,建设专业的监管人才队伍

2003—2018年,我国金融监管体系依靠"一行三会"系统,"一行"即中国人民银行,"三

会"即中国证券监督管理委员会、中国银行业监督管理委员会、中国保险监督管理委员会。这种分业监管模式本意是便于按金融机构属性类别严格监管、隔离风险,也为我国金融系统运行发挥了重要作用。然而,随着我国金融业的快速发展,新的金融工具和业务模式不断推出,分业监管模式越来越难进行有效监管,各种"监管套利"层出不穷就是佐证。将"一行三会"纳入统一框架,建立系统的金融监管体系已迫在眉睫。此外,银行、保险、证券等不同金融机构的风险特征和对风险管理的要求有着明显差异,专业性很强,若非资深从业人士难以对行业发展有深刻的理解和认识,这也正是监管时常落后于业务发展的一个重要原因。2023年,中共中央、国务院印发了《党和国家机构改革方案》,提出组建国家金融监督管理总局,并将中国证监会调整为国务院直属机构,标志着我国金融监管体系进入"一行一会一局"阶段。为了更有效地实施监管,还可以从相应的大型金融经营机构中抽调拥有丰富经营管理经验的专业人才充实监管队伍。

(七)重视文化宣传引导,树立正确的社会价值观,强调行业自律和诚信文化

我国目前和今后相当长时期仍将处于社会主义初级阶段,加之资本天生具有的"天使"和"魔鬼"双重属性,使得很难从根本上铲除投机行为。在鼓励合理追求财富的过程中,我们必须特别重视文化宣传引导,树立正确的社会价值观,激励和重塑勤劳实干的民族精神,追求实业强国。监管层和行业协会要特别强调行业自律,合规守法经营,对不合规、不守法、不诚信的行为从严查处,在行业内树立诚信文化。

第四节 数字货币发展趋势与人民币国际化前景

随着互联网金融的发展,未来数字货币将会呈现突飞猛进的态势,越来越多的交易将在互联网上完成,其地位将逐渐和实体货币等同。对此,本节将介绍和探讨数字货币发展趋势与人民币国际化的问题。

一、数字货币未来发展趋势

数字货币简称DC,是英文digital currency的缩写,是电子货币形式的替代货币。数字货币可以被认为是一种基于节点网络和数字加密算法的虚拟货币。

(一)数字货币的界定

目前,外界对数字货币尚没有一个非常准确的定义。欧洲银行业管理局对其的界定是:价值的数字化表示,不由央行或当局发行,也不与法币挂钩,但由于被公众所接受,所以可作为支付手段,也可以电子形式转移、存储或交易。

数字货币与电子货币、虚拟货币具有一定的近似性。如随着纸币日渐呈现为电子形态,越来越多的人使用支付宝或微信支付,整个支付过程见不到纸币的踪影。但是,支付宝等只是电子支付方式,交易时所用的钱都是通过银行账户而来,也就是说,支付宝里的钱实际上还是对应着一张张钞票。在实际使用体验中,数字货币可能与电子支付方式感受类似,但是两者在本质上还是有着较大区别。此外,数字货币与虚拟货币也不相同。如大家熟知的 Q 币和各类游戏中充值的货币就是虚拟货币。这些虚拟货币只能用真实货币购买,而不能转化成真实货币。

表 4-1 从发行主体、适用范围、发行数量、储存形式、流通方式、货币价值、信用保障、交易安全性、交易成本等方面对其进行一些比较。从广义来看,数字货币就是一种电子货币,与网络技术紧密相关,具有支付和流通属性,可以作为纸币的替代品。从这个角度来说,数字金币和密码货币都属于数字货币。

表 4-1 数字货币与电子货币、虚拟货币的比较

主要因素	数字货币	电子货币	虚拟货币
发行主体	无	金融机构	网络运营商
适用范围	不限	一般不限	网络企业内部
发行数量	数量一定	法币决定	发行主体决定
储存形式	数字	磁卡或账号	账号
流通方式	双向流通	双向流通	单向流通
货币价值	与法币不对等	与法币对等	与法币不对等
信用保障	网民	政府	企业
交易安全性	较高	较高	较低
交易成本	较低	较高	较低
运行环境	开源软件以及 P2P 网络	内联网、外联网、读写设备	企业服务器与互联网
典型代表	莱特币	银行卡、公交卡	Q 币、论坛币

(二)数字货币的特征和类型

按照数字货币与实体经济及真实货币之间的关系,可以将其分为三类:①完全封闭、与实体经济毫无关系且只能在特定虚拟社区内使用,如《魔兽世界》黄金;②可以用真实货币购买但不能兑换回真实货币,可用于购买虚拟商品和服务,如 Facebook 信贷;③可以按照一定的比率与真实货币进行兑换、赎回,既可以购买虚拟的商品服务,也可以购买真实的商品服务。

一般而言,数字货币的核心特征主要体现在三个方面:①由于来自某些开放的算法,数字货币没有发行主体,因此,没有任何人或机构能够控制它的发行;②由于算法解的数量确定,所以数字货币的总量固定,这从根本上消除了虚拟货币滥发导致通货膨胀的可能;③由于交易过程需要网络中的各个节点的认可,因此数字货币的交易过程足够安全。

(三) 数字货币的监管和发展趋势

就近期而言,数字货币会产生一定程度上的马太效应,越早进入的获益越多,但这种情况不会持续多久,未来随着时间、算法的不断成熟,数字货币形态会逐渐趋于稳定。因此,对于数字货币的监管会越来越严厉,不会出现放任某种货币依据算法优势漫无边际地狂放发展的情形,各国对于其监管力度会各有不同,但出发点均是在有限的空间中推动其前进。

未来,随着云计算、中心计算、边缘计算等各种计算技术的逐步成熟,数字货币的发展存在四个可能的方向。

首先,数字货币成为一种数字资产和投资品,这也是目前数字货币在各地扮演的主要角色。现阶段数字货币更像一种投资产品,因为缺乏强有力的担保机构维护其价格的稳定,其作为价值尺度的作用还未显现,无法充当支付手段。数字货币作为投资产品,其发展离不开交易平台、运营公司和投资者。在此,交易平台起到交易代理的作用,部分则充当做市商,这些交易平台的盈利来源于投资者交易或提现时的手续费用和持有数字货币带来的溢价收入。目前,全球交易量较大的平台有 Bitstamp、GatHub、Ripple Singapore、SnapSwap 等。

其次,数字货币成为在特定场景下的金融工具。目前,在各地范围内不同清算体系之间进行价值传输,时间长、成本高,而数字货币作为各地流动的媒介,可以很好地解决这一问题。根据麦肯锡的测算,从全球范围看,区块链技术在B2B(企业对企业)跨境支付与结算业务中的应用可使每笔交易成本从约 26 美元下降到 15 美元,即区块链应用可以帮助跨境支付与结算业务交易参与方节省约 40% 的交易成本,其中约 30% 为中转银行的支付网络维护费用,10% 为合规、差错调查以及外汇汇兑成本。未来,利用数字货币和区块链技术打造的点对点支付方式将省去第三方金融机构的中间环节,不但 24 小时实时支付、实时到账、无隐性成本,也有助于降低跨境电商资金风险及满足跨境电商对支付清算服务的及时性、便捷性需求。而且数字货币跨境支付还将助力人民币国际化。中国人民银行官网发布的 2022 年金融统计数据显示,2022 年经常项目下跨境人民币结算金额为 10.51 万亿元。

再次,数字货币成为一种新型的支付网络,数字货币使流通中现金在货币总量中的比重不断下降,有助于低成本的资金转移和小额支付。据央行提供的 2021 年支付体系运行总体情况,2021 年,银行共处理电子支付业务 2 749.69 亿笔,金额 2 976.22 万亿元,分别是 2015 年的 2.6 倍和 1.2 倍。其中,网上支付业务 1 022.78 亿笔,金额 2 353.96 万亿元,分别是 2015 年的 1.2 倍和 48.6 倍,同比分别增长 16.32% 和 8.25%;移动支付业务 1 512.28 亿笔,金额 526.98 万亿元,分别是 2015 年的 10.9 倍和 4.9 倍。据 eMarketer(市场研究机构)数据,2021 年全球网络零售交易额为 4.938 万亿美元,同比增长 16.3%,比全球零售交易总额增速高出 6.6 个百分点。其中,中国在线销售额达到 2.56 万亿美元,占全球的 51.8%。规模超过前十大电子商务市场名单中后 9 个市场的总规模。支付宝交易额则是 PayPal 的 3 倍多。美国金融业发达,但美联储的数据表明,仍有 11% 的消费者享受不到银行服务、11%

的消费者未充分享受银行服务。随着智能手机的普及,这些人群可以更容易地运用银行数字货币支付服务。中国手机普及率为94.5部/百人,而只有64%的人拥有银行账户[①],银行可以积极开拓大量无法获得银行账户但通过互联网对接的客户。其中一条途径就是,通过数字货币建立数字钱包,在金融覆盖不足和经济欠发达地区实现更低成本、更安全的小额支付和资金转移,实现中间业务收入增加。但由于新近的互联网金融公司已经分别对该产业进行升级和创新,因此支付网络的发展尚不明朗。目前,国内已经有部分数字货币完成了支付手段的实现。

最后,创新范围更广、更具有想象力的一种发展趋势。数字货币及区块链技术成为一种创新的协议,用于分布式交易、智能合约、去中心化系统、物联网等多个领域,帮助这些领域更快速地发展。

二、人民币国际化

货币国际化是指一个国家或地区所发行的货币在该国或地区之外成为具有计价单位、交易媒介和价值储藏功能的货币。2008年全球金融危机爆发后,中国政府开始大力推进人民币国际化,以寻求与经济实力相匹配的国际货币地位,推进国际货币治理体系的形成。

(一) 人民币国际化取得的成就[②]

(1) 跨境人民币结算快速推进,货币结算功能明显增强。中国政府先后于2009年和2010年开放人民币跨境贸易和直接投资的人民币结算试点,并于2011年逐步推广至全国(不含港、澳、台)。之后,人民币跨境结算规模迅速扩大,虽在2016年至2017年出现收缩,不过很快于2018年逐渐恢复。

2021年,人民币跨境收付金额合计为36.61万亿元,同比增长29.0%。其中,实收18.51万亿元,同比增长31.3%;实付18.1万亿元,同比增长26.7%,收付比为1∶0.98,净流入4 044.70亿元,上年同期为净流出1 857.86亿元。人民币跨境收付占同期本外币跨境收付总额的47.4%,较2020年全年提高1.2个百分点。

人民币跨境贸易经历了快速增长后转入恢复的发展过程。其规模从2010年的5 063亿元快速上升至2015年的7.23万亿元,增长了约13倍。在2015年最高时,约有1/3的跨境贸易以人民币结算。2020年,人民币在跨境贸易中的结算规模回升至6.77万亿元。2021年,人民币在跨境贸易中的结算规模回升至6.86万亿元。其中,货物贸易人民币跨境收付金额合计为5.77万亿元,同比增长20.7%,占同期本外币跨境收付比重为14.7%,较上年下降0.1个百分点;服务贸易人民币跨境收付金额合计为1.09万亿元,同比增长17.8%,

---

① 数据来源:工业和信息化部官网发布的《2014年通信运营业统计公报》及中国人民银行官网发布的《中国支付体系发展报告2014》。
② 数据来自中国人民银行官网发布的"人民币国际化"系列报告。

占同期服务贸易本外币跨境收付比重为24.3%,较上年下降1.2个百分点。

人民币在跨境直接投资中的结算不断创下新高。其规模从2010年的280亿元上升至2015年的2.32万亿元,增长了约82倍。2020年,跨境直接投资中的人民币结算创下3.81万亿元的新高。2021年,直接投资人民币跨境收付金额合计为5.8万亿元,同比增长52.3%。其中,对外直接投资人民币跨境收付金额1.64万亿元,同比增长56.2%;外商直接投资人民币跨境收付金额4.16万亿元,同比增长50.7%。

自2009年以来,人民币作为国际支付货币的地位显著提升。SWIFT(环球银行金融电信协会)数据显示,2011年末,人民币在国际跨境结算中的市场份额仅占0.29%,2015年8月最高达到2.79%,国际排名也从2010年10月的第35位上升至第4位。截至2022年,人民币在国际支付的货币排名中稳定在第5~6名。

(2) 离岸人民币市场快速发展,人民币计价产品有所丰富。离岸人民币市场建设覆盖中国香港、中国台湾、新加坡、伦敦等地。其中,中国香港逐渐成为全球最大的离岸人民币中心。中国人民银行提供的数据显示,2009年末,人民币存款规模仅为627.18亿元,至2021年末已经突破1.6万亿元;人民币贷款规模从2011年末的308亿元增长至2021年末的1.1万亿元;开展人民币业务的金融机构数量也从2009年的60家增加至2015年7月的147家。

除了存贷款业务之外,债券、基金等以人民币计价的离岸金融产品也逐渐丰富,其中离岸人民币债券市场发展较快,海外新发人民币债券规模从2009年的164.47亿元至2014年最高达到3 788.34亿元;截至2020年,海外人民币债券已累计发行超过2万亿元。同时,"熊猫债"也获得了较大的发展。截至2021年末,熊猫债发行主体已涵盖政府类机构、国际开发机构、金融机构和非金融企业等,累计发行规模5 401.7亿元。2021年,银行间债券市场和交易所市场发行熊猫债72只,发行规模合计1 064.5亿元。

境外金融机构纷纷涉足中国金融市场。2021年,QFII(合格境外机构投资者)/RQFII(人民币合格境外机构投资者)业务人民币流入1.59万亿元,流出1.59万亿元,流入流出持平。截至2021年末,共有1 016家境外机构投资银行间债券市场,其中,直接入市507家,通过"债券通"入市728家,有219家同时通过两种渠道入市。全年债券投资流入8.11万亿元,流出7.42万亿元,净流入6 876.43亿元。其中,直接入市渠道净流入4 317.65亿元,"债券通"渠道净流入2 558.78亿元。同时,股票成交日益活跃。2021年,"沪深港通"业务人民币跨境收付金额合计1.93万亿元,同比增长13.5%,流入流出基本持平。其中,"沪股通"和"深股通"合计净流入4 098.49亿元,"港股通"净流出4 094.88亿元。除了债券、股票,理财产品也得到了飞速发展。截至2021年末,参与"跨境理财通"试点的大湾区居民已超2万人次,参与试点银行共68家,理财通跨境收付金额合计4.86亿元。北向通累计净汇入额1.76亿元,南向通累计净汇出额1.06亿元。

(3) 货币互换等金融合作逐步加深,金融基础设施日益完善。货币互换合作是政府推进人民币国际化的重要举措。截至2021年末,中国人民银行与累计40个国家和地区的中央银行或货币当局签署过双边本币互换协议,人民币互换规模从最开始的 1 800 亿元,到 2021 年突破 4 万亿元,有效金额 3.54 万亿元。与此同时,服务于人民币的金融基础设施建设也有所推进,逐渐形成以人民币跨境支付体系为基础、以人民币清算行为枢纽、以银行等金融分支机构为依托的清算网络。其中,人民币跨境支付系统(CIPS)一期和二期分别于 2015 年和 2018 年上线,覆盖 160 多个国家和地区,截至 2021 年末,中国人民银行已在 25 个国家和地区授权了 27 家境外人民币清算行,覆盖 25 个国家和地区;中资银行的海外分支机构分布广泛,并注重在离岸金融中心、"一带一路"、RCEP 等重点区域的布局。2021 年,CIPS 稳定运行,累计处理跨境人民币业务 334.16 万笔,金额 79.6 万亿元,同比分别增长 51.6% 和 75.8%;日均处理业务 13 367 笔,金额 3 184 亿元。2021 年,CIPS 新增直接参与者(直参)33 家(其中 17 家为境外人民币清算行),新增间接参与者(间参)134 家。截至 2021 年末,共有境内外 1 259 家机构通过直接或间接方式接入 CIPS,其中直参 75 家,较 2015 年 10 月上线初期增加 56 家;间参 1 184 家,较 2015 年上线初期增加了近 6 倍。

(4) 国际货币地位稳步提升,货币锚定效应得到局部凸显。2016 年,人民币被纳入特别提款权(SDR)货币篮,这是人民币国际化启动以来具有里程碑意义的重要进展,标志着人民币成为继美元、欧元、日元、英镑之后第五大国际货币。2022 年 5 月,国际货币基金组织将人民币在特别提款权中权重由 10.92% 上调至 12.28%,反映出对人民币可自由使用程度提高的认可。据中国人民银行不完全统计,截至 2022 年,已有 80 多个央行或货币当局将人民币纳入外汇储备,人民币的国际货币地位稳步提升。COFER(外汇储备币种结构季报)数据库显示,人民币在全球官方外汇储备中的份额从 2016 年第四季度的 1.08% 持续上升至 2022 年一季度的 2.88%,全球央行持有的人民币储备规模为 3 363.86 亿美元,较 2016 年人民币刚加入特别提款权时提升 1.8 个百分点,在主要储备货币中排名第五。与此同时,在与中国经贸往来密切的周边国家,人民币的货币锚定效应逐渐凸显,特别是在一些东亚国家,有研究表明人民币已经成为事实上的锚货币。

(二) 人民币国际化存在的问题

人民币国际化经历了周期性发展。我们将 2009 年至 2017 年视为人民币国际化的第一个周期,在此期间人民币国际化的推进策略可以概括为"三位一体",具体包括:第一,大力鼓励在跨境贸易和投资中使用人民币结算;第二,大力发展香港等离岸人民币市场;第三,积极推进央行与多国央行间的货币互换合作。尽管在过去以"三位一体"为中心的发展周期里,人民币国际化取得了突出的进展与成就,但这一模式也存在深层次隐患和问题。

(1) 更加重视人民币的结算货币职能,而相对忽视了人民币的计价职能提升。从发达国家货币国际化的经验来看,货币的计价职能对于一国货币成为国际货币更为重要。价值储备职能提升则是在货币结算、计价职能得到充分发展的基础上,自然而然的过程。仅依靠贸易结算结合离岸市场发展的模式难以真正取得国际货币地位。

2021 年,我国已上市的原油、铁矿石、精对苯二甲酸(PTA)、20 号胶、低硫燃料油、国际铜、棕榈油共 7 个特定品种交易期货稳步发展，在为大宗商品交易人民币计价结算提供定价基准方面发挥了一定作用。2021 年，原油、铁矿石、铜、大豆等主要大宗商品贸易跨境人民币收付金额合计为 4 054.69 亿元，同比增长 42.8%，同年锂、钴、稀土等新能源金属大宗商品贸易跨境人民币收付金额合计 1 005.63 亿元，同比增长 27.7%。截至 2021 年末，境外参与者累计汇入保证金 1 244.98 亿元，累计汇出 1 253.05 亿元，其中人民币占比分别为 69.1% 和 81.3%。①

不过，由于全球价值链分工模式、金融市场发展程度、货币惯性等原因存在，无论是在贸易、金融还是大宗商品交易的计价中，人民币均无法与美元、欧元等国际计价货币相匹敌。人民币在全球官方外汇储备中的份额虽然屡创新高但比重仍然较低，不及美元、欧元。而且从目前来看，在旧有模式下以推进人民币结算职能为重点，计价和价值储备职能则明显滞后于结算职能的发展。

(2) 更加重视离岸人民币市场建设，而相对忽视在岸金融市场开放。对于境外流通的人民币，目前还缺乏充足且多样的渠道用于投资人民币资产。尽管过去大力推动离岸人民币金融中心建设，但提供给境外投资者的人民币资产在规模、种类、流动性等方面都与其他国际货币存在差距。金融基础设施建设尽管近年来不断加快，但仍存在总量不足、分布不均衡等问题，难以充分满足境外人民币结算清算的需求。另外，离岸金融市场主要为境内流向境外的人民币资产提供投融资渠道，但人民币回流却缺乏有效途径。这其中一个很大的原因在于在岸金融市场的开放不足。长期以来国内资本账户尚未完全开放，境外投资者参与国内金融市场、外资持股境内金融机构仍有国家范围、额度和严格的比例限制。只注重离岸市场建设而忽视在岸金融市场开放阻碍了人民币形成境内外顺畅的循环机制。

(3) 利率汇率市场化尚未完成导致投资需求盛行，而相对忽视培育境外人民币的真实需求。由于利率和汇率市场化改革尚未完成，在岸市场和离岸市场存在的人民币利率和汇率差异，容易滋生投机套利活动。正如在 2015 年前人民币处于升值周期中，汇率和利率差异推动了境内人民币以跨境贸易或投资结算的形式向离岸市场转移，并最终表现为人民币国际化在 2010 年至 2015 年进展加快。然而，当汇率预期变动导致套利机会消失时，人民币国际化的动力也会随之削弱。因此，在推进跨境结算与离岸人民币市场建设相结合的旧有模式下，人民币国际化背后存在一定的投机需求驱动特征，而缺乏较为坚实的人民币需求基础。目前，在贸易结算、金融交易和国家储备中，尚未形成足以支撑人民币国际化可持续发展的真实使用需求。

基于此，在旧"三位一体"推动下的人民币国际化进程和速度容易受到汇率预期、利差变化等周期性因素影响，而不具有稳定性和可持续性。2015 年"8·11"汇改打破了人民币单边升值的预期，境内外利差收窄，资本管制增强，国内系统性风险逐渐积累并显性化。在这一系列短期因素的冲击下，人民币国际化水平从 2015 年的高点回落，在 2015 年至 2017 年

---

① 数据来自中国人民银行官网发布的"人民币国际化"系列报告。

下行期,人民币跨境结算、离岸人民币市场规模等指标增速均出现大幅放缓甚至逆转。例如,人民币在跨境贸易和投资结算中的金额分别从2015年的7.23万亿元和2016年的2.46万亿元,降至2017年的4.36万亿元和1.64万亿元,降幅达40%和33%。香港人民币存款余额从1万亿元的高点回落,2017年3月最低时仅为5 072.72亿元,缩水超过50%。人民币国际化出现的放缓和停滞反映了旧有"三位一体"模式存在的缺陷,对发展思路和策略的转变提出了现实需求。

(三) 人民币国际化的前景

(1) 将金融层面的人民币国际化与贸易层面的东亚乃至全球价值链重构相结合。疫情加快了全球价值链、产业链和供应链重构,分散化和区域化可能是未来发展的方向。在此背景下,中国应进一步巩固在东亚地区三链中的枢纽地位,在促进价值链、产业链升级的同时注重安全性和控制力,并将人民币国际化与东亚乃至全球价值链、产业链以及供应链重构与调整相结合,以促进"双循环"的新发展格局。

(2) 将人民币国际化与宏观经济金融稳定相协调。2023年,随着美元加息缩表进程终结,中国将迎来新一轮短期资本流入,在此情况下应把握好深化利率汇率市场化改革以及金融开放的节奏和进程,注意防范资本流入与国内地方债、企业债违约等系统性风险叠加,进而影响宏观经济与金融稳定。

(3) 充分利用数字货币以及绿色金融为人民币国际化带来的新机遇。数字货币的兴起引发各国央行的广泛关注和研究。中国人民银行发行的数字人民币(DCEP)自2020年开始进入试点运行。数字货币为人民币国际化的发展提供了新的思路,尽管从目前来看,数字人民币仍定位于M0并主要用于零售端,无法用于跨境交易,但未来如何通过数字化助力人民币国际化、数字货币竞争对国际货币体系产生哪些影响都值得进一步探索。另外,随着中国绿色金融市场的快速扩张,有关金融产品逐渐丰富,"碳达峰"和"碳中和"实现进程为人民币国际化提供了哪些崭新的发展空间,也值得有关各界高度关注。

总之,只要中国经济能够继续保持中高速增长,中国金融市场继续增加广度、深度与流动性,中国就能够避免系统性金融危机的爆发,那么到2030年至2035年,人民币有望在支付货币、交易货币、储备货币等维度全面超越英镑与日元,成长为仅次于美元与欧元的第三大国际货币。

【本章复习思考题】

1. 何谓实体经济和虚拟经济?处理两者之间关系的原则是什么?
2. 美国次贷危机和欧洲主权债务危机之间的成因有何异同?它们对中国金融体制改革有哪些借鉴意义?
3. 中国经济"脱实向虚"有什么表现,带来了哪些危害?
4. 中国经济"脱虚向实"主要有哪些举措?

5. 数字货币与电子货币、虚拟货币有何异同,未来有哪些发展方向?

6. 人民币国际化取得了哪些进展?其还存在哪些问题?

【本章荐读书目】

1. 中共中央马克思恩格斯列宁斯大林著作编译局.马克思恩格斯全集:46卷[M].北京:人民出版社,2003.

2. 吴德礼,曹国华,李惠彬.虚拟资本与实体经济[M].北京:中国财政经济出版社,2014.

3. 希勒.非理性繁荣[M].李心丹,俞红海,译.3版.北京:中国人民大学出版社,2016.

4. 潘妍妍.虚拟经济演化与现代化经济中的"脱虚向实"[M].北京:中国社会科学出版社,2020.

5. 翟晨曦.美国次贷危机引发全球金融危机的思考[M].北京:经济科学出版社,2009.

6. 栾彦.全球视角下的欧洲主权债务危机研究[M].北京:经济科学出版社,2012.

7. 陈江生,刘磊,张滔.中国金融体制的发展与改革[M].北京:经济科学出版社,2017.

【即测即练】

第五章

经济全球化与中国参与全球价值链

【本章学习目标】

(1) 了解全球价值链的基本含义与理论进展;
(2) 掌握中国参与全球价值链的实践与地位变化;
(3) 分析中国构建国际经济竞争新优势的基本原则与实施路径。

【本章基本概念】

全球价值链;"蜘蛛形"价值链;"蛇形"价值链;全球价值链贸易网络;生产者驱动型全球价值链;采购者驱动型全球价值链;前向参与度和后向参与度;国际经济竞争新优势;E-国际贸易方式

自20世纪90年代起,通信技术领域的革新以及贸易投资的自由化大幅度降低了国际贸易成本,为企业生产的跨国合作提供了便利条件,打破了传统的产品完全由一国生产的局面,国际贸易的方式乃至本质都由此发生了重大变化。在工序分工条件下,全球价值链作为世界经济相互联系和发展的重要纽带,成为一个国家参与当代国际分工和融入经济全球化的主要渠道和表现特征。在全球价值链时代,构建国际经济竞争新优势,就成为我国进一步推行高水平对外开放的必然选择。

第一节 全球价值链的含义与发展阶段

一、全球价值链的含义

随着通信技术的发展、运输成本的下降以及社会分工专业化程度的进一步加深,供应、生产和销售等合作不再局限于某个区域或者某个经济体内,跨地区、跨国企业的纵向合作成为可能。在此背景下,产品的生产过程被分布在不同国家或地区,全球价值链成为主要的贸易方式。根据联合国工业发展组织的年度工业发展报告(2002—2003)中的定义:"全球价值链(global value chain,GVC)是为实现商品或服务价值而连接生产、销售、回收处理等过程的全球性跨企业网络组织,涉及从设计、产品开发、生产制造、营销、交货到消费、售后服务,最后循环利用等各种增值活动,包括所有参与者和生产销售等活动的组织及其价值、利润分配。"在全球价值链背景下,世界各国相互协作、优势互补,逐渐形成利益、责任与命运共同体,推动了国际贸易的快速发展。

全球价值链结构呈现多样化特征。其中,一种是"蜘蛛形"全球价值链,即零件由不同的生产商同时生产,然后运送到中央装配厂组装成一个主体(可能是最终产品本身或组件),并由中央装配厂送到最终目的地。如各个国家生产波音飞机的一个部件,最终组装起来构成整架飞机(图 5-1)。另一种是"蛇形"全球价值链,即生产过程多次跨境,货物从上游到下游继续加工。如芯片的制造,由不同国家或地区分别承担硅材料—硅提纯—晶片制造—芯片组装的不同环节(图 5-2)。

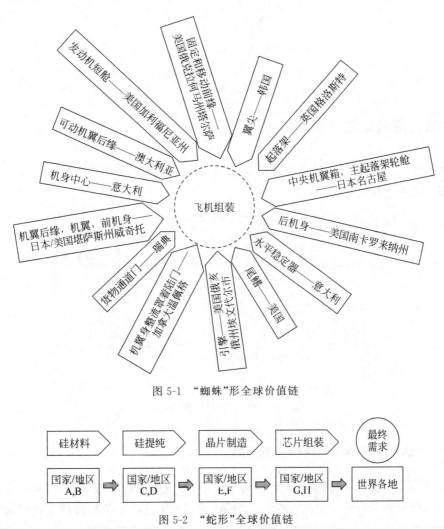

图 5-1 "蜘蛛"形全球价值链

图 5-2 "蛇形"全球价值链

而在实践中,大多数生产过程是这两者的结合体,即"蜘蛛蛇"形全球价值链,也就是"蜘蛛"可能附着在"蛇"的任何部位,多条"蛇"也可能会连接到一只"蜘蛛"身上。比如,福特嘉年华(Ford Fiesta)汽车的生产(图 5-3),从原材料到汽车的制造就是"蛇形"价值链,但是不同零部件(如发动机、底盘等)组装成汽车就是"蜘蛛形"价值链。

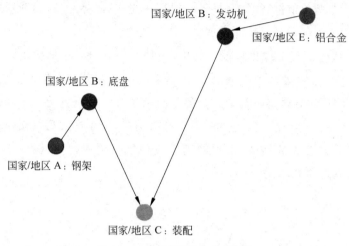

图 5-3 "蜘蛛蛇"形全球价值链

二、全球价值链的发展阶段

全球价值链的演进与发展和全球化的发展紧密相关,全球价值链发展主要经历了如图 5-4 所示的三个阶段。

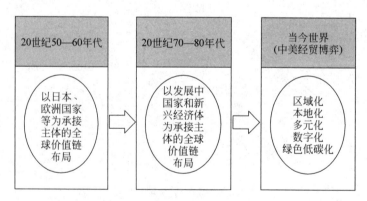

图 5-4 全球价值链的发展阶段

(一)发达国家主导的全球价值链布局

第二次世界大战后,美国成为全球制造业中心,一方面为构建盟友集团,另一方面为开拓国外市场解决国内产业发展的产能过剩问题,其发起了马歇尔计划援助以德国为代表的西欧国家以及日本,呈现"北—北"合作的特点。而发展中国家及新兴经济体并未参与全球生产分工。日本凭借美国的产业转移和技术输出以及自身以机械、钢铁等为代表的重工业发展,实现了经济的飞跃。因此,20 世纪 50—60 年代的全球价值链布局模式体现为以美国、日本等发达国家主导的全球产业布局。

（二）以发展中国家和新兴经济体为新生力量的全球价值链布局

在日本得到发展的同时，为突破资源瓶颈等要素对其经济发展的限制，日本于1960年前后向地理距离较近、发展基础和前景较好的韩国、新加坡等新兴经济体实行价值链布局调整，创造了经济增长奇迹。然而，自20世纪80年代起，这些国家与地区面临发展困境，开始在全球重新进行产业布局。而这一期间中国在改革开放以及加入WTO的一系列政策作用下，成为亚洲经济发展新中心。与发达经济体主导的价值链布局不同，20世纪70—80年代的价值链布局标志着发展中经济体和新兴经济体逐渐成为参与全球价值链的新生力量。

（三）多种特征的全球价值链布局

经过第二次世界大战后的长期发展和演化，以及在2008年国际金融危机、2018年中美经贸博弈和2020年的新冠病毒感染疫情各种因素影响下，当前全球价值链布局具有区域化、本地化、多元化、数字化以及绿色低碳化的特征。区域化体现为以美国、德国和中国分别为美洲、欧洲、亚洲的中心的三大全球价值链贸易网络格局。本地化体现为发达国家的跨国公司将原来分包给不同国家和企业生产的产品适度收回到内部生产。多元化体现为许多国家出于对价值链安全稳定性的考虑，制订了减少对一国依赖的供应链多元化方案。数字化体现为数字经济已成为各国国民经济的重要组成部分以及全球分工的首要考虑因素。绿色低碳化体现为在应对气候变化的长期目标方面，世界主要工业大国达成共识，这会通过全球价值链分工影响全球经济发展和产业的布局，引领价值链走向可持续发展的新阶段。

第二节　全球价值链的理论与进展

在以亚当·斯密（Adam Smith）的绝对优势理论、大卫·李嘉图（David Ricardo）比较优势理论以及要素禀赋理论（H-O理论）为代表的传统贸易理论，以及以规模经济和不完全竞争为理论基础的新贸易理论和以马克·梅里兹（Marc Melitz）为代表的新新贸易理论等理论框架下，国际分工经历了由产业间分工和产业内分工到产品内分工的转变。各阶段理论在对国际分工和国际贸易的来源和发展作出充分阐述的同时，也推动了全球价值链理论的诞生。

一、全球价值链的驱动类型

在"全球商品链"的分析基础上，全球价值链可以划分为生产者驱动型全球价值链和采购者驱动型全球价值链。[1]

---

[1] GEREFFI G, KORZENIEWICZ M. Commodity chains and global capitalism [M]. London: Bloomsbury Publishing, 1993; HENDERSON J. Danger and opportunity in the Asia-Pacific [M]//THOMPSON G. Economic dynamism in the Asia-Pacific. London: Routledge, 1998: 356-384.

生产者驱动型全球价值链,是通过生产者投资推动市场需求,进而形成全球化的垂直分工体系,如图5-5所示。资本、技术密集型产业的价值链,如汽车、飞机制造等,大多属于生产者驱动型价值链。在这类全球价值链中,制造商发挥着主导作用,其不仅获得了更高的利润,还控制了上游的原料和零部件供应商、下游的分销商和零售商。

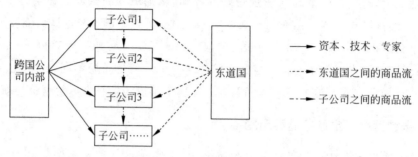

图5-5　生产者驱动型全球价值链

采购者驱动型全球价值链,则是拥有一定品牌声望和销售市场的经济体,通过全球化采购并贴牌加工等生产方式建立跨国商品流通网络,如图5-6所示。这种价值链多见于传统的劳动密集型产业,如服装、鞋类、农产品等行业,发展中国家企业大多参与此种类型的价值链。

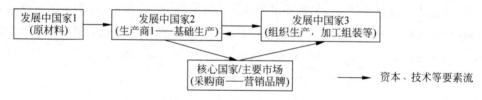

图5-6　采购者驱动型全球价值链

二、全球价值链治理模式

目前最为严谨的全球价值链治理模式为加里·格雷夫(Gary Gereffi)按照链中主体之间的协调和力量不对称程度提出的五种治理模式,从低到高依次为市场型、模块型、关系型、领导型和层级型,进而通过三个变量——企业间交易的复杂性①、信息可编码性②以及供应商能力③来解释这五种模式。④

(1)市场型模式下的产品比较简单,信息容易编码,同时供应商能力较强,买卖双方不需要过多的协调,通过价格和契约实现交易。

---

① 维持特定交易所需的企业间信息和知识转移的复杂性,特别是在产品和流程规范方面。
② 这种信息和知识在多大程度上可被编码,从而在交易双方之间有效地传递且没有特定成本投入。
③ 满足交易要求的实际和潜在供应商的能力。
④ GEREFFI G, MEMEDOVIC O. The global apparel value chain: what prospects for upgrading by developing countries[M]. Vienna: United Nations Industrial Development Organization, 2003.

(2)模块型模式中产品较复杂,但是产品的技术信息可以通过编码化处理传递给供应商,其在遵循"标准"的情况下,可以自行设计和开发。

(3)关系型治理模式中的产品相对复杂,产品信息难以编码,大量的隐性知识在买卖双方之间交换,因此要求双方建立紧密的合作关系。

(4)领导型模式下的产品复杂,而且买方拥有较强的市场力量,通过说明指导的形式而体现出交易的高编码性,由于供应商的能力不高,常常需要领导厂商的技术支持,因此供应商对领导厂商的依赖性非常强而成为"俘虏型供应商"。

(5)当产品尤其复杂且交易不可编码,而高能力的供应商无法找到时,领导企业将被迫在内部开发和制造产品,也即层级型治理模式。

图5-7用图形形式说明了上述五种全球价值链治理类型的内容。小的线箭头表示通过价格的交换,而大的方块箭头表示进行监管和控制的信息流动,这包括采购商对供应商发布的指令,如在全球价值链中调节伙伴行为的做法。

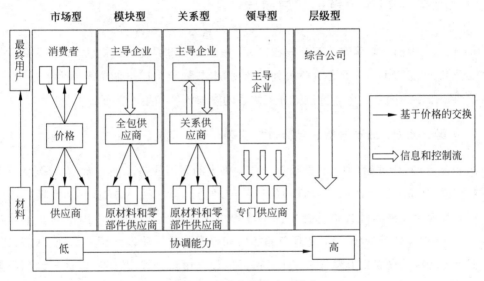

图 5-7　全球价值链治理模式

三、全球价值链的升级

全球价值链升级主要从四个方面展开。①流程升级:改变生产系统或引进先进技术,从而高效率地将投入转化为产出。②产品升级:引进新的产品或者改造旧的产品而进入更先进的产品线。③功能升级:获得新的功能或放弃已有的功能而重新选择价值链中的生产环节,增加经济活动的技术含量,提高经济活动的附加值。④链条升级:从原来的价值链条跨越到利润空间更大的链条。例如,中国台湾企业从晶体管收音机到电视机、电脑显示器、笔记本电脑乃至现在的WAP(wireless application phones,无线应用手机)应用设备生产,这种跨价值链升级活动往往带来区域内相关产业的整体转产与升级。

全球价值链的升级效应对于新进入全球市场的发展中国家企业尤其重要,其在全球价值链中升级过程往往遵循流程升级—产品升级—功能升级—链条升级的路径,但绝大多数的发展中国家大多停在前两个阶段,很少可以实现功能升级和链条升级。现实中,发达国家的跨国公司会通过控制发展中国家企业资本、技术以及市场等减弱技术和知识外溢的方式,将其升级路径限制在一定范围内。因此,发展中国家企业如何摆脱技术控制,增强自主研发和创新能力,是全球价值链理论的重要研究方向,也带来了许多学者对全球创新链的讨论。

第三节　中国参与全球价值链的实践与演变

一、中国参与全球价值链的发展阶段

以1978年中国全面落实改革开放、2001年正式加入世界贸易组织、2008年金融危机爆发以及2012年党的十八大召开为阶段划分依据,本节划分出以下四个不同发展阶段,逐步厘清不同阶段下中国融入全球价值链分工体系的参与深度和主要特征。

(一)第一阶段:改革开放后到"入世"之前(1978—2000年)

20世纪80年代开始,中国将改革开放作为国家的顶层战略。一方面,农村剩余劳动力资源被释放,具备承接生产制造等环节的廉价劳动力优势。另一方面,一系列极具吸引力的引资政策为大规模国际投资选择中国市场提供了政策土壤,同时中国也具备了承接东亚、美国、欧洲等国家和地区产业链环节的能力和要素。这一阶段我国从深圳、珠海、厦门、汕头四个经济特区设立到沿海省份多个经济园区设立由点到线、从沿线园区建设到内陆大范围推广连线成面,不断拓宽对外开放广度,大量承接来自美、日、欧等发达经济体的产业转移,并紧紧抓住对资金技术要求较低却能解决大批就业的加工贸易模式,以此逐步融入全球价值链分工。

图5-8显示,这一阶段中国主要通过外商直接投资参与全球价值链分工。自改革开放到"入世"前夕,中国FDI利用规模稳步增长,尤其是在邓小平南方谈话后,中国的FDI利用呈现井喷式上涨,从1992年的110.08亿美元增长至2000年的407.15亿美元。FDI为中国与国外尤其是发达国家间的产业分工合作搭建了关键桥梁,中国快速建立起与世界各国的国际分工合作体系,FDI承载的资本、技术、人才、信息、管理经验、国内外市场和资源等综合竞争要素,也成为国内经济发展的重要引擎。大规模的FDI为稳固和加强国内基础工业,以及随后中国经济多年来的高速增长提供了重要支持。不容忽视的是,尽管这一时期中国加快融入国际分工合作体系中,但由于早期的工业基础相对落后,尤其是技术密集型、知识密集型产业

发展迟滞,因此所承接的多为资源密集型、劳动密集型等低技术全球价值链分工环节,相应的附加值和利润水平也明显较低。

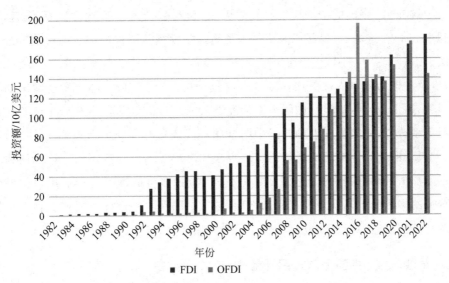

图 5-8　1982—2020 年中国 FDI 与 OFDI 规模

资料来源:国家统计局及《中国对外直接投资统计公报》。

(二) 第二阶段:"入世"之后到金融危机前(2001—2007 年)

2001 年底,中国正式加入世界贸易组织,关税和非关税壁垒大幅消减,准入门槛进一步降低,对外开放的步伐得到更大程度的迈进。优惠的土地和税收政策、人口红利以及不断完善的基础设施助力中国迅速建立完整的工业体系,释放出巨大产能,因此这一阶段,中国进一步融入全球价值链分工中,在外资吸收、外贸发展以及制造业生产等多方面百花齐放,均实现了大幅增长。

从外资方面看,这一阶段中国吸收的 FDI 从 2001 年的 468.78 亿美元增长至 835.21 亿美元,平均年增速达到 13.03%;从外贸方面看,截至 2007 年,中国已跃居为全球第三大贸易国,无论是总量核算体系下还是增加值核算体系下的贸易规模都实现了大幅上涨,其中总贸易体量从 2001 年的 0.51 万亿美元增长至 2007 年的 2.20 万亿美元,增加值贸易从 2000 年的 0.33 万亿美元增长至 2007 年 1.16 万亿美元;从制造业生产的角度看,中国制造业产值在 2004 年超过德国、2006 年超过日本,成为全球范围内的制造业大国。外资和外贸的显著增长有力推动了中国进一步融入全球价值链分工体系,并为中国成为亚洲贸易中心打下了坚实基础。

(三) 第三阶段:金融危机后到党的十八大前(2008—2012 年)

2008 年爆发的金融危机是这一阶段影响中国参与全球价值链分工的主要外部冲击。危机爆发导致全球经济增长乏力,不少国家倒流回保护主义阵营,逆全球化势头迭起,全球价值链贸易规模及合作链条明显收缩。在此背景下,中国的全球价值链参与进入新阶段,并总体表现为震荡调整。

2008—2009年,中国的增加值贸易规模从1.39万亿美元下降至1.14万亿美元,单年降幅达到17.99%,这是21世纪以来以增加值贸易规模衡量下中国的全球价值链分工参与水平首次下滑。这一时期中国全球价值链参与度的下降更多来自危机爆发导致的全球经济低迷,以及各国为应对危机更加注重产业布局中的"安全"因素,部分发达国家加快推进制造业回流、再工业化等政策。国际方面的经济衰退压力沿全球价值链分工链条快速传导至国内经济系统,在一定程度上抑制了中国全球价值链参与度的上涨趋势。这一时期,亚、欧、美三大板块的代表性国家的增加值贸易规模均出现了不同程度下滑,其中,同为亚洲国家的日本增加值贸易降幅最高,达到27.17%。但金融危机的爆发也彰显出以全球价值链为主要特征的国际分工体系表现出强劲韧性,包括中国在内的世界主要代表性国家其增加值贸易及全球价值链参与度在危机缓和后纷纷快速恢复并达到危机前水平。

(四)第四阶段:党的十八大召开至今(2013年至今)

党的十八大以来,以习近平同志为核心的党中央在全面深化改革、扩大对外开放的伟大实践中,形成了习近平新时代中国特色社会主义经济思想,并指导中国经济迈入新的阶段。新阶段伊始,中国提出并大力推进"一带一路"倡议。经过近10年的发展,"一带一路"倡议取得了突出的成效。正如习近平总书记在第三次"一带一路"建设座谈会上所指出:"通过共建'一带一路',提高了国内各区域开放水平,拓展了对外开放领域,推动了制度型开放,构建了广泛的朋友圈,探索了促进共同发展的新路子,实现了同共建国家互利共赢。"[1]目前,中国已与172个沿线国家或国际组织开展多方面合作,与沿线国家通过贸易往来形成的增加值贸易网络也在逐渐深化,并呈现出以中国、俄罗斯、新加坡和印度为中心的"多极化"格局,其中中国处于"一带一路"增加值贸易网络的核心位置。围绕"五通"建设,"一带一路"倡议有力提高了中国与沿线各国的合作深度及广度。尤为值得关注的是,2013—2018年,中国的全球价值链地位指数从0.101提升到0.154,增幅高达34.42%。

但党的十八大以来中国也在不断应对各类重大外部冲击,这在一定程度上阻碍着中国进一步融入全球价值链分工。2018年,美国肆意对华发起贸易攻击,导致亚洲、美洲两大全球价值链网络中心国之间的贸易联系、投资合作受到不同程度冲击。新冠病毒感染疫情全球的流行使各国相继封锁边境流动、中断国际贸易及物流运输,大量的中间品、最终品也因此在国家间流转受限,全球价值链分工合作在疫情防控期间遭遇严重阻滞,甚至局部发生断裂,叠加近年来世界经济的低迷疲软,贸易保护主义、民族主义的卷土重来,中国在全球价值链中的分工也受到了一定程度的影响。

---

[1] 习近平在第三次"一带一路"建设座谈会上强调以高标准可持续惠民生为目标继续推动共建"一带一路"高质量发展[EB/OL]. (2021-11-20). http://www.npc.gov.cn/npc/c2/kgfb/202111/t20211120_314850.html.

二、中国参与全球价值链的情况测定与位置变化

以上内容中我们系统分析了中国参与全球价值链的不同发展阶段以及背后的核心决定因素,那么这一进程中中国在全球价值链中的参与角色及地位发生了怎样的变化呢?本节将通过全球价值链贸易规模、全球价值链参与度以及全球价值链分工地位三个方面对该问题进行逐一回答。

(一)基于全球价值链贸易规模的情况测定与位置变化

首先,基于增加值贸易核算框架来考察中国的全球价值链参与及角色转变。长期以来,世界各国都以总贸易核算法测度国家和地区间的贸易往来,但该方法严重忽视了中间品贸易进口投入及其在国家和地区间的多次跨境流通带来的重复测算等问题。为此,不少学者从增加值的视角对国际贸易的测算方法进行了优化。本节主要参考 Koopman 等(2014)的贸易分解框架,来测算 1995—2018 年中国的出口总量(VA_ex)和 GVC 生产活动增加值,并绘制出图 5-9。①

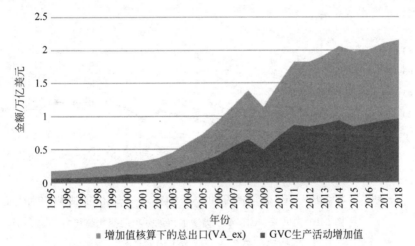

图 5-9　1995—2018 年中国总出口及 GVC 生产活动增加值的变化趋势

资料来源:联合国贸发会议 Eora 数据库。

"入世"前,中国的总出口以及全球价值链增长趋势总体上均较为缓慢,总出口和全球价值链贸易分别从 1995 年的 1 803 亿美元、612.5 亿美元增到 2001 年的 3 271 亿美元、1 223 亿美元。这一局面在中国正式"入世"后大为改观,2001 年到 2007 年,中国的总出口由 3 271 亿美元增长至 11 563 亿美元,增幅高达 8 292 亿美元,平均增速高达 37.36%,全

---

① KOOPMAN R,WANG Z,WEI S J. Tracing value-added and double counting in gross exports[J]. American economic review,2014,104(2):459-494.

球价值链贸易由 1 223 亿美元增长至 5 392 亿美元,增幅高达 4 169 亿美元,平均增速高达 56.81%。贸易的超高速增长为中国深度融入国际分工构筑了强劲韧性,尽管 2008 年全球金融危机以及 2015 年亚洲金融危机导致中国的贸易规模出现短期下降,但危机缓和后,贸易水平快速恢复并持续显著增长。

进一步地,基于 Eora 数据库的统计数据,我们将 1995—2018 年中国的总出口划分为本国出口的国外增加值、由国外吸收并用作最终品的国内增加值以及由国外吸收并用作中间品的国内增加值三部分,并绘制出图 5-10。其中,由国外吸收并用作最终品的国内增加值在这三个细分类别中增长最快,由 1995 年的 1 584.52 亿美元跃升至 2018 年的 18 778.92 亿美元,增长了约 10.85 倍。此外,由国外吸收并用作中间品的国内增加值与本国出口的国外增加值两条曲线的差距在 1995—2018 年不断拉大,这表明中国主要是以中间品供给的角色将大量的中间品出口到国外并被用作要素投入。

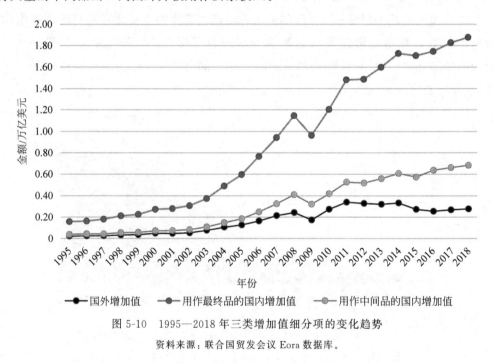

图 5-10　1995—2018 年三类增加值细分项的变化趋势

资料来源:联合国贸发会议 Eora 数据库。

(二) 基于全球价值链参与度的情况测定与位置变化

我们以一国参与全球价值链活动的贸易体量在总出口当中的占比来测度该国的全球价值链参与度。图 5-11 呈现了 1995—2018 年中国、美国、德国以及日本四国的全球价值链参与度变化趋势。就中国自身而言,1995—2018 年全球价值链参与度总体显著上升,"入世"后增速进一步加快。但 2008 年金融危机爆发后,中国的全球价值链参与度开始震荡波动。这一现象的背后成因复杂多样,其中全球经济增速放缓、各国在产业布局中开始统筹考虑安全与效率两方面因素以及部分发达国家的贸易保护主义抬头等均是重要方面。进一步对比其他三国来看,德国的全球价值链参与度明显高于美、中、日三国,但中国的全球价值链参与度已经逐渐与美、日两大发达国家接近,这意味着中国的国际分工参与水平在近年来有重大突破。

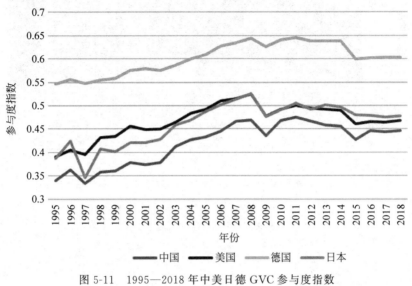

图 5-11　1995—2018 年中美日德 GVC 参与度指数
资料来源:UNCTAD Eora 数据库。

为继续考察中国在全球价值链分工中的发展历程和角色转变,我们将总体的全球价值链参与度分解为前向参与度和后向参与度两部分。其中,前向参与度反映的是一国作为中间品的提供者在国际分工中的参与情况,前向参与度大,表示该国在全球价值链分工中主要扮演着中间品供应商的角色。相应地,后向参与度则意味着一国主要以中间品需求者的身份融入全球价值链分工中。因此,这两项指标能够进一步反映出在过去多年间的全球价值链演变中,中国主要是以供给者还是需求者的身份参与其中,基于两项指标的时间趋势呈现在图 5-12 中。样本期内,中国的前向参与度明显高于后向参与度,同时前向参与度受 2008 年金融危机冲击相对较小,这说明中国在全球价值链分工体系下主要是扮演为其他国家提供中间投入品的角色,且这一身份表现出不断加强趋势。

(三)基于全球价值链分工地位的情况测定与角色变化

全球价值链分工地位指数能够较好反映一国在全球价值链中的上下游位置及其在全球贸易中的供需角色地位,当一国在贸易过程中主要以中间品供给者和价值创造者的身份存在于全球价值链的上游位置时,该国所处的全球价值链地位便相对较高。

图 5-13 测算出了 1995—2018 年中、美、日三国的全球价值链地位指数变化趋势。总体而言,20 世纪末中国的全球价值链分工地位明显低于美、日两国,但近年来经历了大幅增长,并于 2013 年赶超日本,逐渐向美国靠拢。具体来看,1995—2001 年,中国的全球价值链分工地位指数小幅下降但基本稳定;2001 年,伴随中国"入世",大幅下调货物贸易关税并

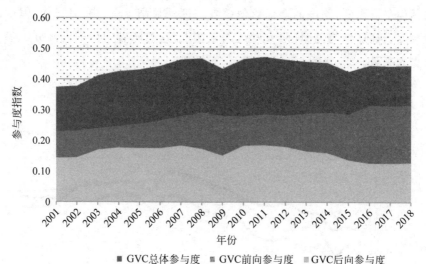

图 5-12　2001—2018 年中国 GVC 参与度变化趋势

资料来源：UNCTAD Eora 数据库。

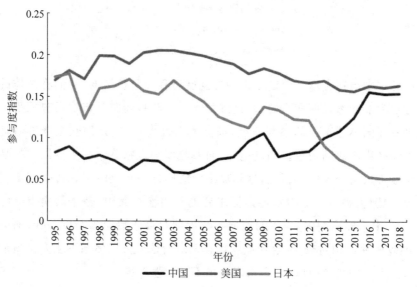

图 5-13　1995—2018 年中、美、日三国 GVC 分工地位指数

资料来源：UNCTAD Eora 数据库。

逐步放松其他非关税壁垒，对外开放步伐显著加快，但这一时期中国全球价值链分工地位并未显著提升。究其成因，尽管"入世"后我国的全球价值链参与度明显提升，但尤其是在知识密集型、技术密集型的全球价值链上游生产环节对发达国家和地区的依赖程度较大，多以进口贸易形式参与国际分工。结合全球价值链利润分布的"微笑曲线"也能分析出部分原因。高附加值环节主要集中在曲线两端的设计与销售中，但我国主要参与的是曲线中间位置的制造环节，因此在全球价值链参与中的实际贸易利得十分有限，即相应的全球价值链分工地位也较低。正是如此，在"入世"后的早期阶段，中国的全球价值链分工地位并未表现出明显提升的趋势,但在 2004 年之后,伴随国内低成本劳动力优势及资源禀赋优势的逐步释放,中国所参与的价值链分工环节不断优化,全球价值链地位稳步提高。尽管受到 2008 年金融危机爆发导致的分工地位突发性下降,但凭借国内稳固的基础工业体系及强大的价值链韧性,中国的全球价值链分工地位指数快速反弹并持续增长到 2016 年前后。中国的全球价值链地位指数在 2013 年赶超日本,并在近年来与美国十分接近。

综上所述,经过 40 多年的发展,中国在全球价值链的实践和角色转变方面发生了较大变化。在全球价值链贸易规模方面,中国扮演了世界各国中间品供给者的重要角色,使中国成为全球价值链中的"枢纽"角色;在全球价值链参与度方面,中国逐渐与美、日两大发达国家接近,这意味着中国的国际分工参与水平近年来有重大突破;在全球价值链分工地位方面,中国的前向参与度明显高于后向参与度,体现出了由"总体参与者"转向"部分引领者"的主要特征。

第四节　构建国际经济竞争新优势

一、国际经济竞争新优势的含义

在以上章节中,我们分析了全球价值链的理论进展与中国在全球价值链中位置的历史演变。为了在全球价值链中不断攀升,实现我国对外贸易的高质量发展,构建国际经济竞争新优势就成为其中的关键因素。党的十八届三中全会在《中共中央关于全面深化改革若干重大问题的决定》中指出,适应经济全球化新形势,促进国际国内要素有序自由流动,加快培育参与和引领国际经济合作竞争新优势,以开放促改革。2015 年 5 月,国务院印发《国务院关于加快培育外贸竞争新优势的若干意见》,提出要巩固贸易大国地位,推进贸易强国进程,在进一步巩固传统优势的基础上,使竞争新优势的培育取得实质性进展。党的二十大报告进一步强调指出,要依托我国超大规模市场优势,以国内大循环吸引全球资源要素,增强国内国际两个市场两种资源联动效应,提升贸易投资合作质量和水平,加快建设贸易强国。

在改革开放后的相当一段时期内,我们主要依靠丰富的劳动力和自然资源维持着低价格优势,迅速和全面地参与国际分工。但随着国内外条件的变化,这种优势已难以为继,廉价劳动力提供低端代工产品导致供给过剩,产品同质化程度高,科技含量低,质量标准难以保证,既不能满足日益提升的国内消费需求,也没有可持续的核心竞争力参与国际竞争。因此,只有依靠持续的创新和技术进步,才能提高产品的科技含量和质量标准,满足国内外需求,培育新的竞争优势,形成强劲而持久的竞争力,为对外贸易的高质量发展提供充分的保障。

当前,我国外贸发展处于加快培育竞争新优势的关键时期。我国的比较优势正从人口

"数量红利"向"质量红利"转换,巨大的本土市场、完善的基础设施、齐全的产业配套和多元的梯次区域布局,成为吸引高端产业活动与生产要素的新因素,也为外贸转型升级提供了广阔空间和坚实基础。

在新的发展阶段,我们可以将国际经济竞争新优势定义为加快培育以技术、标准、品牌、质量、服务、数字等为核心的对外竞争综合新优势,从而与发达国家同台竞技,提供知识含量和科技含量高的多元化与差异化产品,在规则制定、标准制定、跨国企业合作等方面拥有话语权,进而实现先发优势的引领型发展。

竞争优势离不开比较优势,一国的国际经济竞争新优势最先往往也是从其比较优势发展而来,二者之间具有一定的承接性和递进性。不同的是,比较优势广泛存在于一国经济发展的初级阶段,如能源富足的国家,能源出口成为其比较优势,而竞争新优势则更适用于解释经济发展的高级阶段。一国比较优势产生的基础首先源自该国国内的要素禀赋,如最基本的资源、能源存量,劳动力数量,以及更高层次的资本、科技、知识含量等,因为这些生产要素决定着生产力的高低,生产要素的投入能够不同程度地提升生产力水平,从而形成比较优势,而高级生产要素会以级数能力促进生产力水平的提升,进而创造出超乎比较优势效果的竞争优势。因此,比较优势具有不稳定性与不可持续性,尤其是依靠传统要素禀赋获得的比较优势,随着资源的枯竭、劳动力的减少以及外部需求的波动与变化,这种优势会日渐式微;而竞争优势更多地依靠劳动力的素质及包含在其中的知识、创新、管理、研发能力,从而构建出以科技为核心的持久国际竞争力。

二、国际经济竞争新优势的特征与构建原则

(一)国际经济竞争新优势的特征

1. 体现经济发展的阶段性

一个国家的竞争优势并非一成不变,不同的发展阶段对应着不同的优势构成,优势内涵的调整折射出经济结构的变迁。我国过去多年来的外贸高速增长,主要源于低要素成本的支撑。当前这些条件发生变化,加快培育以技术、品牌、质量、服务、数字等为核心的竞争新优势成为迫切之举。作为一个大国,中国还具有显著的区域不平衡特征,高收入与低收入并存、产业结构前工业化与后工业化并存、劳动力就业总量矛盾与结构性矛盾并存等。在这一特殊国情下培育国际经济竞争新优势,并不意味着不再发展传统的劳动密集型制造业和加工贸易,而是要因地制宜、因时制宜,在传统比较优势中注入更多技术、品牌、质量、服务和数字的含量,逐步提高中国在国际产业分工链条中的价值增值能力。

2. 突出优势构成的系统性

按照迈克尔·波特(Michael Porter)的国家竞争优势理论,当代国际竞争已经日益超出单个企业或行业的范围,成为一个经济体内部各种因素综合作用的结果。对于国际经济竞

争新优势来说,同样由众多内部因素、外部因素汇聚形成,既包括生产要素、国内需求、产业集聚、技术能力等,也涉及经济开放度、流通现代化水平、知识产权保护能力、商业模式创新潜力等多个领域,甚至一国的价值观、文化、经济结构和历史都可能成为竞争优势产生的来源。这些要素互相支撑、互相影响,共同构成一个系统、完整、综合的外贸竞争体系。因此,新形势下培育具有中国特色的国际经济竞争新优势,需要开放的视野和系统的眼光,需要厘清思路、明确重点,有步骤地推进。

3. 发挥产业升级的引领性

外贸面临激烈的国际竞争,但其发展深深根植于一个国家的产业。在很大程度上,外贸竞争优势也是一国产业优势在国际市场环节的延伸和体现,意大利的毛纺皮革业、荷兰的花卉业、德国的化工汽车业、美国的信息技术和医疗产业等无不如此。最近20多年来,国际贸易中制造业服务化、服务业知识化和数字化等趋势进一步显现,最终贸易品越来越多地汇聚了上下游品牌、研发、营销、金融、知识产权等服务"软要素",其竞争力往往体现出一国制造业、服务业的综合竞争实力。因此,新形势下培育国际经济竞争新优势,需要与推动国内产业结构升级更好地结合起来,以国内产业竞争力提升推动外贸的发展。

4. 重视企业竞争的主体性

一个国家的竞争优势,由政府、行业、企业共同决定,但核心是微观主体的竞争力。长期以来,我国外贸企业发展路径以规模扩张和价格竞争为主,拥有自主知识产权、自主品牌和自主营销渠道的市场主体较少,高技术含量、高附加值、高效益的出口产品占比较低。这一发展模式对于企业来说,限制了转型升级的空间和能力;对于行业总体来说,积累起同质化严重、产能过剩等很多深层次矛盾。因此,培育我国国际经济竞争新优势的政策着力点,应更多从创新能力、渠道构建、融资环境、服务增值以及数字经济等视角,推动企业更加注重从数量价格竞争向质量品牌竞争转变,培育一批组织化程度高、国际竞争能力强的跨国公司。

(二)国际经济竞争新优势的构建原则

1. 培育新优势与保持传统优势有机结合

一方面,稳定劳动密集型产品的出口,稳定传统市场的份额,为培育新优势提供有利条件;另一方面,大力推进外贸结构调整和转型升级,培育新的竞争优势,巩固稳增长的基础,提高外贸发展的质量和效益。

2. 培育新优势与深化改革相结合

党的十八届三中全会提出全面深化改革,为外贸领域改革开放指明了方向。深化外贸体制改革,加强行政审批事项下放后的事中事后监管,依法完善商品进出口管理和外贸促进政策体系,完善财税、金融、产业、贸易等外贸政策协调机制;通过深化改革,正确处理政府和市场的定位,进一步激发市场和企业活力。

3. 培育新优势与"一带一路"建设紧密结合

全面提升与"一带一路"沿线国家经贸合作水平,在深化与沿线国家的贸易合作、拓展产业投资和优化周边经贸发展格局等方面提出新思路和落实有关举措。

4. 培育新优势与创新驱动发展战略相结合

实施创新驱动发展战略,对我国形成国际经济竞争新优势、增强发展的长期动力具有战略意义。过去多年外贸的发展,主要源于我们发挥了劳动力和资源环境的低成本优势。要加快转变外贸发展方式,培育新优势,必须通过技术创新,增强自主创新能力,构建产学研贸相结合的技术创新体系,营造鼓励创新的体制机制环境等。

5. 培育新优势与制度规范相结合

重视和强调制度安排的作用,努力营造中国外贸发展的公平、公正的法制化、国际化营商环境。

6. 培育新优势与培育新的增长点相结合

在深耕传统市场的基础上,大力开拓新兴市场,加大对跨境电商、市场采购贸易、外贸综合服务企业等新型贸易方式的引导和支持,培育新的增长点。

三、国际经济竞争新优势的构建举措

(一)区分不同行业情况,巩固和强化传统国际经济竞争优势

1. 稳定和发展具有静态比较优势的产业

在特定的时期和既定的要素禀赋、科学技术水平下,比较优势的基本格局是一定的。各国只有按照比较优势参与国际分工,才能获得贸易利益。因此,在短期、静态条件下,比较优势原则依然构成分工基础,不可违背。我国传统的具有比较优势的产业,还应继续遵循比较优势参与国际分工,实现资源、要素的充分利用,获得更多的贸易利益。我国传统的具有比较优势的产业所蕴含的人力资本和科技水平较低,其出口的边际效益和利益正在递减,贸易竞争力存在弱化的趋势。但这类产业仍是短期内我国对外贸易稳定发展的根本保障。如纺织业、服装业、电子及通信设备制造业、文体用品业等,对于这些产业依然可以按照现行静态比较优势原则展开贸易,国家政府应通过贸易政策和产业政策稳定该类行业的发展。同时,主要应通过信息化改造和人力资本的投入,用新技术来改造传统生产工序,增加这些行业的技术含量,从而使这些行业的竞争优势继续得到维持、巩固和提升。

2. 积极培育具有动态比较优势的行业

比较优势虽然短期内稳定,不可违背,但长期内是可变的。从战略的角度追踪比较优势的动态变化,适时扶持和发展具有动态比较优势的产业,会带来产业结构和贸易结构的升级。因此,短期内我国按比较优势参与分工,但长期内必须通过对部分人力资本投入较高、技术水平已经达到一定程度的产业进行战略性扶持来培育动态比较优势。德国、日本、

美国在其产业成长的过程中,都曾对具有动态比较优势的产业进行过战略性扶持,利用补贴、税收优惠等措施促进了动态比较优势产业的不断壮大,使这些产业成为本国主导产业,具备较高的国际竞争力。我国改革开放以来,随着人力资本的积累,一些行业已经显现出动态比较优势。例如,从大的行业分类来看,在信息传输、计算机服务和软件行业中,人力资本以中、高等教育水平为主,在金融、租赁和商业服务业,教育业,卫生、社会保障和社会福利业,公共管理和社会组织业等服务行业中人力资本也以中、高等教育水平为主。这些行业也是我国近年来货物贸易和服务贸易中竞争力提升较快的行业。从细分制造业来看,我国化纤制造业、通用设备制造业、专用设备制造业、交通运输设备制造业的人力资本投入较多,其贸易竞争力提升也较快,具备一定的动态优势。动态比较优势产业由于比较优势处于不断提升的状态,因此是我国对外贸易转型升级的希望,对于对外贸易的可持续发展非常重要。

3. 战略性地发展具有领先竞争优势的产业

领先竞争优势的来源主要是高素质人力资本的运用和科学技术的进步。虽然我国人力资本和科学技术水平与世界贸易强国相比仍有一定差距,但经过多年的发展和积累,我国有可能在科学技术的局部领域取得突破,建立具有重大影响和极强竞争力的高技术产业。目前,我国在航空航天、高铁、集成电路封装及高端电子专用设备等装备制造行业已经基本取得这种领先竞争优势。政府应紧密跟踪比较优势的变化,关注世界市场上竞争对手的行动和整个市场竞争格局的变化,稳定并通过创新型人力资本的大量投入来继续提升这些行业的国际竞争力。此外,医药制造业、仪器仪表及其他设备制造业、新能源行业、新材料行业等也具有潜在的领先竞争优势,并具有世界发展前景,也应该成为我国重点培育和支持发展的行业。

(二)增强企业核心竞争力,构建品牌竞争新优势

当代全球化的经济竞争,以知识产权为基础,以跨国公司为基本主体。跨国公司在经济竞争中处于支配性地位,凭借其掌握的核心知识产权获取丰厚的知识产权输出收益。由于较为缺乏关键领域和核心技术的自主知识产权,我国企业在全球化竞争中总体上处于相对弱势地位。在资产规模和市场份额方面,我国已有相当数量的企业跻身世界财富500强,但在品牌影响力方面,能够进入世界品牌500强的企业仍然较少。2018年,中国仅有38家企业入选世界品牌500强,而美国有223家企业上榜。

新经济背景下,企业核心竞争力的决定因素已由以劳动和资本投入为基础的技术创新转向以人力资本为载体的知识创造与技术创新。技术创新自始至终都是企业竞争的核心所在,早期技术迭代演化多依靠实物资本投入与更新,因而中小企业难以突破核心技术创新壁垒与门槛。随着互联网和大数据的广泛发展,生产要素数据化属性明显且数据成为新的生产要素,只靠实物资本驱动的企业平均创新效率与创新转化率难以跟上产业数字化的时代步伐。与此同时,中高级人力资本成为内在化兼具资本、信息、技术、知识等的新集成

要素,且中高级人力资本要素的获取门槛相对较低,为中小企业实现竞争赶超创造了外部条件,更直接推动了企业竞争核心力的现实转变。但企业难以将以人力资本为载体的技术创新与知识创造转化为高质量竞争优势是当前竞争的问题所在。这主要归因于信息密度与传输速度的瞬息变化带来的风险外溢和企业对于技术创新主张的感知缺失。由于网络结构的构成属性与关联特性,以人力资本为载体的技术创新难以全天候实时预测信息变化并作出更新反馈,这就需要企业建立底层智能数据分析支撑系统作为辅助以对冲基于"牛鞭效应"传导带来的重大信息扭曲风险,最大限度地降低信息不对称或信息波动反馈造成的创新成本损失。同时,企业应根据用户需求反馈积累相关领域知识资本,填补技术空白领域,抢占技术创新高地并建立前馈创新感知机制,以防止创新感知缺失带来的价值损失。

在此基础上,塑造企业品牌,并以品牌资源整合企业的技术、管理、营销等优势,不断提升企业在国际产业分工中的地位,从而形成品牌竞争新优势。

(三)以标准化改革构筑国际经济竞争新优势

(1)跟踪国际贸易最先进的规则与标准,提高我国标准的国际采标率。当前,我国贸易产品的整体标准水平仍与国际标准以及国外先进的标准存在着较大的差距,因此,外贸企业必须紧跟并采用国际标准以及国外先进标准,促使企业提高产品质量水平、科技水平和管理水平。这既是突破外国技术性贸易壁垒的关键,也是带动产业结构转型升级、构筑国际经济竞争新优势、促进外贸高质量发展的有力抓手。

(2)以"一带一路"为纽带,积极将中国标准推到国际市场,提升我国标准的国际影响力。应大力推进标准联通共建"一带一路",主动与"一带一路"沿线国家开展标准化战略对接并积极推进标准体系兼容,推动中国标准走向国际舞台。在这个过程中,应聚焦于重点国家,围绕基础设施建设对外承包工程"走出去",发挥其带动效应,推动高标准的产品、技术标准和认证服务"走出去",以标准"软实力"推进"一带一路"经贸合作机制。

(3)积极主动参与国际标准化治理,努力推进与主要贸易伙伴国家标准互认。加强与国际标准机构紧密联系,鼓励更多的中国企业、中国专家参与国际标准化活动,尤其在传统中医药、装备制造、钢铁冶金等优势特色领域,积极提出国际标准提案,主导国际标准制定。在电子商务、智慧城市、信息通信等新兴领域,提早布局,主动提出国际标准的中国方案,推动中国技术标准更多地融入国际标准体系。同时,进一步深化与主要贸易国家和地区的双多边合作机制,通过与贸易伙伴国建立标准化合作机制,推动国家间标准的兼容,努力实现我国同等检测和认证结果得到贸易伙伴国的认可,降低出口企业因标准认证体系不同产生的重复检测成本。

(4)加强对国外技术性贸易措施的跟踪研究,积极开展应对与防护。建立覆盖全国、实现资源共享的技术性贸易措施预警与应对信息平台,及时发布应对工作年度报告;建立预警点,加强对国际与发达国家先进标准及法规的研究,引导出口企业加快技术升级,突破国际市场技术性壁垒;建立跨部门的国外技术性贸易措施应对与防护联动机制,有效保障外贸企业合法权益。

(5) 健全外贸产品追溯标准体系,推进国家间追溯标准体系互联互通。为确保外贸产品追溯标准体系的统一性,需要研制一批具有共性的基础标准,如追溯数据采集指标、编码规则、传输格式等,实现产品追溯全过程的互联互通与通查通识;利用跨境电商试验区平台,探索开展重要产品追溯标准化试点示范工作,推动标准的制定和实施;探索推进重要外贸产品追溯标准与国际接轨,携手打造我国与"一带一路"沿线国家重要外贸产品追溯通用规则,逐步建立国际重要产品追溯体系。

(四) 充分发挥对外直接投资在国际经济竞争新优势形成中的重要作用

对外直接投资的内在促进作用是培育国际经济竞争新优势的重要保证和来源。根据波特的国家竞争优势理论,一个国家的竞争力可以分为微观(产品和企业的竞争力)、中观(产业竞争力)和宏观(国家竞争力)三个层次。因此,对外直接投资正是通过产品、企业、产业以及国家多个层次致力提升我国国际竞争力,培育国际经济竞争新优势。

(1) 对外直接投资提升产品和企业的国际竞争力。对外直接投资通过并购国外品牌、技术、营销网络等战略资产,整合国内外产品价值链,推动技术研发、质量控制、市场营销和品牌管理,从而培育产品竞争优势;通过汲取国际市场先进的技术、人才、管理经验,锻炼企业形成国际化经营能力,培育一批具有国际水准的本土跨国公司,形成企业竞争优势。从进入世界500强的中国企业数量也可以看出,越来越多的中国企业通过开展国际化经营而获得了国际竞争优势。

(2) 对外直接投资提升产业的国际竞争力。对外直接投资通过并购国外上下游企业,延长产业价值链,驱动形成产业集群和提高产业集中度,可以释放国内部分产业产能过剩压力,优化产业结构和提高产业竞争力,形成产业竞争优势。根据边际产业扩张理论,即将处于比较劣势地位的边际产业进行对外投资,不仅可以提高本国产业升级效率,而且可以促进本国对外贸易发展,提高本国比较优势产业的国际竞争力。此外,对外直接投资还可以发挥连锁作用,通过带动资金、技术、设备、人员等多要素的跨国流动,培育我国服务业领域的国际竞争力。

(3) 对外直接投资提升国家的国际竞争力。对外直接投资通过对企业和产业国际竞争力的提升,推动国内经济的发展,可以增强我国整体经济实力;市场导向型对外投资可以带动相关产品和服务的出口,通过替代型投资跨越贸易壁垒,抑制贸易摩擦,深耕境外市场,巩固和加强对外贸易优势;对外直接投资过程将扩大人民币使用范围,逐步推进人民币国际化进程,有利于培育我国在国际货币金融领域的竞争力;对外直接投资也有助于我国应对区域贸易集团的排他性贸易安排,为我国应对贸易转移和推进自由贸易区战略赢得主动权;通过熟悉掌握和参与制定国际投资规则,有利于我国充分利用国际投资规则和提高国际经济治理的能力。

(五)探索和推进新型贸易方式,塑造数字时代竞争新优势

在互联网、物流等基础设施建设加快和移动互联网、大数据、云计算等信息网络技术不断兴起的推动下,跨境电商凭借其独有的优势,在全球范围内呈现快速发展的势头,正在成为一种被越来越多的企业所采用的新型贸易方式。这种贸易方式大大降低了国际贸易的交易成本,提高了交易效率,进而提升了企业的国际竞争力。随着数字技术和数字经济的纵深发展,跨境电商贸易方式将进一步发展成为更加全面、影响更为深远的"E-国际贸易方式"。

E-国际贸易是建立在现代互联网技术、云计算技术,形成大数据流量处理的能力基础上,依托跨境贸易平台的集聚和管理,以数据的流动带动全球消费者和生产者、供应商、中间商集成产生贸易流量,形成国际化、信息化、市场化、社会化、平台化的一种全新贸易方式,是当今生产力发展水平、科技革命、业态变革等变量相互作用带来的新型国际贸易方式。在E-国际贸易方式下,贸易空间集聚形态和方式呈现虚拟化、去中心化,引起信息流、人流、物流和资金流的变动,并使信息流成为E-国际贸易的重要力量,国际贸易运行机理也将发生重大改变:一方面,E-国际贸易有效地推动了国际贸易与制造业的融合发展,使全球成为统一的生产链、价值链和服务链,并通过平台集聚全球生产者和消费者,全球消费者的市场集成产生的贸易流量将进一步推动全球的制造业,即消费互联正在走向产业互联,形成跨国界、跨行业、跨领域、跨业态的崭新的产业链、供应链、服务链、价值链,实现了全球贸易与制造业的融合发展;另一方面,E-国际贸易融合了服务贸易和货物贸易,是推动外贸转型升级的重要方式。因为快速发展的E-国际贸易给企业带来了巨大的压力,面对来自全球市场的激烈竞争,企业需要为客户和消费者提供令其满意的商品与服务,而不再仅仅是销售商品,整合供应链成为现代跨境电商企业的发展趋势,需要把供应商、制造商、仓库、配送中心和渠道商等有效地组织在一起进行产品的制造、转运、分销及销售,在同一商品价值链下,生产企业与服务企业的界限开始模糊,服务贸易与货物贸易深度融合,所有合作方企业必须加强与供应链合作伙伴的协同来增强整条供应链的竞争优势,从而在市场中共赢共存。此外,E-国际贸易的发展还催生了外贸综合服务平台型企业,通过互联网技术、IT实现业务流程的标准化和规模化,对分散的中小企业进出口的资源进行整合,化零为整,将繁杂的外贸流程化简,通过单一窗口简化操作流程,全面掌握信息流、物流和资金流,改变风险结构,降低中小外贸企业的成本,使贸易便利化水平得到提升。

我国经过多年的发展,在跨境电商方面具有比较优势,为探索和推进更加高级化的E-国际贸易新型方式提供了坚实基础和良好条件,从而有利于我国塑造和引领数字时代的国际经济竞争新优势。

【本章复习思考题】

1. 自20世纪50年代以来,全球价值链共经历了几个发展阶段?总结各阶段下GVC

的主要特征以及各阶段特征产生的原因。

2.结合国际经济学原理和典型案例,阐述国际经济竞争新优势的主要构建原则。

3.我国哪些行业具有领先的竞争优势或具有领先竞争优势的潜质?结合相关理论选择其中的一个行业进行具体分析。

4.阐述E-国际贸易方式与传统国际贸易方式在运行机理方面的差异。

【本章荐读书目】

1.对外经济贸易大学全球价值链研究所,世界贸易组织,世界银行,等.全球价值链发展报告(系列年度报告)[R].北京:对外经济贸易大学出版社.

2.苏庆义.全球价值链:测度与应用[M].北京:中国社会科学出版社,2021.

3.吕越.全球价值链重塑下的中国企业升级[M].北京:人民出版社,2019.

4.刘睿倪.全球价值链分工体系下中国贸易利益研究[M].长春:吉林大学出版社,2018.

5.戴翔.中国攀升全球价值链:实现机制与战略调整[M].北京:人民出版社,2016.

6.赵春明,等.中国人力资本要素内涵式演进与国际经济竞争新优势培育研究[M].北京:人民出版社,2017.

【即测即练】

第六章

经济全球化与国际经贸规则的新动向

【本章学习目标】

(1) 了解 WTO 的主要职能与基本原则；
(2) 熟悉 WTO 改革的动因及焦点问题；
(3) 分析新一轮国际经贸规则改革的主要趋势；
(4) 阐述不同阶段中国在国际经贸规则体系中扮演的角色及主要特征。

【本章基本概念】

世界贸易组织；关税及贸易总协定；最惠国待遇；国民待遇；市场准入原则；争端解决机制；强制技术转让；特殊与差别待遇条款；协调一致原则；商品和要素流动型开放；制度型开放；国际经贸规则重构；区域贸易协定

工业革命以来，经济全球化在大力推动世界经济发展的同时，也使国际形势动荡失序，甚至造成第一次世界大战和第二次世界大战。第二次世界大战后，为了遏制以高关税为主要特征的贸易保护主义、重建国际经济秩序，世界贸易组织的前身——关税及贸易总协定应运而生。在经历 8 轮多边贸易谈判后，世界贸易组织于 1995 年正式建立并取代 GATT，成为新多边贸易体制的组织基础和法律基础。近年来，随着世界贸易格局的变化、数字经济的兴起，新一轮国际经贸规则正在加速酝酿和形成，中国也逐步从传统规则的接受者转变为新规则的参与者、引领者，这势必对世界贸易秩序以及中国自身的经济发展产生至关重要的影响。

第一节 世界贸易组织的主要职能与基本原则

1994 年 4 月 15 日，出于完善和加强多边贸易体制的需要，参加乌拉圭回合(Uruguay Round)谈判的 128 个国家和地区在摩洛哥马拉喀什通过了《马拉喀什建立世界贸易组织协定》(Marrakesh Agreement Establishing the World Trade Organization)，简称《建立世界贸易组织协议》。该协议的序言中指出，WTO 的宗旨是"各成员在处理经贸关系时，应以提高生活水平、确保充分就业、大幅度稳定增加实际收入和有效需求、遵循可持续发展原则合理配置世界资源、扩大货物和服务的生产和贸易为目的,保证各国国际贸易增长幅度与其经济发展水平相适应,建立一个完整的、更具活力的和持久的多边贸易体制,以包含关税及贸易总协定、以往贸易自由化努力的成果和乌拉圭回合谈判的所有成果"。

一、世界贸易组织的主要职能

WTO 作为专门管理国际贸易的永久性国际组织,具有特定的职能和管辖范围。根据《建立世界贸易组织协议》第 3 条,WTO 的主要职能可分为以下六个方面。

(一) 实施和管理协定、协议

WTO 首要的和最主要的职能是促进《建立世界贸易组织协议》和各项多边贸易协定的执行、管理、运作以及目标的实现。此外,该条款还提出 WTO 应为各诸边贸易协议的执行、管理及运作提供组织机制。

(二) 提供多边贸易谈判场所

《建立世界贸易组织协议》第 3 条第 2 款明确指出,WTO 需为各成员的多边贸易谈判提供场所。但是,这与一般意义上的谈判场所存在本质区别,主要体现在两个方面:一是各成员在该场所举行的多边贸易谈判内容是围绕 WTO 各项协议与协定涉及的相关事宜,即只有 WTO 才涉及的特定内容;二是如果部长级会议作出决定,WTO 可以为各成员在该场所就多边贸易关系所进行的进一步谈判结果的执行提供框架。

(三) 解决贸易争端

根据《建立世界贸易组织协议》第 3 条第 3 款,WTO 负责管理实施本协议附件 2 所列《关于争端解决的规则与程序的谅解》,其是 WTO 关于争端解决的基本法律文件。当 WTO 各成员就《1994 年关税与贸易总协定》《服务贸易总协定》以及《与贸易有关的知识产权协定》产生争端、无法通过协商解决时,可诉诸 WTO 争端解决机制。

如中美针对油井管等产品的反补贴争端。2009 年 12 月 30 日,美国决定对从中国进口的油井管等产品进行反补贴关税制裁,即对相关产品征收 10.36%~15.78% 的反补贴税。为遏制美国滥用贸易救济措施,中国于 2012 年 5 月 25 日将美国对我国包括油井管在内的 22 类产品实施的反补贴措施诉诸至世界贸易组织争端解决机制。此案经过了原审专家组审理、原审上诉、合理执行期仲裁、执行之诉专家组审理、执行之诉上诉、贸易报复水平仲裁等程序,历经近 10 年于 2022 年 1 月 26 日世界贸易组织判定中国胜诉,裁定在货物贸易领域中国每年可对美国实施 6.45 亿美元的贸易报复。

对于所有 WTO 成员而言,世界贸易组织争端解决机制是解决国际贸易争端的一条重要途径。同时,争端解决机制也具有双重作用,在保护成员权益的同时,也督促其履行应尽的义务。

(四) 审议贸易政策

《建立世界贸易组织协议》第3条第4款及附件3《贸易政策审议机制》规定,为了提高WTO成员贸易政策的透明度、了解各成员的实际操作、确保多边贸易体制的原则和规则准确实施,WTO应审议各成员的贸易政策。具体来说,世界前四大贸易实体应每2年审议一次,其后的16个贸易实体每4年审议一次,其他成员每6年审议一次,但最不发达成员可以拥有更长的审议间隔年限。

(五) 对外合作

WTO与国际货币基金组织和世界银行并称为当今世界经济秩序的三大支柱,分别在国际贸易、国际金融和国际投资领域发挥重要作用。因此,在处理贸易以外的其他事务时,WTO需要与IMF、WB以及其他国际组织和机构密切配合、协商处理,以确保全球经济政策的高度一致性。《建立世界贸易组织协议》第5条针对WTO对外合作作出了进一步的原则规定,"WTO总理事会就与职责上与WTO有关的政府间组织进行有效合作作出适当安排,可就与涉及WTO有关事项的非政府组织进行协商和合作作出适当安排"。例如,WTO、IMF与WB于1996年12月共同签署了《世界贸易组织、国际货币基金组织与世界银行的合作协定》,其中明确规定"在国际金融服务和金融政策方面促进WTO与IMF间的合作,在贸易和对发展中国家援助和支持方面促进WTO与WB间的合作",该协定为WTO、IMF和WB三个机构间的协调合作提供了法律基础。

(六) 提供技术支持和培训

WTO需为发展中成员,尤其是最不发达成员提供技术支持和培训。具体而言,一方面,WTO与发展中成员的教育研究机构合作,为发展中成员培养相关的专业师资团队,通过远程教育等方式开展有关WTO的教育培训;另一方面,WTO每年在其总部所在地瑞士日内瓦为各成员派驻WTO的官员以及发展中成员负责WTO事务的高级政府官员举办培训活动。

二、世界贸易组织的基本原则

为了有效实现宗旨,WTO要求各成员在处理贸易关系时必须遵循一系列基本行为准则。这些基本原则由若干具体规则和一些规则例外所组成,主要包括非歧视(non-discrimination)原则、贸易自由化(trade liberation)原则、公平竞争(fair competition)原则、透明度(transparency)原则四个方面。

(一) 非歧视原则

非歧视原则又称为无差别待遇原则,是针对歧视待遇设立的一项缔约原则,是 WTO 最基本的原则之一。这一原则规定:一缔约方在实施某种优惠或限制、禁止措施时,不得对其他缔约方采取歧视待遇。换言之,当一缔约方对另一缔约方实施或不实施某种措施时,相应决策对任何其他缔约方都必须同样适用。因此,非歧视原则体现了 WTO 成员无论大小地位一律平等的精神,也符合国际法中各国主权一律平等的原则。WTO 中非歧视原则是由最惠国待遇(most favored nation treatment)条款和国民待遇(national treatment)条款体现的。

1. 最惠国待遇

最惠国待遇是指一 WTO 成员将在货物贸易、服务贸易和知识产权领域给予任何其他国家或地区(无论是否为 WTO 成员)的优惠待遇,立即和无条件地给予其他成员。因此,最惠国待遇的实质在于保证 WTO 各成员在国际贸易市场竞争中的机会均等化。

根据定义,最惠国待遇具有以下四个特点。

(1) 自动性。这是最惠国待遇的内在机制,体现在"立即和无条件"的要求上。它是指当一成员给予其他国家和地区的某种优惠超过其他成员已有的优惠时,其他成员便自动享有这种优惠。例如,当属于 WTO 成员的 A 将从 B 进口的农副产品关税降低至 2% 时,任何其他 WTO 成员的农副产品出口至 A 所面临的关税税率均为 2%。

(2) 同一性。它是指当一成员给予其他国家或地区的某种优惠自动转给其他成员时,受惠标的必须相同。仍以上述 A 和 B 为例,A 给予 B 进口农副产品的优惠只能自动适用于 A 从任何其他 WTO 成员进口的农副产品,不能是其他产品。

(3) 相互性和多边性。相互性是指任何一个 WTO 成员既是受惠方,也是给惠方。换言之,各成员在享受最惠国待遇权利的同时,也要履行最惠国待遇义务。因此,最惠国待遇在 WTO 内并不是简单的双边给予,而是多边的。

(4) 普遍性。它是指最惠国待遇适用于全部进出口产品、服务贸易的各个部门及所有种类的知识产权所有者和持有者。在 WTO 的组织框架内,各成员进行贸易谈判时,最惠国待遇的适用范围大幅度扩大,从而显著降低了贸易谈判成本,使国际贸易秩序的可预见性和稳定性明显提升。

2. 国民待遇

在 WTO 中,国民待遇是指对其他成员的产品、服务或服务提供者及知识产权所有者和持有者所提供的待遇,不低于本国或地区同类产品、服务或服务提供者及知识产权所有者和持有者所享有的待遇。它是 WTO 成员在处理本国或地区与其他 WTO 成员贸易关系时所需遵循的基本原则。

根据国民待遇的定义,其主要具有以下三个实施要点。

(1) 国民待遇条款的适用对象是"产品、服务或服务提供者及知识产权所有者和持有者",但因不同领域的具体受惠对象存在差异,国民待遇条款的适用范围、具体规则和重要性也不尽相同。

(2) 该条款只涉及在进口成员境内其他成员产品、服务或服务提供者及知识产权所有者和持有者所享有的待遇。

(3) 定义中的"不低于"表明,二者享有同等待遇,但当进口成员给予其他成员更高的待遇时,不得违背国民待遇条款。

(二) 贸易自由化原则

在 WTO 框架下,贸易自由化原则是指通过多边贸易谈判,减少、取消和限制各项关税和非关税壁垒,从而扩大成员间的货物贸易和服务贸易。该原则以 WTO 共同规则为基础,以多边贸易谈判为手段,以争端解决机制为保障,以贸易救济措施为辅助,以履行义务过渡期体现发展中国家或地区和最不发达国家或地区的优惠和差别待遇。在 WTO 中,贸易自由化原则是通过关税减让(tariff concession)原则、减少非关税壁垒、市场准入原则、一般禁止数量限制原则加以体现和实现的。

1. 关税减让原则

关税减让原则又称为关税保护原则,是指 WTO 各成员在限制、取消或禁止使用各种非关税措施的同时,将关税视为唯一合法的保护手段,要求各成员在互惠互利的基础上通过多边贸易谈判削减关税。也就是说,关税减让原则并不是倡导采用关税方式加以保护,而是相对非关税壁垒只允许采取关税这一透明的保护措施,并且关税税率在原则上应当是不断下降的。

实行关税减让原则的原因主要有以下三点:一是关税税率的高低会直接影响进出口商品的价格,从而实现管理和控制贸易以及保护本国或地区市场的目的;二是尽管征收关税使进出口双方产生国民净损失,并减少全球经济福利,但其所引致的福利损失远小于数量限制等非关税壁垒;三是相较非关税壁垒,一国或地区关税税率更为透明,只采用关税措施便于直接衡量一国或地区的贸易保护程度。

图 6-1 展示了 1992—2021 年中国关税总水平。可以看出,我国关税总水平从 2001 年的 15.3% 下降至 2010 年的 9.8%,"入世"降税承诺履行完毕。随后,中国又多次进行自主降税,截至 2021 年,中国进口关税已降至 7.4%,处于世界较低水平。[①] 此外,"入世"以来,我国关税结构不断优化,逐步呈现"两头小、中间大"的分布格局。

2. 减少非关税壁垒

非关税壁垒通常是指除关税以外的各种贸易保护措施,包括进出口许可证、进口配额、外汇管制、苛刻的卫生检验标准、质量标准等。随着关税的下降,各国或地区越来越重视非

---

① 2010 年,我国税率水平为 5%~10% 的税目数占总税目的 45%,税率水平低于 5% 和为 10%~20% 的税目数分别各占 25%,税率水平高于 20% 的税目数只占 5%。(数据来源:World Integrated Trade Solution 数据库。)

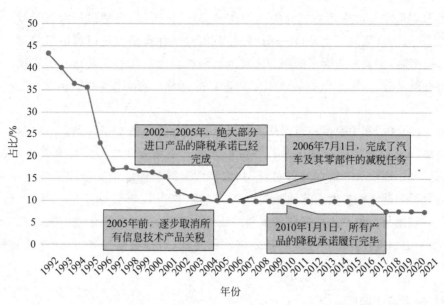

图 6-1　1992—2021 年中国关税总水平

资料来源：《中国财政年鉴》。

关税壁垒的保护作用，导致非关税壁垒不断增多，成为阻碍国际贸易发展的主要障碍，甚至威胁到关税减让的意义。因此，WTO 专门针对非关税壁垒制定了诸多协议，以实现不断推进贸易自由化的发展目标。例如，《农产品协议》要求成员将现行的对农产品贸易的数量限制（如配额、许可证）等进行关税化；《纺织品与服装协议》要求发达成员分阶段用 10 年取消对纺织品、服装的进口配额限制，用关税保护国（地区）内纺织服装业。

3. 市场准入原则

市场准入通常是指一国（地区）允许外国（地区）的货物、劳务与资本参与国（地区）内市场的程度。在国际贸易中，该原则旨在通过提高各缔约方外贸政策的透明度，减少和取消关税及非关税壁垒，以及通过对开放本国（地区）市场所作出的具体承诺，切实改善各方的市场准入条件，允许各方在一定期限内根据其经济发展水平逐步开放市场。

在货物贸易和服务贸易各项协定和协议中都存在市场准入原则的要求。以货物贸易为例，《1994 年关税与贸易总协定》要求各成员逐步开放市场，降低关税和取消对进口数量的限制。而自 20 世纪 70 年代以来，国际服务贸易快速发展使各国或地区采取了诸多的限制性措施保护本国或地区服务业。这一系列的限制性措施不仅严重影响了服务贸易自身，还对货物贸易甚至全球经济发展产生了深远的影响。鉴于此，在乌拉圭回合谈判中达成的《服务贸易总协定》要求 WTO 成员分阶段地逐步开放各服务领域。

4. 一般禁止数量限制原则

在各种不同形式的非关税壁垒中，数量限制最为普遍。数量限制作为一种行政措施，因其简单易行、效果显著，常常被各国或地区政府用于限制进口。又因为数量限制缺少透明度，成本难以估量，所以很容易出现措施滥用进而影响正常国际贸易的进行。

数量限制最常见的表现形式是进出口配额、进口许可证、自动出口限制和数量性外汇管制。其中,进出口配额通常是指一国或地区政府对某种商品的进口或出口数量加以限制的一种行政措施,主要分为固定配额和关税配额两种。进口许可证是指一国或地区政府为了限制某种商品进口,规定该商品必须凭证进口的一种管理制度,主要分为有定额和无定额两种。

在东京回合中,非关税措施首次成为关税及贸易总协定的专门议题,并达成了《进口许可证程序协议》;乌拉圭回合进一步在一般取消数量限制方面取得了重大进展,包括采取"逐步回退"办法逐步减少配额和许可证、从取消数量限制向取消其他非关税壁垒延伸、把一般取消数量限制原则扩大到其他相关协定;《1994年关税与贸易总协定》中,与数量限制相关的贸易规则与关税减让占据同等重要的地位。然而,虽然数量限制与贸易自由化背道而驰,但是考虑到世界各国和地区经济发展水平不同、资源禀赋各异、产业结构有别,完全禁止数量限制是不可能的。

(三) 公平竞争原则

公平竞争原则又称为公平贸易原则,是指WTO各成员应避免采取扭曲市场竞争的措施,在货物贸易、服务贸易以及与贸易有关的知识产权领域纠正不正当竞争行为,创造和维护公开、公平、公正的市场环境。这一原则不仅有利于提高经营者的积极性,鼓励其不断进行产品创新,还有助于社会资源的合理配置,提升社会整体福利水平。

公平竞争原则具有以下三个实施要点:一是该原则体现在货物贸易、服务贸易和涉及贸易的知识产权三个领域;二是该原则同时涉及成员的政府行为和企业行为;三是该原则要求成员在本国或地区给予不论是本国或地区还是其他成员的产品、服务或服务提供者同样的公平竞争市场条件。

在货物贸易领域,倾销和补贴被视为典型的不公平贸易行为。倾销是指产品以低于正常价值的价格销售在外国市场上,从而损害了外国市场相关产业的利益。补贴是指为增加某种产品的竞争优势,一国政府或任何公共机构向产品生产者或出口商提供无偿的经济支持及扶助。在外国产品采取倾销和补贴措施时,本国国内相关产业会受到实质性损害,因而WTO《反倾销协议》和《补贴与反补贴措施协议》明确规定,允许成员征收反倾销税和反补贴税以抵消上述措施带来的不利影响。事实上,当政府为保护本国或地区内产业滥用反倾销和反补贴措施时,反倾销和反补贴措施自身也会成为阻碍公平贸易的障碍。因此,WTO严格规定了采取反倾销和反补贴措施需遵循的程序。

(四) 透明度原则

透明度原则是指WTO成员应公布与贸易有关的法律法规、政策和做法及其变化情况,不公布的不得实施,同时应将这些贸易措施及其变化情况及时通知WTO。透明度原则的作用在于保证贸易环境的稳定性和可预见性,便于贸易商了解相关的政策措施和法律规定。该原则的主要内容包括贸易措施公布和贸易措施通知两部分。其中,贸易措施公布的主要内容包括：产品海关分类和海关估价等海关业务，关税税率、国（地区）内税税率和其他费用，对产品进出口管理及进出口支付转账所设立的措施，服务贸易的法律、法规、政策和措施，知识产权的法律、法规、司法判决和行政裁定，成员签署的其他影响国际贸易的政策协议等。乌拉圭回合通过的《关于通知程序的部长决定》中明确给出了需要通知的19项具体措施。

值得指出的是，WTO各法律文件后都附有大量的例外条款，这种现象是WTO规则体系的一大特色。众所周知，WTO制定的规则适用于所有成员，国家和地区在加入WTO后必须"一揽子"地接受相应义务。换言之，一旦一国或地区尤其是发展中国家或地区加入WTO，国内或地区内经济政策及相关法律的制定就会受到WTO的制约，甚至需要进行政策上的重大调整和改革，这些改革可能会在一定时期内严重损害该国或地区的政治利益和经济利益。如果没有例外条款，不允许部分国家或地区依照本国或地区经济发展水平在特定情形下背离WTO义务，那绝大多数发展中国家或地区将不愿加入WTO。因此，例外条款在很大程度上促进了WTO稳定发展，进一步加快了贸易自由化进程。

WTO各个协定和协议中的例外条款主要包含三大类：基本原则的例外、一般例外和安全例外。顾名思义，基本原则的例外就是WTO基本原则的例外条款，即成员间在某些特定情况下不适用基本原则条款。例如，允许成员为便利边境贸易而只给予毗邻国家优惠是最惠国待遇原则的例外。一般例外通常是指授权一成员在特定情况下允许背离WTO的相应义务维护本国或地区经济安全的相关条款。《1994年关税与贸易总协定》第20条规定了货物贸易领域的10项一般例外措施，《服务贸易总协定》第14条规定了服务贸易领域的5项一般例外措施，知识产权领域的一般例外措施在《与贸易有关的知识产权协定》中有所体现。安全例外则是强调维护国家或地区基本安全利益，WTO允许成员在战争、外交关系恶化等紧急情况下，为保护国家或地区安全利益采取必要的行动，对其他相关成员不履行世界贸易组织规定的义务称为安全例外。

第二节　世界贸易组织的发展与改革

自WTO成立伊始至今，在取得许多引以为豪的成绩、获得诸多赞誉的同时始终面临一些突出问题。自1999年WTO西雅图部长会议以来，有关WTO应着手改革的声音不断涌现。2018年，WTO成员就多边贸易体制改革必要性达成共识，并在2019年围绕多方面议题展开改革谈判。本节在分析WTO改革背景及原因的基础上，讨论WTO改革的焦点问题，并总结中国在具体议题上的改革思路和方案。

一、世界贸易体系变革原因

（一）世界贸易组织发展的内在矛盾

自GATT诞生至今，实力主导和利益驱动两条基本规律贯穿了多边贸易体制的发展与演进。事实上,虽然 GATT/WTO 遵循"协商一致"原则,但综合实力强的成员在谈判中拥有更强的议价能力和制度性话语权,因此这些国家或地区的意志会左右多边贸易体制的谈判走向以确保自身获取更大的国家或地区利益。WTO 改革本质上是"成员驱动"下的大国博弈,从成立时的英美博弈到各个回合的美欧博弈再到多哈回合的发达成员与发展中成员博弈。GATT 和 WTO 的发展历史充分反映了国际体系权力结构的变革,其内部矛盾更多地受主要成员利益冲突的影响。

在 GATT 时期,多边贸易体制演进的主要矛盾是诸多发达经济体间的矛盾,尤其是美欧之间的博弈。早在第二次世界大战前,美国就倡导建立"国际贸易组织",但美国国会对建立该组织的《哈瓦那宪章》不满导致其夭折。随后在美国的主导下,23 个国家于 1947 年达成关税及贸易总协定,并在 1947 年至 1994 年开启了 8 轮多边贸易谈判。前 4 轮主要是美国与西欧国家之间围绕工业制成品关税削减这一焦点进行谈判。随着欧洲经济共同体的建立,并在 1959 年初开始实施关税同盟和共同市场,美国向西欧销售产品出现了巨大障碍,使得从第 5 轮多边贸易谈判开始主要议题均与欧洲一体化的进程密切相关。美国是世界上最大的棉花、小麦和烟草出口国,农产品出口在美国全部出口中占据相当大的比重,出口对象主要是欧洲,因此第 6 轮肯尼迪回合谈判美国将矛头直指欧洲经济共同体的共同农业政策。1967 年,欧洲经济共同体与欧洲煤钢共同体、欧洲原子能共同体组成欧洲共同体,1973 年欧洲共同体第一次扩大,丹麦、爱尔兰和英国加入,1973 年 9 月第 7 轮东京回合谈判启动。1986 年,欧洲共同体成员国签署《单一欧洲法令》,规定在 1992 年底前建立单一欧洲市场,欧洲一体化进程得以重新启动,同年 9 月第 8 轮乌拉圭回合谈判启动。在本轮谈判中,美国和欧洲共同体在农业谈判上各不相让,导致此次回合从 1990 年的结束预期拖到 1993 年 12 月。

多哈回合谈判启动以来至今,多边贸易体制演进的主要矛盾转变为发达经济体与发展中经济体之间的矛盾。随着新兴经济体和发展中经济体综合实力的不断上升和国际地位的不断提高,越来越多的发展中经济体越来越不满足被发达经济体左右的多边贸易体制,迫切希望在全球经济和贸易格局中享有更多的话语权,试图从融入者转变为塑造者。多哈回合谈判又被称为"多哈发展议程",此轮谈判中美欧等发达成员提议进一步打开发展中成员的工业品和服务市场,而发展中成员希望美欧降低农业补贴并开放农业市场,发达经济体与发展中经济体的分歧成为多哈回合谈判的重要难题。由于美国、欧盟以及发展中国家联盟的三角关系复杂难解、互不相让,发展中经济体关心的发展议题并没有得到发达经济体的有效回应,发达经济体要求的所谓"平等交易"也无法得到发展中经济体的认同,多哈回合谈判于 2006 年 7 月 24 日宣告暂停。

现阶段,中美在国际经贸规则领域的博弈是发达经济体与发展中经济体间矛盾的主要方面。特朗普执政后发布的《国家安全战略》明确把中国作为直接威胁和竞争对手,拜登政府发表的《国家安全战略》报告继承上届政府的论调,认为中国是既有意图又有能力重新塑造世界秩序的国家,是美国最主要的对手。与此同时,美国更是与欧盟各国、日本及加拿大等国家联手在贸易问题上抱团施压于中国。例如,美国在《美墨加协定》中加入所谓的"毒丸条款",即若三国中有一国与某个"非市场经济国家"签署自贸协定,则其他协议伙伴有权在6个月内退出USMCA协议,欲借此孤立中国。

(二)世界贸易组织改革的动因

WTO改革是当前国际经济关系博弈的焦点之一,其中既有WTO自身亟待改革创新的内在动因,也有来自美国的单边主义、贸易保护主义对全球贸易体系破坏的外在冲击。

1. WTO规则体系已不适应新的国际经济关系

现有的WTO国际经贸规则是基于传统的以管理货物贸易为主的贸易形态建立的,旨在促进成员间商品自由流动。然而,随着全球科技革命蓬勃发展、全球产业链和供应链布局深刻变化,数字贸易和跨境电商在全球范围内实现大幅度增长,服务贸易成为世界经济增长的重要动力源,全球贸易焦点逐步由货物向服务到数字贸易转变。2021年,全球服务贸易额为6.1万亿美元,占全球贸易总额的21.4%。其中,全球跨境数字服务贸易规模达到3.86万亿美元,同比增长14.3%,在服务贸易中的占比高达63.3%。① 因此,当前近乎全部制定于GATT时代的WTO规则体系已经严重滞后于世界经济贸易发展现实,规则和制度供给严重不足,在服务贸易、知识产权、电子商务、国际投资等领域存在严重的规则空缺。

此外,由发达国家和地区主导的高标准区域贸易协定正在削弱和边缘化WTO完善已有规则、制定新规则的职能。WTO自1995年成立至今未能完成一轮多边贸易谈判,多哈回合谈判除更新《政府采购协定》以及《贸易便利化协定》等几个为数不多的协定外,基本没有针对新的世界经济发展形势作出回应和调整。与此同时,双边或区域贸易协定逐渐成为推进全球贸易自由化、消除贸易壁垒的主要力量。截至2022年10月,已经有355个区域贸易协定向WTO报备并生效,其中1/3的国家和地区既参与了多边贸易规则框架,也参与了区域贸易规则框架。但是,由于WTO对区域贸易协定不具有约束力,许多"双重身份"成员对区域贸易协定的重视程度远大于多边贸易协定,导致WTO规则体系的影响力被削弱,给多边贸易体制带来了严峻挑战。

2. WTO自身存在制度性缺陷

作为WTO谈判的基本原则,协调一致原则通常是指只要有一位成员提出反对意见,协议就无法生效。换言之,在WTO决策中任何成员都拥有一票否决权。制定这项原则的初衷是保障相对弱小成员的利益不被忽视,避免强权控制。但是,协调一致原则对于WTO发展来说是一把"双刃剑",在保证公平的同时牺牲了效率。一方面,协调一致原则导致协商成本随着WTO成员数量增多而上升,即贸易协商成本边际递增。多哈回合谈判所遭遇的挫折已经充分证明众多处于不同发展阶段的WTO成员很难达成共识,协商一致原则成为

---

① 数据来源:2022年联合国贸易和发展会议发布的《2022年统计手册》(*Handbook of Statistics 2022*)。

WTO不可逾越的制度性障碍。另一方面,协商一致原则导致绝大多数成员的意愿因某一成员反对而无法实现,甚至个别成员会利用该原则挟持不相关议题作为"人质"进行谈判,以换取关键问题上的利益。

"单一承诺"决策规则是WTO谈判中重要的组成部分,是指在所有问题取得一致前不达成任何共识的方法。在设计之初,"单一承诺"是为了解决GATT时期谈判效率低下的问题,通过具有谈判意愿的成员间相互妥协让步最终达成协议。但是,在"单一承诺"的谈判方式下,各方在某个问题上的互不相让会导致整个多边贸易谈判无疾而终。多哈回合谈判就因发展中成员和发达成员在农产品补贴和关税以及非农产品市场准入这两大焦点议题上无法达成共识而被迫宣布终止。

3. 以美国为代表的发达国家和地区推行单边主义和贸易保护主义

2008年金融危机后,奥巴马政府实施"全球收缩、美国优先"的经济政策,对内通过减税和加息等政策措施来推动制造业回流,对外通过惩罚性关税和设置技术壁垒保护本国或地区产业。在此阶段,美国贸易政策开始调整,逐渐从多边转向区域、双边乃至单边。拜登时期继续推行"美国购买优先"计划,要求联邦政府采购的商品都必须在美国境内生产,同时继续对进口产品加征关税,以保护国内或地区内产业的利益。

二、世界贸易组织改革的焦点问题

根据美国、欧盟、日本、加拿大、中国等成员的WTO改革方案,我们可以总结归纳出以下四个各方最为关切且最具争议的焦点问题,以充分辨析各方在核心问题上的利益分歧点和交叉点。

(一)争端解决问题

作为WTO"皇冠上的明珠",争端解决机制(dispute settlement mechanism,DSM)自成立以来致力于化解成员间贸易争端、推动全球贸易自由化进程,至今已解决600余起纠纷。然而,美国认为争端解决机制存在效率低下、透明度不足、上诉机构屡屡越权等诸多问题,要求WTO必须针对争端解决机制进行永久且有效的改革,试图将其恢复至GATT时期无约束力的状态。基于此,2016年后,美国借助WTO基于公平性而制定的"协商一致"原则多次阻挠上诉机构法官遴选任命,使原本应由7名大法官组成的WTO"最高法院"于2019年陷入实质性瘫痪。2020年11月30日,上诉机构最后一名法官赵宏正式期满卸任。这意味着争端解决机制彻底停摆,WTO面临有史以来遭遇的最大危机,严重打击了多边贸易体制的正常运行。

面对争端解决机制的名存实亡,2018年11月,欧盟率先向WTO提交关于争端解决机制的改革提案,试图打破美国造成的僵局,但收效甚微。2019年11月,欧盟将目光瞄准WTO《关于争端解决规则与程序的谅解》第25条规定,建议WTO在上诉机构停摆期间采用临时上诉仲裁程序解决成员间的贸易争端。2020年1月24日,欧盟与包括中国在内的16个WTO成员在达沃斯世界经济论坛期间发表联合声明,决定建立"多方临时上诉仲裁安排"(Multi-Party Interim Appeal Arbitration Arrangement,MPIA)。同年4月,17个成员正式向WTO提交共同设立MPIA的通知,并提出对所有愿意加入的成员开放。然而,设立MPIA并非长久之计。作为临时上诉仲裁机制,它既不是WTO诸边协定也不是国际条约,在实际运作中面临参加成员有限、实际参与存在不确定等方面的困难,参与方的最终目标仍是启动上诉机构成员遴选程序、恢复上诉机构正常运转。

(二)"非市场导向"政策与做法

WTO建立的初衷是通过规范国际贸易行为推动贸易发展,而非限定一国(地区)经济发展模式。在GATT筹建之初,美欧曾放下意识形态分歧,专门针对苏联外贸体制提出特别条款。但由于苏联拒绝了筹办谈判邀请,GATT最终成为以市场经济为基础的国际贸易协定。虽然转型经济国家(地区)在入关或入世谈判过程中被要求调整经济体制以适应GATT/WTO贸易规则,但其并未对一国(地区)经济体制和发展模式作出具体规定。由于中国未按照美欧设想进行经济体制转型,同时近年来中国与美欧间的经济差距明显缩小,美、欧、日等发达国家(地区)指责中国通过"非市场导向"的政策和做法获取不公平的国际竞争优势,试图将"市场导向条件"融入WTO改革方案,以便在WTO层面继续对中国使用不平等的贸易措施。2017年以来的7份美日欧联合声明中,产业补贴、国有企业以及强制技术转让这三个议题已被捆绑为"非市场导向"经济体问题组合出现。

1. 产业补贴

在发达国家(地区)的经济发展进程中,补贴发挥了重要作用。WTO也意识到了这一点,因此在WTO框架内禁止采用一些如出口补贴、进口替代补贴的关键性补贴。现有关于补贴的多边贸易协定主要是《补贴与反补贴措施协议》(*Agreement on Subsidies and Countervailing Measures*),该协议对补贴进行了严格定义,并将其分为禁止性补贴、可申诉补贴、不可申诉补贴三类,规定成员通报其补贴情况。

中国是贸易保护主义的头号受害国,已经连续16年成为全球遭遇反补贴贸易救济调查最多的国家。2019年5月13日,中国向WTO正式提交《中国关于世贸组织改革的建议文件》,明确指出中国目前的补贴政策以不可申诉补贴为主,辅之以可申诉补贴,全面取消禁止性补贴,补贴方式和水平没有超过WTO允许的范围,并愿意通过加快改革进程来消除扭曲市场的补贴和不合理补贴。该文件进一步围绕贸易救济领域的相关规则提出了相应建议:一是恢复不可申诉补贴并扩大范围;二是澄清并加严反倾销价格比较相关规则,改进日落复审规则,探索反规避统一规则;三是澄清和改进补贴认定、补贴利益确定、可获得事实等补贴和反补贴相关规则,防止反补贴措施滥用;四是改进反倾销反补贴调查透明度和正当程序,加强效果和合规性评估;五是给予发展中成员、中小企业和公共利益更多考虑。

2. 国有企业

公平竞争是美国、欧盟等 WTO 成员在多个场合反复强调的 WTO 改革的重要议题。它们认为,国有企业依靠从政府获取优势资源的垄断权和优惠特权,开展缺乏经济合理性的市场行为和反竞争行为,从而导致不公平竞争。然而,现有的 WTO 规则体系中只有关于"国营贸易企业"的条款,并没有专门针对国有企业的规定和政策。因此,美国和欧盟主张将国有企业全部认定为《补贴与反补贴措施协议》中的"公共机构",从而将国有企业提供的补贴纳入 WTO 规则制约之下,呼吁 WTO 成员在涉及市场化条件的重要性方面继续合作,并着重强调要为国有企业设立额外的透明度和纪律规则。在实践过程中,发达国家(地区)一方面通过修改国内法限制国有企业,如强化投资审查制度;另一方面在签署的双边和区域自由贸易协定中加入国有企业专章,为国有企业设定了一系列严格的义务,如《美墨加协定》。各国(地区)虽然就国有企业议题在具体问题和具体规则条款上持有不同立场和主张,但大多数 WTO 成员支持将其纳入 WTO 改革进程。

对于国有企业规则的新发展,中国采取竞争中立政策,反对为中国量身定制一套制约国有企业发展的规则,对内进行国有企业改革,对外积极开展国有企业规则谈判,但注意在具体的规则领域采取不同的谈判立场。

3. 强制技术转让

强制技术转让问题是中美贸易摩擦中的焦点问题之一。2017 年 8 月 14 日,美国总统特朗普签署的行政备忘录指出,中国公布的与知识产权、创新及技术转让相关的法律、政策以及一系列的实践可能会起到鼓励或要求美国企业将技术转让给中国企业的作用,从而可能会对美国的对外出口、制造业,以及美国公民的创新所得等多方面产生消极影响。针对该行政备忘录中提出的问题,美国贸易代表办公室经美国总统特朗普授权展开调查,认为中国在应对外商投资的问题上存在通过限制外商投资、有选择地向外国投资者提供市场准入、以行政审批程序施压等方式强制技术转让的情况。

2018 年 9 月,美国、日本和欧盟发布的《美日欧联合声明》强调任何国家都不应要求或迫使外国公司向国内公司转让技术,包括通过使用合资要求、外国股权限制、行政审查和许可程序或其他方式。三方同意深化对各种有害技术转让政策和做法及其影响的调查和分析,并承诺采取有效手段对其进行制止。鉴于此,中国在《关于中美经贸摩擦的事实与中方立场》中明确指出,中国政府在中外企业合作中没有强制要求外商投资企业转让技术的政策和做法,并且通过修订相关法律法规已经明确禁止强制技术转让行为。

(三)"特殊与差别待遇"问题

"特殊与差别待遇"(special and differential treatment,SDT)问题是 WTO 发达成员与发展中成员最为对立的改革议题,其中"发展中国家"的界定标准是主要的分歧所在。现有的 WTO 协定中发展中成员身份基本采用"自我认定"方式,引发了诸多发达成员的不满。美国认为,中国、印度、巴西和南非等成员以人均收入较低为由将自己定义为发展中国家,从而享有一系列特殊待遇,但却拥有与许多发达国家相似的经济体量,不仅没有履行充足的 WTO 义务,还损害了其他按规则办事的成员利益,特别是真正需要 SDT 帮助的成员。2019 年 7 月 26 日,美国白宫发布的《改革世界贸易组织发展中国家地位备忘录》中明确表示,将出台对于发展中国家的认定政策,试图通过修改国内法适用世界银行的分类标准来影响 WTO 改革。欧盟也在 2021 年 2 月 18 日发布了一份名为《贸易政策审议——开放、可持续、鉴定自信的贸易政策》的文件,指出需要对特殊与差别待遇采用前瞻性的新做法,并着重提出中国应以身作则,不在任何正在进行的谈判中声称要求特殊与差别待遇。当前,以美欧为代表的发达成员主张对发展中成员进行细类划分,鼓励成员以统一的方式或以具体协议的方式从发展中成员阵营中"毕业"并选择不再享受特殊与差别待遇,巴西和韩国已经明确表示将在未来的 WTO 谈判中放弃特殊与差别待遇。

尊重各个国家的主权、平等对待不同发展模式是 WTO 成立之初的建制基础,坚持"特殊与差别待遇"条款更是 WTO 的重要基石。发展中国家(地区)在参与贸易谈判中遇到的最大、最实际的困难是能力缺失和谈判能力不足的问题,就发展中国家(地区)分类问题进行辩论是系统性和方向性错误。2019 年 11 月,由包括中国在内的 52 个成员共同向 WTO 总理事会提交了《关于"促进发展的特殊与差别待遇"联合声明》,着重强调 WTO 谈判必须保留 SDT 条款,同时允许发展中成员自我认定身份。

(四)数字贸易和电子商务

伴随着数字经济发展和全球化扩张,以信息通信技术和网络为基础的数字贸易蓬勃兴起,给现有国际贸易规则体系带来巨大挑战。虽然 WTO 在 20 世纪 90 年代末认识到电子商务的发展趋势并制定了一系列国际规则,但相关规则多零散分布于 WTO 框架下的协定文件及其附件中以及区域贸易协定中,WTO 成员尚未达成关于电子商务的多边协定,数字贸易规则呈现"碎片化"发展态势。

WTO 并未严格界定"数字贸易"和"电子商务"的概念,对数字贸易规则的讨论通常是在电子商务谈判中进行的。2017 年,43 个 WTO 成员在第十一届部长级会议上发表了第一份《关于电子商务的联合声明》,明确指出将推动 WTO 就贸易相关电子商务议题进行谈判。2018 年,日本、加拿大、澳大利亚等 11 个国家共同签署的《全面与进步跨太平洋伙伴关系协定》设立电子商务章节,为解决数字贸易问题开创了新局面。2019 年,近半数 WTO 成员签署了第二份《关于电子商务的联合声明》并顺利进行多轮磋商。同年 5 月,新加坡、智利、新西兰启动《数字经济伙伴关系协定》,并于 2020 年 6 月签署 DEPA。该协定主要包含电子商务便利化、数据转移自由化以及个人信息安全化三方面内容,围绕人工智能、金融科技等领域合作作出了规定。中国于 2021 年 9 月正式启动申请加入 CPTPP,11 月提出申请加入 DEPA,以期深入参与数字贸易全球规则的推进进程。

三、"中国方案"及相应举措

在世界经济深刻调整、单边主义和保护主义抬头、多边贸易体制遭受严重冲击的情况下,中国支持对WTO进行必要改革,以增强其有效性和权威性,推动建设开放型世界经济,构建人类命运共同体。为此,中国政府于2018年11月发布《中国关于世贸组织改革的立场文件》,全面阐述了中方对WTO和多边贸易体制改革的立场主张,提出改革应坚持三项基本原则:第一,维护非歧视、开放等多边贸易体制的核心价值,为国际贸易创造稳定和可预见的竞争环境;第二,保障发展中成员的利益,纠正WTO规则中的"发展赤字",解决发展中成员在融入经济全球化方面的困难,帮助实现联合国2030年可持续发展目标;第三,遵循协商一致的决策机制,在相互尊重、平等对话、普遍参与的基础上,共同确立改革的具体议题、工作时间表和最终结果。同时,在这份"中国方案"中中方还提出了五点具体主张。

2019年5月13日,中国进一步以立场文件为基础向WTO正式提交了《中国关于世贸组织改革的建议文件》,就四个重点行动领域和12个具体议题提出改革思路。

(一)解决危机及世界贸易组织生存的关键和紧迫性问题

1. 打破上诉机构成员遴选僵局

针对上诉机构彻底停摆的问题,中国已与多个WTO成员提交了关于争端解决上诉程序改革的联合提案,建议成员积极参与总理事会下的非正式进程,以案文为基础开展实质性讨论,以回应和解决个别成员就离任上诉机构成员过渡规则、上诉审查90天审理期限、国内法律含义、对解决争端非必要裁决、先例等问题提出的关注,并维护和加强上诉机构独立性和公正性,尽快启动上诉机构遴选程序。

2. 加严对滥用国家安全例外的措施的纪律

当前,美国为保护国内产业,以"国家安全"为借口对钢铁、铝加征关税,并威胁对汽车及零部件加征关税;在出口管制时,不恰当地扩大相关措施范围,并以不透明或不公正方式实施。对于这些扰乱国际贸易和市场秩序、干扰正常技术交流与应用的做法,中国提议有必要加严对以国家安全为由加征进口关税等做法的通报纪律,并为利益受影响成员提供更多、快速且有力的救济权利。

3. 加严对不符合世界贸易组织规则的单边措施的纪律

美国采取单边主义措施,任意提高进口关税,擅自增加贸易壁垒,在没有联合国授权或其他国际条约支持的情况下对他国(地区)实施经济制裁,连带对第三国(地区)国民或公司在海外的商业活动实施"次级制裁",严重违反国际承诺和世界贸易组织规则。中国建议考虑加强多边监督机制、增加紧急情况下受影响方快速获得临时有力救济的权利,加快争端案件诉讼程序,从而对单边主义做法加以约束。

（二）增加世界贸易组织在全球经济治理中的相关性

1. 解决农业领域纪律的不公平问题

在"综合支持量"(aggregate measure of support, AMS)方面，现行农业纪律存在严重不公平、不平衡、不合理的情况。部分发达成员享受承诺水平较高的 AMS，可以提供远高于微量允许水平的黄箱补贴，大多数发展中成员没有 AMS，甚至保障粮食安全所必需的收储政策也无法有效实施。针对这一问题，中方认为应逐步削减并最终取消 AMS，并达成关于粮食安全公共储备的永久解决方案，为发展中成员创造公平的市场环境，增强其保障粮食安全和生计安全的能力。

2. 完善贸易救济领域的相关规则

当前，多边贸易救济规则存在缺失和模糊之处，实践中误用和滥用规则的情况大量存在，基于国别（地区）和企业类别的歧视性做法日益增加，发展中成员、中小企业、公共利益未得到充分或适当考虑。为此，中方建议：第一，恢复不可申诉补贴并扩大范围；第二，澄清并加严反倾销价格比较相关规则，改进日落复审规则，探索反规避统一规则；第三，澄清和改进补贴认定、补贴利益确定、可获得事实等补贴和反补贴相关规则，防止反补贴措施滥用；第四，改进反倾销、反补贴调查透明度和正当程序，加强效果和合规性评估；第五，给予发展中成员、中小企业和公共利益更多考虑。

3. 完成渔业补贴议题的谈判

伴随着环境保护和可持续发展理念的深入人心，在"鱼类之友"集团的推动下，渔业补贴成为多哈回合谈判中一项单独的专门议题。自 2013 年以来，中国的渔业补贴政策逐渐发生变化：一方面，渔业补贴发展趋势注重避免产能过剩和过度不老问题，规避为其提供相关补贴；另一方面，注重提高研发、培训等不可申诉补贴的比重。中方支持规则谈判组主席制订的 2019 年工作计划，将继续以积极、建设性的姿态参与各种形式的磋商。

4. 推进电子商务议题谈判开放、包容开展

针对电子商务主编谈判目前出现的若干核心争议，中方建议：第一，坚持发展导向，重点关注通过互联网实现交易的跨境货物贸易及物流、支付等相关服务，在跨境电商便利化、电子签名、电子认证、在线消费者权益保护等领域建立规则；第二，制定发展合作条款，加强对发展中成员特别是最不发达成员的技术援助与能力建设；第三，尊重成员监管权利并照顾发展中成员具体关切，在技术进步、商业发展与各成员网络主权、数据安全、隐私保护等合理公共政策目标之间实现平衡，通过平等协商达成平衡、务实、各方都能接受的结果。

5. 推动新议题的多边讨论

在投资便利化议题上，中国呼吁建立专门磋商机制，在尊重成员监管权利的基础上，围绕增加透明度、提高行政效率、加强国际合作等要素，开展有效政策协调，探讨建立多边规则框架。同时，坚持以发展为核心，给予发展中成员技术援助和能力建设支持。在中小微企业议题上，通过促进信息获取、便利企业融资、降低贸易成本等方式，让中小微企业更好地参与国际贸易并从中受益。

(三) 提高世界贸易组织的运行效率

1. 加强成员通报义务的履行

中国建议：一是发达成员在履行通报义务上发挥示范作用，确保通报全面、及时、准确；二是成员应提高补贴反向通报质量；三是成员应增加经验交流；四是秘书处应尽快更新通报技术手册并加强培训；五是应努力改进发展中成员通报义务的履行，对于确因能力不足无法及时履行通报义务的发展中成员特别是欠发达成员，应通过技术援助加强其通报能力建设。

2. 改进世界贸易组织机构的工作

中国建议成员积极探索提升世界贸易组织效率的方式方法，包括但不限于：改进各机构议事程序；根据各机构实际情况增加或减小会议频率；鼓励秘书处加强对重要经贸议题的研究，加强与其他国际组织的合作，帮助发展中成员妥善应对和解决例会具体贸易关注；进一步增强秘书处的代表性，稳步增加来自发展中成员的职员占比等。

(四) 增强多边贸易体制的包容性

1. 尊重发展中成员享受特殊与差别待遇的权利

特殊与差别待遇条款是WTO授权条款赋予发展中国家的权利。中国是世界上最大的发展中国家，愿意在WTO中履行与自身发展水平和能力相适应的义务，但绝不允许任何成员剥夺中国理应享受的发展中成员特殊与差别待遇。中方建议：一是加大对世界贸易组织现有特殊与差别待遇条款的执行和监督力度，特别是欠发达成员关注的"免关税、免配额"待遇和服务豁免机制实施；二是增加技术援助的针对性和具体性，确保其有助于发展中成员融入多边贸易体制和全球价值链；三是根据《多哈部长宣言》要求，继续推进特殊与差别待遇条款的谈判；四是在未来贸易投资规则制定中，为发展中成员提供充分有效的特殊与差别待遇；五是鼓励发展中成员积极履行与其发展水平和经济能力相符的义务。

2. 坚持贸易和投资的公平竞争原则

中国认为，对公平竞争的讨论不应超出WTO现有框架和原则，WTO改革应尊重成员各自的发展模式，确保不同所有制企业在进行商业活动时的公平竞争环境。在补贴相关纪律讨论中，不能借世界贸易组织改革对国有企业设立特殊的、歧视性纪律。在外资安全审查中，实行公正监管，按照透明度和程序适当原则，对来自不同所有制类型企业的同类投资提供非歧视待遇。

第三节 国际经贸规则的新动向

当今世界正面临百年未遇的大变局，国际经贸规则变化成为全球经济秩序大调整大变革的突出体现,全球由经济之争转向规则之争、制度之争。本节分析国际经贸规则重构的本质与内涵,总结国际经贸规则的主要变革趋势以及中国在规则体系中扮演的角色。

一、国际经贸规则重构的本质与内涵

基于马克思唯物主义历史观,国际经贸规则重构的本质是国际上层建筑对国际生产分工及分配方式这一国际经济基础变化的适应与反作用过程。在这一过程中,国际经贸规则重构既包括规则主导国构建有利于本国经济发展的国际新规则体系,在新一轮全球化中谋求更大的收益,也包括原有在国际体系中的主导国通过规则约束其他经济体的发展来维持原有的竞争优势及分配利益。简单来说,国际经贸规则重构本质上是一种原则性的重新构建,而不仅仅是新议题、新规则的扩展和深入。2018年初,美国开启以"美国优先"和"促进公平竞争"为目标的国际经贸规则体系的重构步伐,并形成"协调的单边主义"模式。美国试图通过国有企业、竞争中性、知识产权保护、政府采购、补贴、劳工标准等"边境后措施"推动各国国内规则协调与结构改革,迫使发展中国家群体被迫接受超越自身发展阶段和水平的准入门槛,加快打造美国主导的以市场为导向的国际经贸规则体系。

当前,国际经贸规则重构的内涵特征主要体现在两个方面:一是国际经贸规则重构的本源力量来自美国对世界经济的再平衡战略。美国通过降低国内监管负担、促进税收改革、改善基础设施等重振美国经济、促进投资回流并扩大就业。同时,以贸易为卡口,对美国进口产品分别采取"232调查"和"301调查",其中对中国的"国别调查"是重中之重。二是国际经贸规则重构的过程凸显美国"协调的单边主义"特征。美国立足七国集团,以美欧日为核心统一立场,在加严外国投资安全审查和高科技产品出口管制、有选择地加快与"志同道合"伙伴的贸易协定谈判、构建针对"非市场经济"规则等方面发力。

二、国际经贸规则的主要变革趋势

在多边贸易体制遭遇单边主义和贸易保护主义严重挑战之际,美国、欧盟各国、日本、加拿大、中国等国家(地区)先后就改革向WTO提交了书面意见,并通过实施自由贸易区战略增强各自在全球经济治理体系中的话语权。通过以往签署生效的各类贸易协定,可以发现新一轮国际经贸规则在构建过程中呈现一些鲜明的特征及趋势。

(一)自由贸易协定成为主导力量

从20世纪80年代末期开始,世界经济进入经济全球化阶段,以WTO为核心的多边贸易体制不能有效地适应世界经济发展的新形势、新特点,多边贸易谈判停滞不前。与此同时,世界各国(地区)纷纷开始在区域或次区域层面发展国际贸易,区域贸易协定(Regional Trade Agreement,RTA)成为各国(地区)之间开展经贸合作、巩固政治关系的重要方式,在以下诸多方面均取得了重大突破。

(1) 签订 RTA 的国家(地区)数量激增且增速较快。在 GATT 时期 RTA 发展缓慢,到 1994 年底仅签订了 124 个 RTA;从 WTO 成立到 2007 年次贷危机爆发,RTA 数量新增了 203 个,而危机爆发后至 2022 年 10 月增加了 291 个,增速明显提高。①

(2) 不同经济发展水平成员间合作日盛,合作类型更加多样化。RTA 所涉及的成员不断增加,目前所有 WTO 成员均至少签订了一个 RTA,且发达成员和发展中成员之间以及发展中成员之间签订的 RTA 数量急剧增加。截至 2022 年 10 月,发达成员之间的有效 RTA 数量为 19 个,而发达成员与发展中成员之间以及发展中成员之间的有效 RTA 数量分别为 200 个和 160 个。在合作形式上,自由贸易协定是当前主要的合作方式,占有效 RTA 总数的 83.9%;其次为关税同盟,占总量的 7.9%;区域贸易协定的方式则日益增多,占据总数的 7.7%。①

(3) 经济因素在 RTA 中占主导地位,但政治因素的影响不断加深。现阶段各国(地区)签订 RTA 已经不仅仅是出于降低贸易成本、增加贸易量,还有政治诉求以及争夺国际经贸规则制定权方面的考量,在考虑资源、技术、资金、市场等方面优势的同时,也将国家安全、外交政策等纳入核心考虑因素。例如,USMCA 中的"毒丸条款"就是美国借非市场经济的名义公然阻挠中国与他国(地区)订立自贸协定、在国际市场上打压中国的一个鲜明体现。

虽然自贸协定一般都是"WTO+",不仅包括货物贸易、服务贸易和投资的开放,而且货物贸易、服务贸易开放的水平比 WTO 的开放水平高得多。但是,自贸协定不能够代替多边贸易体制,如农业补贴问题、粮食安全的公共储备问题等都只能在多边贸易体制内来解决。因此,多边贸易体制和区域自贸协定安排都是推动经济全球化,国际贸易投资自由化、便利化的两个重要轮子,二者是互补的关系,不是谁替代谁的关系。

(二) 由商品和要素流动型开放向规则等制度型开放转变

商品和要素流动型开放是传统经贸规则的主要内容和特点,本质上属于"边境开放",即以商品服务或投资跨越关境时的措施为主要对象,通过降低乃至取消贸易和投资壁垒的方式推动国际贸易投资自由化、便利化。受贸易保护主义的影响,依托"边境开放"的发展模式受到严重干扰,同时缺乏对高端和创新性生产要素的吸引力和集聚力,已经无法满足经济全球化发展新形势的需要。因此,国际经贸规则出现大调整,朝着高标准化方向发展,在继续推动商品和要素流动型开放的同时更加注重规则等制度型开放,从以往降低关税和非关税壁垒的"边境开放"向以贸易和投资便利化、知识产权保护、环境政策、政府采购、竞争中立等为特征的"境内开放"拓展和延伸。

例如,USMCA 共有 34 个章节,内容是 NAFTA(北美自由贸易协定)的近 3 倍。范围上覆盖了知识产权、数字贸易、货物贸易、金融服务、劳工权益、环境保护、原产地规则、纺织

---

① 数据来源:WTO RTA Database。

品和农产品部门等,为历史上涵盖最广的贸易协定,并前所未有地加入了宏观政策和汇率章节。2022年1月1日生效的《区域全面经济伙伴关系协定》将"中小企业"单独设章,提出将中小企业纳入区域供应链的主流之中,充分共享涉及中小企业的信息。

(三) 强化"三零"规则

"三零"(即"零关税、零壁垒、零补贴")国际经贸规则是当前国际经贸规则变革的重要趋势,已经成为美欧等区域自由贸易协定谈判的重要内容。实际上,"三零"规则主要是指最大限度地消除绝大多数贸易品的关税、各种非关税壁垒和各种扭曲市场价格的产业补贴,消除的过程是循序渐进的,并不表示立即和完全取消。美国在七国集团(G7)加拿大峰会上首次提出了"三零"目标,并将取消美欧非汽车工业产品的关税、非关税壁垒和补贴写入2018年7月的《美欧共同声明》中,美欧双方正朝着"零关税、零非关税壁垒和非汽车类工业产品零补贴"的目标共同努力。2019年2月,《欧日经济伙伴关系协定》(*EU-Japan Economic Partnership Agreement*,欧日EPA)正式生效,标志着占全球国内生产总值近三成、涵盖6.4亿人口的巨大自由贸易区诞生。该协定涉及立即或分阶段取消大部分关税、逐步取消非关税壁垒、在服务和知识产权领域加强合作增加开放程度等多方面内容。USMCA于2020年7月1日生效,主要内容涉及美国、墨西哥和加拿大三国间实现农产品和汽车配件零关税、不对出口到对方市场的产品使用出口补贴或WTO特殊农业保障措施等系列条款。"三零"国际经贸规则反映了美欧日发达国家(地区)的主要诉求,是一个新形势下国际贸易发展的必然趋势。中国也以"三零"规则为导向推动自贸区谈判进程,在上海自贸区先行实验。

(四) 数字贸易成为新的竞争焦点

传统贸易时期,国际经贸规则主要解决货物贸易壁垒和关税减让问题,自GATT成立至乌拉圭回合谈判结束,发达国家(地区)工业产品平均关税已从40%下降至4.7%,发展中国家(地区)关税下降至13%。随后,伴随着中间品贸易、对外投资和服务外包兴起,全球服务贸易增速逐步超过货物贸易,国际贸易开始迈入价值链贸易时代,国际经贸规则聚焦于服务业市场准入、投资便利化、知识产权保护等非关税壁垒。近年来,以大数据、云计算、物联网、人工智能为代表的新一代信息技术快速崛起,数字贸易成为新一轮经济全球化的重要驱动力量,但全球数字贸易规则体系尚未成熟,数字经贸规则制定变为各方主导权博弈的新焦点。2012年以来,超过90%的服务贸易协定中包含数字贸易条款或专章;2019年以来,部分国家(地区)签署数字经济和贸易合作专门协定,数字经贸协定数量超过服务贸易,截至2021年底,共119个国际经贸协定中包含数字相关规则,覆盖全球110个国家(地区),充分凸显了新一轮国际经贸规则对数字贸易的重视。

(五) "负面清单"+"准入前国民待遇"模式成为重要模板

作为各国(地区)经济发展和对外合作竞争的新支点,服务贸易开放的水平在日益提高,同时也成为新一轮国际经贸规则重构的重点。在信息化和数字化时代,技术创新推动应用模式和业务形态高速迭代,不同业务之间相互交融,导致传统投资和服务贸易规则体系中整体采用的分行业正面清单模式,逐渐被"负面清单"+"准入前国民待遇"所取代。负面清单是指国家(地区)规定在特定领域对外商投资实施的准入特别管理措施,对负面清单之外的外商投资给予国民待遇。相较正面清单模式,负面清单可以避免造成开放的碎片化,便于提高开放的系统性和制度性、增强政策的透明性和可预测性。当前的《服务贸易总协定》仍以正面清单为主,但《全面与进步跨太平洋伙伴关系协定》和《美墨加协定》在服务贸易和投资领域均采用了负面清单模式,而《区域全面经济伙伴关系协定》在服务贸易上正面清单和负面清单共存,但其成员承诺在协定生效后 6 年内全面转化为负面清单。

准入前国民待遇是指在投资准入阶段给予外国投资者及其投资不低于本国投资者及其投资的待遇。美国从 20 世纪 50 年代开始大力推行旨在保护国际投资的双边条约(Bilateral Investment Treaty,BIT),而美国 BIT 最主要的特点就是坚持要求使用"准入前国民待遇"。CPTPP、USMCA 以及 RCEP 在投资规则中均实行了准入前国民待遇。为了推动开放型经济新体制以及开放型世界经济体系建设,中国于 2013 年实施了自贸区升级战略,建设上海自贸区并在自贸区内探索建立投资准入前国民待遇和负面清单管理模式。

三、中国角色:从适应规则到积极参与和引导规则

党的十八大以来,中国始终积极参与全球经济治理,推动国际经贸规则变革,在 G20 峰会、金砖国家峰会、APEC(亚太经济合作组织)峰会、上海合作组织峰会、世界经济论坛、博鳌亚洲论坛等平台不断提出新理念、新倡议与新方案,中国正逐步由传统规则的追随者、融入者、接受者转变为新规则的参与者、创造者和引领者。本节以 1978 年改革开放、2001 年正式加入 WTO、2008 年金融危机爆发为分割点,划分出以下中国参与全球经济治理的四个不同阶段,以逐步厘清在不同阶段下中国在国际经贸规则改革中扮演的角色和主要特征。

(一)第一阶段:疏离与抵制(1949—1978 年)

中华人民共和国成立后的很长一段时间里,中国处于以美国为首的资本主义阵营和以苏联为首的社会主义阵营对峙的国际环境中。东西方冷战的格局和中国的国家性质导致中国在国际事务中频繁遭到美国及其盟友的敌视和排斥,西方国家拒绝承认新中国并采取了"遏制孤立"政策,对中国实施全方位的封锁,如政治孤立、经济封锁、军事威胁等,使得中国在 20 世纪五六十年代对当时由西方主导的全球事务治理体系持疏离的态度。伴随着中苏关系的恶化和中美关系的缓和,中国从 1969 年开始与西方发达国家建立正常外交关系,1971 年恢复了联合国合法席位,这是中国试探性融入全球治理体系的起点。

(二) 第二阶段：探索与融入(1978—2001年)

改革开放是中国对国际机制的态度发生重大变化的转折点。中国自1979年设立"经济特区"和允许外资在华设立企业以来，通过招商引资和大力发展加工贸易，实现了从封闭经济向开放经济转变。随着改革开放政策取得显著成就，为适应全球化进程和加速融入全球经贸规则体系，中国驻日内瓦代表团大使钱嘉东代表中国政府于1986年7月10日正式提出恢复中国在GATT中缔约方地位的申请。随后，中国展开了长达15年的"复关"及后来的"入世"艰难谈判，整个谈判进程与中国不断扩大的改革开放进程相伴随，既是中国融入全球多边贸易规则体系的过程，也是中国逐步提高开放水平和推动国内贸易制度升级完善的过程。此间，中国对外开放的大门越开越大，贸易制度的国际化水平不断提高，在全球多边贸易治理体系中的影响力逐步提升。最终，中国于2001年12月11日正式加入WTO，成为中国改革开放进程中最重要的里程碑事件。

从改革开放到加入WTO，是我国融入国际秩序、主动引入和努力对标国际经贸规则的重要时期。在此期间，中国陆续加入了经济、安全、环境等领域的国际协定及国际组织，越来越多支持和参与国际通行的沟通协调机制。改革开放前的1977年，中国加入的政府间国际组织有21个，到冷战结束前的1989年增加到37个，同期中国参加的非政府间国际组织则由71个增加到677个，到1997年两者分别增加到52个和1163个，中国几乎加入了联合国体系中所有重要的政府间组织。1977年，中国签署或宣布承认的国际条约和国际协定有45项，从改革开放至冷战结束有112项。[①]

(三) 第三阶段：转型与建设(2001—2008年)

2001年加入WTO是中国深度参与经济全球化的里程碑。在加入WTO初期，中国贸易制度改革和完善主要是围绕市场准入和履行入世承诺，在提高法律法规透明度、保护知识产权和完善政府采购体系等方面加快立法，逐步建立与多边经贸规则接轨的贸易制度体系，贸易制度的建设重点在货物贸易领域。伴随经济崛起和全球贸易地位提升，中国在多边贸易体系中的角色作用愈加突出，逐步从多边贸易规则的接受者向建设者转变。2001—2005年，中国实现大部分产品的降税承诺，关税总水平从2001年的15.3%下降至9.9%[②]，逐步开放服务贸易市场，并对国内有关知识产权保护的法律法规进行适当的修正和规范，在国际市场上树立了"重承诺、负责任、守信用"的中国形象。

此外，中国还积极参与多边贸易谈判，提升了发展中国家(地区)在国际贸易中的话语权，改变了全球多边贸易规则仅由发达国家(地区)主导制定的历史格局，并力促全球多边贸易体系朝着更加公平合理的方向演进。中国一直是亚太合作的深度参与者、坚定支持者

---

① 张清敏.冷战后中国参与多边外交的特点分析[J].国际论坛,2006,8(2):55-61.
② 李忠峰.积极履行降税承诺 促进经济高质量发展[N].中国财经报,2021-12-09.

和重要贡献者。1991年11月,中国正式加入亚太经济合作组织(Asia-Pacific Economic Cooperation,APEC),随后积极参与 APEC 领导人非正式会议,就全球及地区形势、亚太区域合作、APEC 未来发展等一系列重大问题阐述看法和主张。2001年,中国举办 APEC 第九次领导人非正式会议,并发表《上海共识》,在21世纪伊始有力促进中国与亚太经济合作组织成员双边关系发展,彰显中国国际地位与影响力。

(四)第四阶段：深度参与(2008年至今)

2008年全球金融危机爆发后,西方发达国家为渡过难关,决定在平等参与的基础上与中国等新兴市场国家开展对话,将G20由财长和央行行长会议升级为领导人峰会,世界经济格局开始发生实质性变革,新兴经济体和发展中国家的群体性崛起打破了发达国家在国际经贸规则体系中的垄断地位。中国首次以塑造者、创始国和核心参与者身份参与全球经济治理机制,全面参与G20框架下的国际经济合作,积极推动全球经济治理改革。

随着经济实力和国际地位的不断提升,中国逐渐深入并参与新一轮国际经贸规则构建,2013年11月通过的《中共中央关于全面深化改革若干重大问题的决定》中明确提出"国际贸易规则正处于新一轮变革和重构期,中国要培育参与并引领国际经贸规则制定的新能力"。同年,中国提出了共建"丝绸之路经济带"与"21世纪海上丝绸之路"(简称"一带一路")的倡议,旨在通过加强国际合作、对接彼此发展战略、实现优势互补、促进共同发展。2016年11月17日,"一带一路"倡议首次被写入联合国大会决议,得到了193个会员国的一致赞同。2017年9月11日,第71届联合国大会又通过决议,将"一带一路"倡议中的"共商、共建、共享"原则纳入全球经济治理理念。为支持"一带一路"倡议,中国还发起创立了亚洲基础设施投资银行,设立了丝路基金。此外,中国还分别于2010年和2012年提议建立了上合组织开发银行和金砖国家新开发银行,上述新型区域性国际金融机构打破了现行由欧美日主导的由世界银行、IMF构成的国际金融体系,体现了由新兴市场经济体主导的新型国际金融与货币新规则。

新冠病毒感染疫情暴发后,世界正处于百年未有之大变局,全球经贸治理体系加速重构。在这一变局下,中国、日本、韩国、澳大利亚、新西兰与东盟十国共同签署的 RCEP 于2022年1月1日对中国正式生效。RCEP 最大限度兼顾了各方诉求,在追求高标准的同时体现出更多的包容性,是发展中国家和地区参与国际经贸规则重构的重要平台。中国正在绘制一份立足周边、辐射"一带一路"、面向全球的自由贸易区网络图,从而构筑起中国自贸区战略的骨架,深度参与国际规则制定和全球贸易治理。

【本章复习思考题】

1. 阐述 WTO 的主要职能及基本原则。
2. 根据美国、欧盟、日本、加拿大、中国等成员的 WTO 改革方案,总结出 WTO 改革的争论焦点问题。

3.新一轮国际经贸规则在构建过程中呈现鲜明的特征及趋势,结合这些特征及趋势,思考在中美博弈的背景下中国应当如何对国际经贸规则进行重构。

4.自20世纪50年代以来,中国在国际经贸规则体系中经历了哪几个阶段?总结各阶段中国所扮演的角色以及主要特征。

【本章荐读书目】

1.石广生.中国加入世界贸易组织知识读本[M].北京:人民出版社,2001.

2.薛荣久,屠新泉,杨凤鸣.世界贸易组织概论[M].北京:清华大学出版社,2018.

3.苏宁,沈玉良.改革开放40年中国参与全球经济治理的历程与特点[M].上海:上海社会科学院出版社,2019.

4.王新奎.全球贸易生产布局调整与国际经贸规则重构新趋势[M].上海:上海人民出版社,2021.

【即测即练】

第七章

经济全球化与国家经济安全

【本章学习目标】

(1) 了解国家经济安全的内涵和构成内容;
(2) 熟悉全球化对国家经济安全的影响;
(3) 分析影响国家经济安全的主要因素;
(4) 提出维护国家经济安全的对策措施。

【本章基本概念】

总体国家安全观;国家经济安全;产业链安全;数字经济安全;世界经济危机;国际金融危机;国际贸易摩擦

自 20 世纪 70 年代以来,科学技术革命推动以跨国公司为主导的经济全球化,各国或地区之间的经济联系日益紧密,国际生产与生活方式日新月异。经济全球化不仅使世界各类型国家或地区广泛参与世界经济,也深刻改变了世界经济格局和国际经济体系,国际竞争与合作表现出新特点。经济全球化是一把"双刃剑",在为世界各国或地区带来经济发展机遇的同时,也带来了世界经济和国(地区)别经济稳定与安全的挑战。

第一节 国家经济安全的含义界定与特征

一、国家经济安全的提出与内涵

(一) 国家经济安全的提出

国家经济安全问题伴随着主权国家的诞生而产生,是国家安全的重要组成部分,不同的历史时期、不同的发展阶段,国家经济安全的地位和内涵不尽相同。第二次世界大战后和平与发展成为时代主题,全球化进程进一步加快,国家安全不断被赋予新的内容,经济、资源、文化、社会、生态等领域的安全问题愈加突出。这一时期美国经济一枝独秀,在向全球进行经济扩张的同时,其经济安全问题受到重视。20世纪70年代两次石油危机的爆发,使日本以重化工行业为主的产业结构遇到挑战,日本开始探寻"日本生存空间和经济安全问题"。20世纪80年代,美、苏两极争霸和美、日、西欧三足鼎立的国际经济竞争日趋激烈,越来越多的国家将经济安全作为国家安全的重要内容。20世纪90年代,经济全球化纵深推进,世界性金融危机时有爆发[①],大国间的竞争从政治、军事竞争逐步转向经济、科技竞争,国家经济安全成为国家综合安全的核心内容。与此同时,一些国际组织如国际货币基金组织、世界银行、经济合作与发展组织等开始重视世界经济稳定和国家经济安全问题,并展开了深入的研究与探讨。进入21世纪以来,伴随着"一超多强"国际经济格局的形成和新兴市场国家的群体性崛起,全球经济一体化空前发展,价值链分工网络逐步形成,各国经济联动性和依赖性明显增强,国家间经济利益关系变得更为复杂,经济安全风险更为增大。特别是近年来,世界进入百年未有之大变局,国际经济不确定性和外生冲击时有发生,不同类型国家纷纷加强了对本国经济安全的保障与维护。从一定程度上看,国家经济安全已成为国家安全的核心和基础。

1. 美国对经济安全问题的关注

美国学者最早提出"国家经济安全"的概念。继1943年国际问题专家沃尔特·李普曼提出"国家安全"概念后[②],1977年,美国学者莱斯特·布朗认为,需重新定义国家安全,并指出经济方面的成就对国家安全具有重要意义。1990年,美国战略管理学家波特在《国家竞争优势》中认为,产业安全是经济安全的重要组成部分,如果一国产业面临国外诸多更高生产率竞争对手,其经济发展与安全将受到威胁。波拉斯(Borrus,1992)认为,经济安全是一种构建新国际政治经济框架和规范的能力。钮和沃尔夫(New & Wolf,1994)提出经济安全是一项保护和提高美国经济利益的能力,经济安全可以使美国在面对外来冲击时免于受损。唐纳德·洛斯曼(2001)指出,不应将"经济安全"与"国家安全"等同起来,经济安全有其特定的构成内容和实现途径。次贷危机爆发后,美国学者更多开始从金融安全的角度定义经济安全,如德罗萨(DeRosa,2008)指出,金融危机根源于信用危机,对美国经济安全构成重要威胁。在美国学术界对经济安全进行讨论的同时,美国政府也加强了对国家经济安全的治理。总体来看,美国各届政府关于国家经济安全的施政方针都包括在其向国会提交的《国家安全战略报告》中。[③] 经过不断积累,美国已形成连续且具体的经济安全目标,建立了一套较为完整的保障经济运行安全的法律、法规和组织体系。与此同时,国内外环境的变化、政党执政理念的差异、总统战略判断差异等因素等决定了美国国家经济安全体系的

---

① 20世纪90年代,全球范围内先后发生了三次大范围的经济金融危机,分别是欧洲货币体系危机(1992—1993年)、墨西哥比索危机(1994—1995年)和东南亚金融危机(1997—1998年)。

② 沃尔特·李普曼在1943年出版的《美国对外政策:共和国之盾》中提出了国家安全概念,认为,当一个国家不必为避免战争而牺牲其合法价值,而在受到挑战时又能够通过战争来维护其合法价值时,这个国家就是安全的。

③ 自1986年美国国会通过《戈德华特-尼克尔斯国防部改革法》开始,历届美国总统都需向国会提供《国家安全战略报告》。

差异。

2. 日本对经济安全问题的关注

20世纪70年代,两次石油危机的冲击使日本深刻认识到经济发展中的脆弱性和安全性问题,迫切需要解决"资源小国"与"经济大国"之间的矛盾。1976年,日本政府制订《七十年代前期经济计划》,首次提出经济安全问题,认为经济发展过程中必须关注资源、能源、粮食等经济安全问题。20世纪70年代末80年代初,日本在其《八十年代通商产业政策设想》和《确立经济安全保障目标》等报告中较为全面系统地阐述了经济安全保障的战略构想,指出"经济安全保障主要运用经济手段来应对国际因素引发的重大威胁"。日本国家经济安全战略的内涵主要包括四个方面:一是综合观,认为国家经济安全保障,除经济角度外,还需从政治、军事、外交、文化、社会等多个方面综合考虑;二是全球观,认为面对世界经济一体化步伐不断加快,除立足国内外,还需在世界经济政治体系框架下综合考虑;三是全民观,认为保障国家经济安全不能单纯依靠政府,还需在公共机构、企业、个人等各阶层确立相应的反危机体制;四是发展观,认为随着国内外经济形势的变化,国家经济安全的重点也会发生变化,国家经济安全政策体系需不断进行调整和向前发展。总体来看,日本的国家经济安全观认为,国际因素对其经济安全影响较大,应更多侧重防范和化解外部因素对国家经济安全的冲击,在能源、农业、金融、外贸等重点领域通过法律和经济手段维护本国经济安全。

3. 欧盟对经济安全问题的关注

欧盟作为世界上一体化程度最高的经济体,其经济安全问题形成于第二次世界大战后的一体化进程中。随着一体化进程的不断推进,欧洲安全问题开始从领土完整、军事安全发展到国家综合安全,除传统政治安全外,还包括宏观经济稳定、生态环境保护等多个方面。第二次世界大战后初期,面对美、苏两极争霸,为避免欧洲再次成为战争策源地,欧洲主要国家集中力量推进一体化组织建设,将各国战略物资生产紧密地结合在一起,由共同的超国家一体化组织进行管理,以期维护欧洲政治军事势力的平衡,经济问题和安全仍处于次要地位。1957年《罗马条约》签订,条约第二款中明确提出"通过建立共同市场和逐步使各成员实行相接近的经济政策,促进整个共同体经济协调发展,持续增长,增强稳定性"。[1] 欧洲共同体成立后,一方面新成员不断加入;另一方面经济一体化进程加快、层次不断提高,经济安全问题不断凸显,并成为国家安全的重要组成部分。东欧剧变深刻改变了欧洲国家体系结构,强化了欧洲各国间军事安全和经济安全的相互联系。各国普遍认识到,在经济领域更深层次合作的可能性和必要性正在增强。通过经济合作,欧洲可以抵御美国单极格局的冲击,同时缩小内部的发展差距。1992年《马斯特里赫特条约》签订,欧洲联盟正式成立。成立后不久,欧盟开始推进扩大计划,广泛吸收中东欧国家广泛加入。欧盟东扩:一方面消除了中东欧国家经济政治体制改革可能给欧盟带来的不利影响;另一方

---

[1] 中国现代国际关系研究院经济安全研究中心.国家经济安全[M].北京:时事出版社,2005.

面,成员财政、货币政策的统一为欧盟经济安全提供了更为坚实的基础。

(二)国家经济安全的内涵

国家经济安全既是一个包容性很强的学术概念,也是一个实务性很强的政策概念,目前还没有形成统一的认识。现有研究大多从宏观和微观的角度对国家经济安全进行界定。从宏观角度来看,国家经济安全反映的是主权国家的经济发展和经济利益不受内外部因素与不确定性冲击及威胁的状态。从微观角度来看,国家经济安全包括国民个人和社会各阶层的经济安全,如保障个人生产和生活的正常需要,保持社会各阶层的和谐繁荣,建立效率与公平兼顾的社会发展机制,消除贫困、打击犯罪、控制腐败等消极现象,尊重多数人的权利和选择等。

国内学术界对国家经济安全的内涵界定有两种观点:第一种观点是状态说。这种观点认为,国家经济安全是指主权国家的经济发展和经济利益不受外部和内部的威胁而保持稳定、均衡、可持续发展的一种经济状态。国家经济安全具体表现为国家经济主权独立,支柱产业和战略性新兴产业的国际竞争力不断增强,经济发展所依赖的市场和资源供给得到有效保障,经济发展的进程能够经受国内外经济动荡的冲击。第二种观点是能力说。这种观点认为,国家经济安全凸显于经济全球化过程中,在愈加开放的环境中,国家经济安全是本国经济因素综合抵御国内外风险的能力。

总体来看,国家经济安全的内涵因时代不同、国家不同、发展阶段不同而不同,这是由国家经济安全的国家性和历史性造成的。在经济全球化过程中,国家经济安全的内涵不断丰富。国家经济安全既是一种状态,又是一种能力,当国家经济利益受到内外部风险冲击时,要求确保基本经济制度和经济体制安全,通过强化风险超前感知和科学预判,捍卫自身经济利益,不断提高国家经济整体实力、国际竞争力,使国家根本经济利益处于一种不被威胁的状态。首先,国家经济安全要求确保基本经济制度和经济体制安全。只有保证基本经济制度和经济体制安全,才能实现国家经济主权独立,经济运行环境安全稳定,经济体制机制正常运行,经济持续发展。其次,国家经济安全要求经济运行达到不受威胁的状态。经济安全的本质是对国家根本经济利益的维护,这就要求社会再生产各环节比例协调、运转良好,经济运行所需资源能源供需平稳,关系国民经济命脉的行业和关键领域安全,重大基础设施和重大项目建设运行可靠,核心技术和研发关键环节创新稳定。再次,国家经济安全要求不断提高维护经济利益的能力。国家经济实力不断提高,国际竞争力不断增强,才能具备更为充分的抵御各类内外部冲击和威胁的能力,才能从根本上维护国家经济利益。最后,国家经济安全要求不断强化对风险的感知预判能力。全球化背景下经济风险来源广泛,充满不确定性,必须增强忧患意识,坚持底线思维,加强风险预判,关口前移、防小防早,做足源头治理、前端处理。健全制度机制,真正把经济安全风险和威胁解决在萌芽之时、成灾之前。

二、国家经济安全的构成内容

国家经济安全是国家安全的基础。[①] 在全球化进程不断加快的当代,国家经济安全的构成内容和时空领域比任何时候都要宽广。具体来看,国家经济安全主要包括经济制度安全、财政安全、金融安全、产业安全、资源能源安全、数字经济安全等。

(一) 经济制度安全

经济制度安全是经济安全的基础,只有保证经济制度安全,才能使国家经济主权独立、经济体制运行正常、经济环境安全稳定。

经济制度是占社会主要地位的生产关系的总和。经济制度构成经济基础,决定着政治制度、法律制度、文化制度和社会思想意识形态等上层建筑。经济制度是区分不同社会经济形态的标准,也是区分同一社会形态不同发展阶段的标准。经济制度对生产力的发展和社会的进步具有反作用。先进的经济制度会推动生产力的发展和社会的进步,落后的经济制度则会阻碍生产力的发展和社会的进步。不改变旧的经济制度,生产力就不能发展,必然爆发社会革命。社会革命的结果是推翻旧的经济制度,建立新的经济制度。随着经济制度的变革,政治、法律、文化、思想等上层建筑领域也会发生相应的变革。

经济制度中的基本经济制度是国家根据社会性质、发展阶段、基本国情等对生产资料归属、劳动者生产地位和关系、产品分配体系及资源配置模式所作出的制度安排。它是社会经济在生产关系中最基本的规定,是社会经济制度体系中具有长期性和稳定性的部分,对于社会制度体系的属性、利益关系具有基础性和决定性的作用。

维护经济制度安全,核心就是坚持基本经济制度不动摇,并通过不断深化改革,巩固和发展基本经济制度,不断提高国家的经济整体实力、竞争力和抵御内外各种冲击与威胁的能力,重点防控各种重大风险挑战,保护国家根本利益不受伤害。

(二) 财政安全

财政是以政府为主体,集中部分国民收入来满足社会公共需要的收支分配活动,是政府进行社会管理、宏观经济调控、收入分配以及改善社会公共福利的重要手段。财政安全在国家发展中发挥着物质基础、治理支柱和制度保障的功能,是防范和化解经济风险的最后一道屏障。可以说,财政安全问题是一个国家最高层次的安全问题之一。

财政安全主要表现为财政收支相对平衡且稳固增长,各类财政指标处于稳定且可控范围内,财政安全能够保障政府各类职能的正常履行,能够防范和化解各类危机,财政制度具

---

① 《中华人民共和国国家安全法》总则第三条指出,国家安全以经济安全为基础。习近平总书记在多个场合阐述总体国家安全观时都强调经济安全是国家安全的基础。参见习近平总书记 2014 年 4 月 15 日在中央国家安全委员会第一次会议上的讲话,2020 年 12 月 11 日在主持十九届中央政治局第二十六次集体学习时的讲话等。

有充分的韧性。财政安全的本质就是保证政府始终拥有应对各种突发性事件和危机的能力。

财政安全与一国经济安全有着极为密切的互动关系,二者相互影响、相互决定。财政安全和整体经济安全态势走势总是一致的,财政安全可靠时,总体经济运行和谐安全、经济繁荣昌盛;财政安全恶化时,总体经济运行中债务、金融乃至经济危机就会爆发。

(1) 财政安全为国家经济安全提供坚实的物质基础。财政是"庶政之母",国家机构的正常运转,国家职能的顺利发挥,都有赖于财政提供的物质保障。财政可以为国家经济建设提供原始资本积累,解决重点、重大项目建设的资金投入问题,财政可以通过宏观政策调节经济结构,提供公共物品,弥补市场资源配置短板,财政还可以为社会、文化、生态等各个领域的安全发展提供政策导向以及资金支持,最终促进国家经济安全发展。

(2) 财政安全为国家经济安全提供重要的治理支柱。国家经济安全要求经济总量增长、效益提高、结构优化,同时对经济发展的均衡性、环境的可持续性和社会的公平性提出更高的要求。财政安全是政府进行经济、社会治理的基础。财政安全保证政府能够实行相机选择的逆周期调节,克服经济的周期性波动。财政安全能够增强政府推动经济结构转型升级,缩小经济社会发展差距,促进区域协调发展的能力。财政安全还可以保证政府能够对养老、医疗、教育等薄弱环节的兜底投入,促进基本公共服务均等化,调节收入分配,从而促进社会经济稳定健康发展。

(3) 财政安全为国家经济安全提供制度保障。财政制度体系的韧性保证各项经济改革顺利进行,增强国家抵御风险的能力。在社会发展过程中,各个国家在经济改革和社会进步的过程中都会面临各种难以预料的风险因素,具有韧性和可持续性的财政制度体系能够为国家经济改革和社会进步保驾护航,是确保经济社会稳定的最后一道防线。

(三) 金融安全

金融是现代经济的核心,金融安全是国家安全的重要组成部分,是经济平稳健康发展的重要基础。

金融安全是指一国金融系统能够借助相关机制和手段,维护货币资金融通安全,有效抵御内外部金融冲击,实现整个金融体系稳定,金融主权不受威胁,国家其他经济安全不受金融危机外溢冲击影响的状态。

金融安全与国家经济安全既存在静态的关系,也存在动态的关系。从静态来看,金融安全是国家经济安全的重要组成部分,也是国际经济交往的产物,并随着经济全球化的加深而日益重要。在全球化过程中,金融危机在一国产生后会通过关联、扩散和外溢机制演化为全球性危机,使不同类型的国家经济安全受到威胁。从动态来看,金融安全是实现国家经济安全的重要路径。随着金融在全球经济格局、全球政治格局、全球秩序构建中的作用越发重要,金融安全对国家经济安全的作用也越发重要。

金融安全状态和能力的高低取决于多种因素,主要包括国家经济实力、金融体系的完整性、金融市场开放程度及科技发展对金融的影响等。首先,国家经济实力是决定金融安全与否的首要因素。尽管金融风险和金融危机会出现在不同经济实力的国家,但国家经济实力雄厚会使金融风险在可控状态下解决,避免出现系统性金融危机的累积,实现经济安全,即经济稳、金融稳。其次,金融体系完整性是金融安全的前提条件。金融体系包括金融调控体系、金融监管体系、金融市场体系、金融机构体系、金融环境体系五个方面,它们共同构成一国资金资本要素配置的基本框架,是资金流动工具、市场参与者和交易方式等各种金融要素构成的综合体。完整的金融体系保证了金融活跃程度和深化程度,金融监管当局有效施策,避免了过度依赖外部金融市场和金融危机的爆发。再次,金融市场开放程度是金融安全的重要影响因素。金融市场开放使金融风险来源更加多元化,金融危机传染效应加大,金融监管难度增加。但金融市场开放程度高的国家,金融安全程度并不必然低,反之亦然。因此,在经济全球化不断加深的背景下,金融市场开放和风险防范应并重,金融开放的步骤需稳妥,从而牢牢把握防范化解风险的主动权。最后,金融科技发展对金融安全产生新的挑战。随着互联网、大数据及人工智能在金融领域中的广泛应用,金融科技应运而生,推动金融业新产品、新业态、新模式不断出现,金融运行方式发生深刻变革。金融科技在推动金融发展的同时,也给金融安全带来新的挑战。巴塞尔银行监管委员会认为,金融科技主要应用领域包括存贷款与融资服务、支付与结算服务、投资管理服务、市场基础设施服务,其中后两个应用领域对金融安全构成直接的影响。

(四)产业安全

产业是指具有相同特征或从事同类产品生产或服务经营活动的企业的集合。产业分类方法多种多样,按照三次产业分类法,可以分为第一产业、第二产业和第三产业;按照要素密集度分类法,可以分为资源密集型产业、资本密集型产业、劳动密集型产业和技术密集型产业;按照发展趋势分类法,可以分为朝阳产业、战略性新兴产业和夕阳产业;按照技术密集度分类法,可以分为低技术产业、中等技术产业和高新技术产业。各类产业是国家经济系统的重要组成部分,产业安全也就成为国家经济安全的重要组成部分。

产业安全是指产业与国家共同的利益不受损害。产业安全要求国家能够保持对基础产业、主导产业及战略性新兴产业的控制力;能够通过合理的产业发展规划和布局,促进产业按比例、有重点、协调可持续发展,不断增强产业的适应能力;能够通过提高产业国际市场份额和产品质量,提高产业的国际竞争力。

产业安全的影响因素相对复杂,基本上可以概括为产业外部环境因素与产业内部环境因素。产业外部环境因素主要包括产业的生存与发展环境、政府的产业与外资政策,以及跨国公司与外国直接投资进入国内产业的资本、技术、管理等状况。产业内部环境因素则包括产业组织、产业结构、产业布局、产业管理等多个方面。

产业安全还包括产业链安全。产业链是各个产业部门间基于生产技术特征所形成的前后向关联关系及其在时空布局上的形态。产业链一般包括价值链、企业链、供需链和空间链四个维度,这四个维度在相互对接的均衡过程中形成了产业链。产业链安全是指一国产业链在受到外部冲击后仍能保持生产、分配、流通、消费各个环节畅通,维持产业链上下游各环节环环相扣,前后端供需关联耦合、供需平衡,国家、产业及企业在产业链条中的生存与发展不受威胁。

在全球价值链分工体系下,产业链安全对于产业安全、国家经济安全的重要性体现在:第一,产业链安全是产业安全的基础保障。在全球价值链分工体系中国家间经济博弈、产业竞争,更为突出和直观地表现为对价值链关键环节的控制力、效率与效益上的比较优势竞争。当代发达国家凭借其掌握的核心技术和关键生产要素,主导全球价值链、区域价值链构成,占据价值链分工顶端工序,形成对发展中国家在价值链分工中的俘获能力,影响发展中国家的价值链稳定与安全。第二,产业链安全是国民经济稳定运行的前提条件。价值链分工体系下,每个国家或地区成为全球生产网络中的具体节点,国民经济运行受到产业链条波动影响,在外部冲击下的中间投入、零部件或技术等断供、断链风险增大。国家通过自主技术创新掌握产业链关键环节,独立解决产品、技术等方面"卡脖子"问题能够确保国民经济稳定运行。第三,产业链安全是畅通国内国际循环的重要内容。在全球价值链分工体系下,国内循环与国际循环日益融为一体,内外部市场的良性循环往往取决于一国产业链的稳定安全程度。

(五)资源、能源安全

资源能源是支撑经济社会发展的源动力和物质基础,是国家经济安全的重要组成部分。百年未有之大变局叠加俄乌冲突等不确定性事件,加剧了世界政治经济格局变化,深刻影响着全球资源能源的供需安全。

资源安全包括战略性资源安全、矿产资源安全、水资源安全、粮食安全等,是一个国家或地区可以持续、稳定、及时、足量和经济地获取所需自然资源的状态,在国家经济安全中处于基础地位,最容易被人们所感知。资源安全包括数量、质量、结构、供需及价格方面的安全。数量安全要求资源能够满足国民经济发展最基本的要求,也要满足个人生活最基本的需要。质量安全要求资源质量有保证,达到安全生产生活所需要的最低质量。结构安全要求资源来源多样,可替代程度不断增加,各类资源比例恰当。供需安全要求资源供给稳定,需求平稳,供需基本达到种类均衡、地区均衡和人群均衡。价格安全要求资源国内外价格稳定,经济主体能以最低经济代价获得所需资源。

能源安全包括化石能源安全和清洁能源安全等。能源安全是指在可承受的价格下保证对一国经济发展至关重要的能源可靠而合理地供应,减少能源供给中断可能带来的危机或减小其负面影响,同时不断增加生态环境保护和可持续发展对清洁能源日益增长的需求。能源安全问题产生自产业革命,伴随着工业化和城市化进程的不断加快而日益凸显。在经济全球化、科技革命日新月异的当代,能源安全进一步成为世界各国普遍关心并致力于解决的重大安全问题。

影响资源能源安全的因素主要包括禀赋因素、政治因素、经济因素和军事因素等。首先,禀赋因素是影响资源能源安全的最基本因素。禀赋因素对资源能源安全的影响是最直接的,也是最重要的。一般来说,一个国家自身的资源能源越丰富,对经济发展的保障程度越高,资源能源供应的安全性就越高。资源能源匮乏、结构单一国家不必然存在资源能源安全问题,这些国家可以通过建立战略资源储备体系和开发清洁可再生能源等措施,降低资源能源安全风险。其次,政治因素是影响资源能源安全的直接因素。政治因素对资源能源安全的影响主要有两个方面:一方面,资源能源进口国与资源能源出口国之间的政治关系恶化,从而对资源能源安全供应造成影响,如第一次石油危机爆发的原因之一就是阿拉伯国家与西方国家政治关系趋于紧张;另一方面,资源能源生产国国内的政治因素对资源能源安全供应也会造成影响,如第二次石油危机爆发的原因之一就是伊朗国内政治和宗教因素复杂。再次,经济因素是影响资源能源安全的间接因素:一方面,国内经济因素影响着资源能源安全。当总需求过旺时,对能源资源的需求超过供给,引起资源能源价格持续上涨,产生资源能源抢购和短缺现象。当总需求低迷时,对资源能源的需求小于供给,引起资源能源价格持续下跌,产生资源能源利用不足和浪费现象。另一方面,国际经济因素影响着资源能源安全,国际市场资源能源价格走势、资源能源供给国生产条件和技术进步、资源能源需求国经济发展水平和外汇储备等都会对资源能源安全产生影响。最后,军事因素对资源能源安全造成多方面影响。军事冲突和军备力量竞赛会影响全球资源能源供给安全,俄乌冲突爆发后,全球能源供给短缺、价格上涨就是鲜明例证。

(六)数字经济安全

数字经济是指以数据资源为关键生产要素、以现代信息网络为重要载体、以信息通信技术的有效使用为效率提升和经济结构优化的重要推动力的一系列经济活动。作为一种新经济形态,数字经济正在以其数字化、网络化、先导性与融合性的特征深刻再造社会生产方式和政府治理模式,数字经济的全场景应用给各国经济高质量发展带来新的动力与机遇。

数字经济安全是指数据、信息安全,技术、网络可靠,产业融合深入,产业数字化发展有效,政府治理模式合理,数字经济整体健康运行,发展持续稳定,面临重大冲击仍能保证数字经济平稳健康发展的状态。

数字经济安全包括数据安全、政府治理安全、社会公平安全和产业运行安全等。首先,数据是数字经济的第一生产要素和国家基础性战略资源,数据安全就成为数字经济安全的首要影响因素。数据安全要求确保数据处于有效保护和合法利用的状态,以及数据处于持续安全的状态。其次,数字化治理对政府治理体系和治理能力现代化提出了更高要求,数字政府治理与传统政府治理相比,在职能转变、管理理念、服务能力、服务质量等方面都发生质的变化和飞跃。数字政府治理能否正常运转和顺利运行,依赖于网络基础设施、信息系统的安全稳定运行和重要数据安全,构建数字政府治理全方位安全保障体系的难度加大。再次，数字经济以信息网络为重要载体，对经济主体运用新型生产要素与生产载体进行生产提出了更高的要求，由于经济主体间存在不同程度的"数字鸿沟"，会出现头部平台垄断、中小企业平台发展困难、消费者福利不均等社会公平安全风险。最后，数字经济与实体经济深度融合，要求不断提高产业的数字化水平，这会形成对企业技术进步的更高要求，或引起数字产业波动。

总之，数字经济蓬勃发展的同时，安全问题不可忽视。必须统筹发展和安全，推进网络安全技术和产品创新，提高网络安全保障能力，建立健全数字安全保障体系，加快发展网络安全产业，筑牢数字经济发展的网络和数据安全屏障。

三、国家经济安全的特征

国家经济安全是国家总体经济的安全，不同于各个产业、区域或领域安全的简单累加，也不同于国家经济稳定或经济发展等概念。国家经济安全有其自身的特征，这些特征主要来自国家经济安全是国家安全的重要组成部分。

（一）整体性

国家经济安全是指国家经济利益不受威胁的一种状态，属于国家安全的有机组成部分，强调的是一国经济整体上的安全，而不是某一部分或某些领域的安全。国家经济安全包含的因素很多，但都涉及国家重大经济安全问题，这些重大经济安全问题对国家富强、民族复兴具有决定性的意义。因此，国家经济安全的维护主体是中央政府与自上而下的各级地方政府，通过全国一盘棋、统筹协调推进国家安全治理来实现国家经济安全。在国家经济安全治理体系下，任何个人、企业或地方政府的经济安全都应服务、服从于国家经济安全。

（二）根本性

国家经济安全强调一国最为根本的经济利益不受伤害，包括一国的经济主权独立、经济制度体制稳固、国民经济基础稳定、经济运行稳健良好、科学技术进步、经济实现可持续发展等。这些经济利益是国家经济赖以存在和发展的根本利益，是国家利益体系中最重要的利益。经济主权独立是国家经济独立运行、自主决策与发展的前提。经济制度体制是国家经济中占据统治地位的经济关系的总和及其具体实现形式，是国家的经济基础。国民经济基础包括各类要素、产业、企业、政府经济政策等，是国家经济运行的基本条件。科学技术进步是国家经济高质量发展的首要动能。经济可持续发展保证了国民经济长期发展过程中的经济效应与社会生态效应相协调。只有保障这些基本经济利益，实现这些基本经济利益的安全，才能实现国家经济的长治久安。

（三）国别性

国家经济安全的基本内涵因国家而有别，国别特征格外明显。国家具有阶级性，通过基本经济制度予以体现。因此，基本经济制度不同，国家经济利益就不同，国家安全的内涵、外延及其构成自然也不同。即使是基本经济政治制度相同的国家由于政治体制、要素禀赋、技术进步等的不同，对国家经济安全的理解也会有差异。同时，各国经济发展所处阶段不同，国家经济安全的诉求也会不同。因此，由各类型国家的国家性、历史性、阶段性所构成的国家经济安全的个性大于共性，国家经济安全具有鲜明的国别性特征。

（四）复杂性

国家经济安全问题具有复杂性，是个巨型复杂系统问题。一是从总体上看，国家经济安全涉及战略资源、能源、产业、财政、金融等安全领域，这些领域之间存在复杂的相互依存及影响的关系，这些领域整体上的安全，才构成一个国家的经济安全。二是每个领域安全与否，都是由众多因素决定的。以粮食安全为例，在全球化时代，一国的粮食供给能否安全，既受制于经济系统内部的因素，又受制于经济系统外部的因素。其中，经济系统内部的因素，又分为来自国内的影响因素（如生产、需求、储备），以及来自国际的影响因素（如国际经济关系、粮食进出口）；经济系统外部的因素，又分为来自国内的影响因素（如国内气候、灌溉、政策等种植条件），以及来自国际的影响因素（如来自国外的政治性禁运或支持）。这些因素还可进一步细分。可见，影响一国经济安全的因素是极为复杂的。其他安全领域也是如此。三是一国要维护本国的经济安全，需要综合运用经济的、政治的甚至军事的手段，需要政府及民间共同努力。但政府和民间维护经济安全的种种努力，往往遇到各种利益集团的干扰，甚至是阻击。因此，国家经济安全是个十分复杂的问题。

（五）强调风险防范和危机管理

在全球竞争时代，任何国家都很难确保本国经济不会陷入某种不安全的状态。由此，为防范和应对可能发生的经济不安全，危机管理即成为国家经济安全领域十分重要的问题。在国际上，无论是发生过经济危机的国家，还是没有发生过经济危机的国家，只要其政府是个负责任的政府，就会把危机管理作为维护本国经济安全的战略性任务，作为政府十分重要的经济管理职能。与国家经济安全相关的危机管理：一是为防范可能发生的经济危机，需要建立相关的危机预警机制；二是当经济危机发生时采取有效的行动，即需要提前制定相关危机应对预案，将可能出现的经济损失减小到最低限度；三是在危机过后，需要进行后危机管理，消除已经发生的经济危机的后续影响，并为应对今后可能发生的新的危机做好准备。

第二节　经济全球化影响国家经济安全的主要途径

一、世界经济周期途径

（一）世界经济周期的内涵

经济周期一般是指经济活动沿着经济发展的总体趋势所经历的有规律的扩张和收缩。一般一个经济周期包含繁荣、衰退、萧条和复苏四个阶段。经济周期是市场经济和工业革命的产物，19世纪随着市场经济的蓬勃发展和机器大工业生产方式的逐步确立，主要国家的社会生产和再生产过程开始出现周而复始、更迭循环的现象。自那时起，在经济全球化的推动下，经济周期越来越表现出世界性和协同性的特征，不断演化为世界经济周期。

世界经济周期是指世界范围内多数国家几乎同时出现的国民经济有规律的扩张和收缩波动过程。世界经济周期是总体经济活动的波动，这种波动不是局部波动，而是同一时期内大多数国家几乎所有重要经济部门的波动。与一国或地区的经济周期相比，世界经济周期有其特殊之处：第一，世界经济周期是全球化时代世界多数国家总收入、总需求、总就业的同频共振，不是各国经济周期的简单叠加。第二，世界经济周期振幅和频率各不相同，早期周期四个阶段的分界明显、振幅稳定。现代周期四个阶段的分界模糊、振幅降低，有时上一个周期的繁荣之后就会发生下一个周期的萧条。第三，并非每个国家的每一次经济波动都会发展成为世界经济周期，只有那些在世界经济中居于主导地位的国家的重要经济部门波动才具备演化为世界经济周期的可能，大多数经济周期仅为一国或少数国家的局部经济周期。第四，世界经济周期主要通过国际贸易、国际金融和国际投资等途径在国家或地区间传导和扩散。

世界经济周期由供给侧和需求侧诸多因素的不平衡引起。凡是引起供需严重失衡的因素都有可能导致经济波动，并借由开放条件下的多种传导途径扩散形成世界经济周期。供给侧的因素包括技术进步、原材料及能源资源供给、自然灾害及气候变化等外生冲击等；需求侧的因素包括消费、投资、预期及可能影响这些因素的财政政策、货币政策和汇率政策等。正是因为影响经济波动的因素很多，并带有很大的不确定性，因此，经济周期很难准确预测。

（二）世界经济周期的类型

世界经济周期按照持续时间的长短可以划分为四种类型：基钦周期、朱格拉周期、库兹涅茨周期和康德拉季耶夫周期。基钦周期，又称为短周期，由美国经济学家基钦（Kitchin，1923）在《经济因素中的周期与倾向》一文中根据美、英两国1890—1922年的生产及就业等主要统计资料分析，通过厂商生产存货波动现象提出，持续时间一般为3～5年，也称为存货周期；朱格拉周期，又称中周期，由法国经济学家朱格拉（Juglar，1862）在《法国、英国及美国的商业危机及其周期》一书中根据法国、英国及美国的商业信贷、企业投资及居民消费等波动提出,持续时间一般为7～11年,也称为投资周期;库兹涅茨周期,又称为中长周期,由美国经济学家库兹涅茨(Kuznets,1930)在《生产和价格的长期波动》一书中根据美国、英国、法国、德国、比利时等国工农业主要产品及价格变化提出,持续时间一般为15～25年,这种波动在美国建筑业中表现特别明显,也称为建筑周期;康德拉季耶夫周期,又称为长周期,由苏联经济学家康德拉季耶夫在《经济生活中的长期波动》一文中根据重大科技革命和生产力发展提出,持续时间一般为45～60年。

从19世纪初世界经济初步形成至今的长时期来看,科学技术革命和重大技术创新对世界经济的波动有着至关重要的影响,可将世界经济波动划分为六个长周期。[①]（表7-1、图7-1）

表7-1 世界经济波动的六个长周期

周期	标志性技术创新	繁荣	衰退	萧条	复苏
第一个长周期	纺织机和蒸汽机	1780—1802年	1815—1825年	1825—1836年	1836—1845年
第二个长周期	钢铁和铁路运输	1845—1866年	1866—1873年	1873—1883年	1883—1892年
第三个长周期	电气和重工业	1892—1913年	1920—1929年	1929—1937年	1937—1948年
第四个长周期	原子能和计算机	1948—1966年	1966—1973年	1973—1982年	1982—1988年
第五个长周期	互联网和信息技术	1988—1990年	1990—1993年	2001—2002年	2002—2008年
第六个长周期	数字经济和人工智能	2009—2019年	2019年至今	—	—

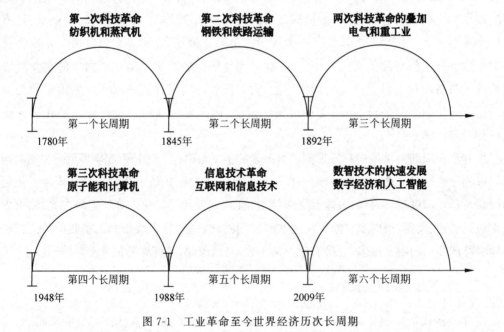

图7-1 工业革命至今世界经济历次长周期

[①] 康德拉季耶夫(1925)根据美国、英国、法国、德国、比利时等国18世纪80年代至20世纪20年代的物价、利率、工资、对外贸易和煤铁铝等工业品产量的波动,将经济波动划分为两个半周期;雅各布·范·杜因(1983)将1782年至1973年主要国家的经济波动划分为四个长周期;国内学者如高峰(2018)、徐则荣和屈凯(2021)等在此基础上将18世纪后期至今的世界经济波动划分为五个长周期;李旸等(2013)、胡乐明等(2019)将之进一步拓展为六个长周期。

(三) 20世纪70年代以来的世界经济危机

世界经济危机是世界经济波动中的决定性阶段,是对社会再生产各环节比例关系严重失调的一种强制性调整。世界经济危机的典型特征从供给侧来看,包括：商品供给相对过剩,销售停滞,生产大幅度下降,企业被迫削减产量并降低开工率,工人大量失业。从需求侧来看,包括：社会预期转弱,消费和投资需求收缩。供给侧和需求侧发生的变化反映到金融领域表现为信用关系严重破坏,引发货币信用危机和银行挤兑倒闭现象。

20世纪70年代至今,在全球化深入推进的过程中,世界经济周期性波动愈加明显,世界经济危机爆发频次增加,深刻影响国家经济安全。图7-2显示了1972年至2020年世界经济波动增长趋势和历次世界经济危机。

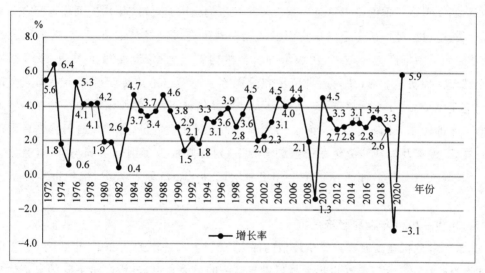

图7-2　1972年至2020年世界经济波动增长趋势和历次世界经济危机

资料来源：世界银行《世界发展指标》(World Development Indicators)数据库。

1. 1973—1975年世界经济危机

这次经济危机同时是全球范围内的第一次石油危机,从1973年第四季度开始至1975年第二季度结束。这次经济危机的直接诱因是国际石油价格的飙升。1973年第四次中东战争爆发,石油输出国组织(OPEC)为了打击对手,实行石油禁运,造成油价大幅上涨,各国增长陷入衰退,国际收支陷入困境,以美元为中心的国际货币体系最终崩溃。世界经济增速从1973年的6.4%降至1975年的0.6%。

2. 1979—1982年世界经济危机

这次经济危机是受世界范围内主要国家经济滞胀叠加第二次石油危机冲击等非预期性因素影响而发生。这次经济危机极具破坏性和同期性,持续时间、物价涨幅、破产企业和失业工人数量等主要指标在主要国家均创第二次世界大战后当时最高。危机在各国持续时间一般长达3年,不少国家工业产出还发生波动性重复下降现象,工业减产呈两次下降的

"W"形特征。世界经济增速从 1979 年的 4.2% 降至 1982 年的 0.4%。

3. 2001—2002 年世界经济危机

这次经济危机是在进入 21 世纪后各国经济发展严重失衡的背景下爆发的。危机爆发前,美国经济在信息技术革命的推动下引来了"新经济"增长,日本则在"广场协议"后陷入"失去的十年",除英国外,欧盟各国结构性失业问题严重。2001 年上半年,美国经济开始陷入衰退,日本和欧盟紧随其后出现增速下滑。"9·11"事件造成全球恐慌、预期转弱、经济一体化步伐放缓,进一步加剧了世界经济下滑。这次危机具有非同期性特征,主要国家发生和走出经济危机的时间不一。世界经济增速从 2000 年的 4.5% 下降至 2002 年的 2.3%。

4. 2007—2009 年世界经济危机

这次经济危机是第二次世界大战后最为严重的一次世界经济危机,从 2007 年第二季度开始至 2009 年第三季度趋于结束。这次经济危机的诱因是 2007 年从美国蔓延至全球的次级抵押贷款危机,是一次由金融危机引发的周期性生产过剩经济危机。[①] 这次危机最初表现为金融领域中资产泡沫破灭、次级抵押贷款机构破产、投资基金被迫关闭、股市剧烈震荡、全球流动性明显下降,其后通过贸易和投资等多种渠道迅速传至世界主要国家实体经济,引起消费收缩、工业生产下降、石油及大宗商品供给下滑、失业率增加。世界经济增速从 2007 年的 4.4% 下降至 2009 年的 -1.3%。为应对此次危机,各国政府对内先后采取了救市、托管、注资及降息等量化宽松强刺激政策,对外则加强了国际协调与合作,通过二十国集团领导人峰会等多种国际经济合作机制共同寻求经济复苏方案,维护世界经济安全稳定。

5. 2019—2020 年世界经济危机

这次经济危机在新冠病毒感染疫情的冲击下,世界经济增速从 2019 年的 2.6% 下降至 2020 年的 -3.1%,为第二次世界大战后世界经济的最大衰退,人均产出下降的经济体比例达到 1870 年以来的最高水平。[②] 这次危机最初表现为由疫情引起的公共卫生危机,表现为人员流动限制、国界封锁、社会秩序紊乱,其后迅速波及全球产业链、供应链及贸易与投资,导致产业链停滞、供应链锁链、国际贸易和投资大幅下降、金融市场宽幅震荡,供给与需求同时萎缩,实体经济断崖式衰退。面对危机,各国政府依据自身条件,推出了不同类型、不同力度的对冲疫情负面影响的财政政策、货币政策、产业政策、汇率和进出口政策,世界经济出现"分化式"的复苏,中国经济化"危"为"机",稳中有进,实现了全球疫情冲击下的唯一正增长,同时成为世界经济发展的压舱石和稳定器。这次疫情加速了世界经济的百年变局,并推动世界政治经济格局重构,"逆全球化"趋势和国家经济安全问题凸显。

总体来看,在全球化进程加速和各国经济相互依存程度不断提高的背景下,世界经济

---

① 次级抵押贷款危机是 2006 年初在美国开始初步显现,2007 年蔓延至全球的次级抵押贷款机构破产、投资基金被迫关闭、股市剧烈震荡、石油及大宗商品价格高企引起的金融危机,致使全球金融市场出现较为明显的流动性不足,主要国家经济纷纷衰退。

② World Bank. Global economic prospects[R]. 2020;数据来源于世界银行《世界发展指标》数据库。

周期性波动严重影响国家经济安全。世界经济危机引发的能源供给短缺、大宗商品价格上涨、产业结构调整、通货膨胀与失业、流动性不足与债务违约等都会对国家经济安全产生深刻冲击。世界经济危机还会加大国际经济协调难度和治理成本,导致国家经济地位动态变化,大国博弈的"修昔底德陷阱"、中等收入国家的"中等收入陷阱"、低收入国家的"低水平均衡陷阱"可能强化,从而影响国家经济安全。同时,世界经济危机所引起的逆经济全球化思潮、政府治理失效、社会保障体系不畅会影响国家安全的其他领域。

二、国际贸易途径

(一) 国际贸易失衡途径

国际贸易是世界各国商品和劳务的交换活动,是劳动分工突破国家界限,在世界市场上深入开展而来的。国际贸易是国家间经济交往的先导形态和最主要渠道,直接体现各国国民经济的相互依赖关系,是世界经济增长和经济全球化的主要引擎。

国际贸易具有在世界范围内配置资源的功能,能够实现要素配置效率的提高,从而使参与贸易的各国或地区都能获得好处。然而由于各国或地区间比较优势、要素禀赋及市场规模与结构等方面的差异,国际贸易发展表现出明显的非平衡性特点,在提高世界经济整体福利的同时,也会使部分国家或地区经济利益恶化,并威胁国家经济安全。

国际贸易失衡是指一国或地区在一定时期内出口与进口的商品或服务数额不相等的现象,即一国或地区贸易顺差或逆差的持续扩大现象。狭义的国际贸易失衡仅指单个国家或地区一定时期内处于顺差或逆差的状态;广义的国际贸易失衡则是指世界范围内国家与国家之间的贸易失衡的普遍存在,或至少在主要经济体之间存在的一种状态。国际贸易失衡的类型包括:①临时性失衡,即偶然因素引起的一国对外贸易处于顺差或逆差的状态;②周期性失衡,即一国经济周期波动引起的对外贸易失衡;③收入性失衡,即一国国民收入提高或下降,使得居民购买力和进出口需求发生变化导致的贸易失衡;④货币性失衡,即一国发生严重通货膨胀或通货紧缩,或货币汇率波动等引起的贸易失衡;⑤结构性失衡,即一国产业结构无法适应世界市场需求或产业结构升级而造成贸易失衡。

布雷顿森林体系崩溃后,全球贸易失衡开始初步显现。20 世纪 90 年代,全球贸易失衡出现持续扩大,美国贸易逆差构成全球贸易失衡的主要内容,英国贸易逆差有所收窄,德国货物和服务贸易顺差收窄,并逐步转为逆差。中国贸易顺差不断扩大。进入 21 世纪,全球贸易失衡更为明显。中国贸易顺差的持续增加与美国贸易逆差的扩大形成鲜明对比,与此同时,德国和俄罗斯也保持了持续的顺差,而英国、法国和印度则持续处于逆差状态。2021年,顺差国家里,德国贸易顺差 3 137.54 亿美元,占国内生产总值比重为 7.37%;俄罗斯贸易顺差 1 222.70 亿美元,占国内生产总值比重为 6.87%;中国贸易顺差 3 173.01 亿美元,占 GDP 的比重为 1.79%;法国贸易顺差 99.47 亿美元,占 GDP 的比重为 0.34%。逆差国家里,美国贸易逆差 8 463.54 亿美元,占国内生产总值的比重达到 3.63%;英国贸易逆差 629.41 亿美元,占国内生产总值的比重达到 2.01%;印度贸易逆差 334.22 亿美元,占国内生产总值的比重达到 1.05%。① 国际贸易失衡意味着一国在资本和金融项目不变的前提下国际收支失衡,这对内部经济安全和外部经济安全都会造成很大影响。

1. 国际贸易失衡会影响本币汇率稳定和安全

一国货币汇率受供求关系影响。持续的贸易顺差或逆差使货币供求发生剧烈波动,在浮动汇率制度和金融账户稳定前提下,国际贸易持续顺差给本国货币带来升值压力,而持续逆差则给本国货币带来编制压力。

2. 国际贸易失衡影响外汇储备规模

外汇储备是一国为了应对国际支付和债务清偿,由中央银行及其他政府机构集中掌握并可以随时兑用的外汇资产。外汇储备的主要来源之一是贸易顺差。若一国持续贸易逆差将会形成本币贬值压力,为了维持汇率稳定,央行在外汇市场上抛售外币回笼本币,造成外汇储备减少,在资本项目开放条件下,容易引起资本外逃,引发金融动荡。

3. 国际贸易失衡影响货币供给稳定和安全

在开放经济条件下,一国货币供给包括国内创造部分和来自国外的部分。国内创造部分是通过本国银行体系和银行信用所创造的货币。来自国外的部分则是经过国际收支获得的外汇储备所创造的货币。贸易顺差所获得的外汇被央行对冲操作后形成高能货币供给,在货币乘数作用下导致本国货币供给量成倍增加。若一国持续贸易顺差,央行外汇将不断增加,货币政策自主性将受到冲击,同时会引发国内通货膨胀。

4. 国际贸易失衡会影响国民收入稳定与安全

开放条件下对外贸易是国民收入增长的重要引擎,贸易顺差会导致国民收入增加;相反,贸易逆差则会导致本国国民收入减少。

除此之外,国际贸易失衡还会恶化一国对外贸易外部环境,影响国家经济安全。在国际贸易持续顺差时,出口增速相对快于进口增速,容易引起贸易逆差国家采取关税和非关税壁垒措施保护本国市场,从而掀起双边之间的贸易摩擦或贸易战,影响国家经济安全。在国际贸易持续逆差时,进口增速相对快于出口增速,会导致外汇快速外流,本国应对国际支付和偿还债务能力降低,严重时,还会发生主权债务违约,影响国家信用安全。

(二)国际经贸规则途径

第二次世界大战以后,在关税及贸易总协定和世界贸易组织的大力推动下,全球贸易进入以制度和规则为基础的自由化时期。国际经贸规则成为多边贸易体系发展的重要基石。多边贸易体制的各项规则或协定,从表面上看,建立在公平、透明、协商一致等原则基础上,但由于这一体制的建立一开始就由发达国家主导,因此,多边贸易体制的各项规则更

---

① 数据来源于世界银行《世界发展指标》数据库。

多地反映了发达国家在经济全球化中的利益诉求,成为发达国家攫取贸易自由化红利和市场垄断利润的有力工具,传统国际经贸规则在一定程度上会损害发展中国家的经济利益和经济安全。

近年来,面对全球价值链分工与贸易、数字经济与数字贸易新经济形态、制度性开放经济体制建设等国际贸易新现象、新要求,在百年未有之大变局叠加俄乌冲突等多重不确定性冲击的背景下,国际经贸规则进入加速重塑期。本轮经贸规则重塑中,各国和地区都将国家经济安全作为经贸规则和贸易政策制定中的首要考虑因素。

1. 传统经贸规则影响国家经济安全

关税及贸易总协定和世界贸易组织的有关协议和内容反映了发达国家的国家安全的诉求,形成国家安全泛化下的贸易限制和摩擦。关税及贸易总协定第21条中规定了"国家安全例外"(National Security Exceptions),允许缔约方以维护本国安全为由免除关税及贸易总协定所规定的义务。国家安全例外包括五大类:①国家安全信息;②核材料;③军事物资和服务;④战争和国际紧急情况;⑤《联合国宪章》义务。"国家安全例外"赋予缔约方自由裁量权以采取措施保护其"基本安全利益",但关税及贸易总协定对缔约方引用"国家安全例外"条款限制贸易是否恰当的界定不明确,且缺少对援引"国家安全例外"的有效约束和监督。WTO多边贸易规则中则包含更多有关"国家安全例外"的贸易政策,在服务贸易、知识产权保护、技术性贸易壁垒、政府采购、与贸易有关的投资措施等领域内设定了更高的"国家安全例外"标准。在第二次世界大战后所达成的区域贸易协定中也延续了关税及贸易总协定和世界贸易组织的"国家安全例外",协定国家在边境措施、环境标准、劳动标准等非传统安全议题方面提出了高标准、新规则。与此同时,发达国家还通过国内立法在贸易、投资和与贸易有关的产业领域等不断完善国家安全有关规则与措施,如美国国会于1949年通过的《出口管制法》限制高科技产品出口和向有损美国利益的国家出口,欧盟在2000年颁布的《理事会条例(EC)第1334/2000号》,以国家安全为由建立了以欧盟委员会独立控制的一整套统一的出口管制机制等。

发达国家在推行贸易自由化的过程中,滥用"国家安全例外",在出口管制、产业安全和对外资审查等方面建立并加强了与"国家安全例外"有关的制度安排,使"国家安全例外"成为新的强有力的贸易壁垒。借助这一工具,发达国家摆脱多边贸易规则约束、打击新兴市场主体、以"法律幌子"输出强权政治,在世界范围内引发系列经济困境,如催生更多的单边主义经济安全政策,动辄退群、单边制裁、加征高额关税、技术封锁、产业脱钩等,导致全球货物贸易、服务贸易和知识产权贸易交易量萎缩,全球供应链受到阻碍,对发展中国家经济安全造成了严重损害。

2. 国际经贸规则重塑影响国家安全

进入21世纪以来,面对全球经贸格局走向的波动性、复杂性和不确定性,从多哈回合谈判伊始,多边贸易体制对国际经贸规则重构的领导力在不断减弱,主要国家开始在多边贸易规则之外试图重塑更广领域、更高水平的双边贸易规则,呈现高标准自由贸易协定逐渐引领国际经贸规则重塑的趋势。WTO 数据显示,截至 2021 年,全球累计报备区域贸易协定达 582 个,总有效 RTA 数量达 355 个,其中大约有 1/3 是跨区域国家间签订的。① 这些双边贸易规则与多边贸易规则并行不悖,全球范围同时参与多边贸易体制框架,又参与区域贸易规则框架的具有"双重身份"的成员不断增多。

国际经贸规则重塑呈现一系列新的特点:第一,国际经贸规则重塑体现全面性和高标准特点。它们除了涉及削减贸易壁垒、简化产品认证、动植物检验检疫等传统贸易自由化议题外,更多涉及知识产权保护、数字贸易发展、生态环保要求、劳动标准、竞争中立、公司治理及宏观经济政策协调等新议题,而且在所有领域追求更高标准。第二,国际经贸规则重塑体现较强的强制性与排他性特征。近年来所达成或正在谈判的《全面与进步跨太平洋伙伴关系协定》《美墨加协定》《欧加综合性经济贸易协议》(CETA)、《欧日经济伙伴关系协定》及《区域全面经济伙伴关系协定》等,在市场准入、投资、政府采购等领域采取"清单"准入或活动列明方式规定准入条件,还建立了由缔约方组成的各种议题的专业委员会负责监督和协调各自领域协议的执行,使得新规则的约束力更强、执行效率更高。第三,国际经贸规则重塑重心从"边境上"措施转向"边境内"政策。发达国家或经济体间相互高度开放,在部分产业上已显现融合发展趋势,其贸易具有明显的产业内或公司内贸易特征,在新经贸规则制定中规范的领域从边境延伸到边境后,力求实质性地提高彼此市场的相互开放程度。第四,国际经贸规则重塑强调对等开放。新经贸规则要求参与国在最惠国待遇、市场准入及国民待遇等方面作出更多承诺维护自身的利益与诉求,以实现"自由+公平"贸易。

新一轮国际经贸规则形成过程中,虽然中国等新兴市场国家扮演着越来越重要的角色,但仍由发达国家主导。本轮国际经贸规则重塑对发展中国家经济安全的影响主要表现在:第一,发达国家抢占国际开放竞争制高点,构建充分发挥其竞争优势的规则体系,在"规则之争""制度之争"中立于不败之地,而发展中国家囿于综合国力、技术水平和谈判条件,在新经贸规则制定中面临被排斥的困境;第二,新经贸规则显著提高了发展中国家参与经济全球化的门槛,发展中国家面临的贸易投资壁垒将显著上升,部分双边协定造成发展中国家明显的对外贸易和对外投资转移效应,损害发展中国家的贸易利益;第三,新经贸规则强化了发达国家相互之间的政治经济合作关系,对发展中国家形成"规则合围"。

(三) 国际贸易摩擦途径

国际贸易摩擦是指各国在进行商品和劳务交换时,由于贸易不平衡或本国市场、产业等遭受实质性损害时所发生的摩擦。国际贸易摩擦在各国经济交往中普遍存在,只要国家间存在经贸往来,双边之间的贸易摩擦就不可避免。近代以来,国际贸易发展的历史就是各国在贸易摩擦中不断求同存异,实现各方利益最大化的历史,国际贸易摩擦一直与国际贸易的发展相生并行。特别是进入 21 世纪以来,随着经济全球化和世界各国经济相互依存

---

① WTO Regional Trade Agreements Database,https://rtais.wto.org/UI/charts.aspx。

关系日益深化,国际贸易摩擦的主体结构、客体结构、摩擦成因、摩擦类型均发生巨大变化,国际贸易摩擦表现出复杂化、常态化、隐蔽化等新特点。在国际贸易摩擦中,发展中国家的贸易利益往往受到损害,经济安全受到挑战。

早期国际贸易摩擦主要通过关税形式展开,当一方谋求关税福利最大化时,另一方也会采取相应措施,于是就会产生贸易摩擦,导致双方利益受损。此外,配额、自愿出口限制等数量型非关税壁垒措施也会对双方利益造成影响,从而引发贸易摩擦。第二次世界大战后在关税及贸易总协定八轮多边贸易谈判的努力下,世界各国关税水平大幅降低,各种非关税壁垒措施,尤其是直接的数量限制措施被严格约束。在这种条件下,符合多边贸易体制规则,以公平贸易和保护本国市场、产业安全为理由的各种非关税壁垒措施不断涌现,技术标准、卫生检验检疫措施、反倾销措施、国内分销商垄断、反补贴措施等非关税壁垒形成当代国际贸易摩擦的主要形式。

上述国际贸易摩擦按照其显示度可分为显性贸易摩擦和隐性贸易摩擦。显性贸易摩擦是指当前呈现的贸易摩擦,包括反倾销、反补贴和保障措施引起的贸易摩擦。从性质上讲,显性贸易摩擦的主要形式是WTO规则允许的特殊保护措施,属于贸易救济的范畴。在发达国家(地区)的示范带动下,这些显性贸易摩擦正在向发展中国家(地区)蔓延,成为当前国际贸易摩擦的主要表现形式。隐性贸易摩擦是指潜在的可能出现的贸易摩擦,包括由知识产权保护和社会责任要求引起的贸易摩擦,是国家(地区)间贸易摩擦可能的表现形式。这类贸易摩擦的特点是实施难度较大且可能是单向的,即发达国家(地区)单方面向发展中国家(地区)实施,而发展中国家(地区)由于技术或其他原因无力向发达国家(地区)实施。

近年来,随着以大数据、人工智能、数字经济为代表的新一轮科学技术革命的兴起,发达国家(地区)开始在服务贸易、数字贸易领域中掀起国际贸易摩擦。虽然《服务贸易总协定》中列举了服务贸易的四种模式,即跨境提供、境外消费、商业存在、自然人移动,并规定了成员对其他成员的服务与服务提供者承担的一般性义务和具体承诺义务。但《服务贸易总协定》在一些方面已不适应当前快速发展的服务贸易,面对服务贸易新业态、新模式,WTO管理协调服务贸易发展的效率有所降低。同时,数字经济和数字贸易的大发展,深刻改写了传统的货物、服务和知识产权贸易的形态,数字经济和贸易发展需要的大量数据涉及公共安全,没有限制的数据和信息流动可能会对国家安全造成重大影响。在此背景下,主要发达国家(地区)发起并达成《服务贸易总协定》和《数字经济伙伴关系协定》,对发展中国家(地区)形成新型服务贸易壁垒和数字贸易壁垒,在对外贸易领域之中发起新的更高层次和标准的贸易摩擦。

国际贸易摩擦严重冲击国家经济安全。第一,国际贸易摩擦必然带来相互之间经济利益的冲突,在摩擦博弈过程中会造成一方得益一方受损的局面。即使是双方通过友好磋商和谈判达成了妥善解决方案,也会从根本上恶化两国经贸关系,威胁国家经济安全。第二,国际贸易摩擦会削弱有关国家的产业或产品国际竞争力。国际贸易摩擦源自出口国家具有比较优势产业的强劲竞争力和国际市场分割的争夺,一旦爆发国际贸易摩擦,进口国家可以采取临时性限制调查措施和限制措施,遏制出口国家国际市场份额的继续增加和出口产业的竞争力提升。第三,国际贸易摩擦会破坏全球供应链和贸易规则。国际贸易摩擦带有强大的外溢性特征,在主要国家发起贸易摩擦后,跟随国家纷纷效仿,会极大挫伤全球实体经济信心,加剧大宗商品和金融市场波动,扰乱全球供应链,破坏全球贸易运行规则。第四,贸易摩擦的加剧往往波及政治领域,影响摩擦国家与主要贸易伙伴国的政治友好关系。

三、国际金融危机途径

国际金融是国家和地区之间由于经济、政治、文化等联系而产生的货币资金的周转与运动,国际金融是国际货币关系。全球化时代,各国之间的货币金融交往进一步紧密,并受到国际金融体系的约束。国际金融发展成为判断世界经济运行状况的"晴雨表"和重要渠道。国际金融危机是指在世界范围内主要国家的金融机构、金融资产、金融市场的剧烈波动,具体表现为银行金融机构及资金资本市场中的关键指标急剧恶化。国际金融危机使全球金融体系陷入混乱,其作为中介组织为经济活动分配资本的功能受阻,进一步导致整个世界经济体系震动,并有可能引发实体经济衰退,形成世界经济危机。国际金融危机具有影响范围广、波及面广、破坏程度大的特点。20世纪80年代,随着经济全球化的不断深化,国家之间的金融联系空前紧密,一国金融危机演化为国际金融危机的概率极大增加。国际金融危机对世界各国经济安全有深刻影响。

(一)国际金融危机的形成原因

20世纪80年代,拉美债务危机的爆发揭开了全球化时代国际金融的序幕。20世纪90年代国际金融危机时有爆发,1992年欧洲货币危机波及欧洲10个主要经济体。1994年墨西哥比索货币危机演变为全球金融危机,影响深远。1997年亚洲金融危机由对冲基金炒作新兴市场货币开始,影响东南亚主要国家股市、债市和汇市,引发全球经济衰退。进入21世纪以来,国际金融危机爆发更加频繁,2001年,阿根廷金融危机演化为社会危机。2007年美国次级抵押贷款危机演化为席卷全球的金融危机,对世界经济的危害堪比1929—1933年世界经济危机。2009年欧洲主权债务危机进一步恶化了本已十分脆弱的世界经济。

上述国际金融危机的形成无一例外地有其背后深层次驱动因素,这些潜在的因素包括不当的货币政策和财政政策、金融衍生品泛滥、银行顺周期操作、道德风险和逆向选择、国际货币体系的僵化以及金融监管体系缺位等。

1. 长期宽松型政策

20世纪80年代以后,世界主要国家纷纷采取宽松的货币政策,刺激经济增长。长期实行宽松的货币政策在实现短期宏观调控目标的同时也给经济长期发展带来隐患,低利率政策吸引大量投资,增加了投资和投机需求,在资本市场开放和宽松管理下,引导资金流向股票和房地产市场,最终导致生产相对过剩,资产泡沫积累,在外部冲击下破灭,引发虚拟经济危机,并由虚拟经济危机传至实体经济,引发金融危机。

2. 汇率风险

汇率是一国货币与另一国货币的兑换比例。在国际金本位制和布雷顿森林体系下,各国货币汇率保持相对稳定。1976年形成的牙买加体系下,浮动汇率合法化,外汇汇率由外汇市场供求共同决定。在直接标价法下,当一国货币对外升值幅度较大时,会严重影响该国出口贸易,削弱该国商品国际市场竞争力,进而影响升值国家经济总量,造成失业增加、国内投资不足、出口商品及服务大量滞销,经济陷入危机。相反,一国货币对外贬值,虽然有利于货物或服务出口,拉动总需求,刺激经济增长,但贬值幅度过大,会导致外汇市场预期转弱,外国资本抽逃,本国居民大量抛售本币,引发通货膨胀,形成本国货币进一步贬值压力,造成经济衰退。

3. 信息不对称风险

从一国内部金融机构角度来看,随着金融深化和自由化,银行体制改革不断推进,银行自主权利加大,逐利的市场经济行为得到进一步的强化,加之金融创新层出不穷,金融工具和金融操作类型日益增多,银行业务表外范围不断扩大,一国央行作为金融机构总监管者的监督难度和成本加大。商业银行和影子银行利用信息不对称优势,利用各种便利条件从事违规操作而又逃避监管,从而造成道德风险,累积非系统性金融风险。

4. 金融创新产品泛滥、高杠杆操作和监管缺失

金融深化和自由化过程中,金融创新不断持续,金融衍生产品不断增多,这些金融创新产品设计的初衷是回避和转嫁标的资产风险,但是在国际金融市场中关键领域监管缺失或监管不到位等原因导致衍生产品泛滥,不仅不能规避原有风险,反而将风险成倍地转移和扩散。除此之外,广泛存在的套利和盈利机会使银行及其他金融机构过度放大财务杠杆,以超出安全杠杆率10倍乃至20倍的规模进行交易。一旦发生违约损失,杠杆的放大作用会导致银行或者其他金融机构发生巨额亏损、资不抵债而破产倒闭,引发金融危机。

(二)国际金融危机的传导机制

1. 国际贸易传导机制

国际金融与国际贸易相伴相生,是经济全球化时代各国经济联系的两翼。当一国发生金融危机时,与之对外贸易联系紧密的国家必然受到冲击,在多边贸易体制和世界贸易自由化条件下,国际贸易成为金融危机传导的最主要渠道。国际贸易传导渠道主要包括贸易溢出效应和产业关联效应。贸易溢出效应是指一国金融危机通过货物或服务贸易溢出到别国,产生价格效应和收入效应,造成别国金融市场紊乱,基本经济面恶化。产业关联效应是指在全球价值链分工体系下,不同类型国家在价值链条上形成产业的前向关联和后向关联关系,当一国金融危机扩散到本国实体经济后,其会通过"存货的加速原理"和产业的"结构性震荡"两条途径传导至价值链上的主要国家。

2. 国际资本传导机制

20世纪80年代以来,以跨国公司为主导的国际资本流动进入加速期,全球范围内形成了多元化国际资本流动格局。国际资本流动在给本国带来生产要素和投资机会的同时,也成为国际金融危机传导的重要渠道。从东道国的角度来看,国际资本如果以实物投资或证券投资方式流入东道国,东道国若没有对流入资本进行产业投资引导或有效监管,出于逐利动机,外国资本将大量投入短期收益较高的虚拟经济。一旦投资母公司所在国出现金融危机,其便可借助投资资本传染至东道国虚拟经济,引发虚拟资产泡沫破灭,形成东道国金融危机。国际资本如果以国际银行贷款形式流入受资国,在债权国发生金融危机的条件下,债权国的金融市场流动性趋紧,会收缩信贷规模,给债务国带来流动性短缺危机。在债务国发生金融危机的条件下,债务国可能对主权债务违约,也会对债权国形成流动性压力,有可能演化为国际金融危机。

3. 传染效应机制

传染效应发生在金融联系高度紧密的国家间。一国爆发金融危机后,首先在对本国经济高度依存的国家间扩散,爆发危机国家的汇率、短期利率、资产价格、企业偿债能力等发生急剧、短暂波动,这些市场信号会改变投资者预期,导致投资者从该国市场抽离投资。同时,投资者面临资金短缺,还会抛售在其他市场上的投资,并逐步调整资产组合,减少将甚至完全不将与危机情况类似国家的资产纳入投资范围,这样导致金融危机借由投资者的理性预期在不同国家间传染。

4. 预期传导机制

投资者心理预期是国际金融发展的重要支撑因素。在金融创新不断深化的当代,投资者由于对一国金融危机的感知,会改变对与之类似国家的金融形势判断,进而造成投资者信心危机及投资者情绪变化,出现自我实现式货币金融危机。

(三)国际金融危机对国家经济安全的影响

1. 国际金融危机加剧经营危机与信任危机

在国际金融市场竞争日趋激烈、金融创新不断深化的当代,金融机构普遍面临经营危机与信任危机。国际金融危机使国际金融体系及各国金融市场中累积性矛盾集中爆发,危机过程中主要金融指标恶化,资金链条断裂,并通过传染效应机制、预期传导机制等波及整个金融系统,造成全球金融市场同频共振,金融机构大量停业、倒闭和重组。

2. 国际金融危机加剧汇率波动与风险

汇率是连接国际金融与国际贸易、实体经济的重要纽带。20世纪80年代以来的金融危机大多表现为货币、债务危机。这些危机爆发前后汇率剧烈波动,对各国对外贸易和对外投资造成汇率风险,不利于各国开放经济的安全发展。汇率波动和风险还会通过产业关联效应等从金融市场延伸至实体经济,对各国实体经济产生深远影响,加剧国家经济安全风险。

3. 国际金融危机造成危机国家经济濒临破产

金融危机中的主权债务危机表现为债务国无力偿还到期债务,国家主权信用评级降低,发生债务违约。在这种情况下,如果一国既不能通过债务重组或寻求债务减免化解债务违约风险,又不能依靠实体经济发展和出口增长获取外汇收入,积累外汇储备,很可能会发生国家经济破产。一旦国家经济破产,该国将进一步陷入通货膨胀、货币贬值、银行系统瘫痪等经济极端困境,并引发政治动荡和社会动荡。

4. 国际金融危机对世界经济安全造成重大冲击

当代国际金融危机的影响已不仅仅局限在虚拟经济范围,更深入实体经济领域。历次国际金融危机爆发后都导致全球经济增速放缓、投资水平大幅下降、物价利率下降、大宗商品和原材料价格上涨,极度恶化世界经济的环境,影响世界经济安全发展。

第三节 新时代维护国家经济安全的主要措施

我国作为世界上第一大发展中国家和第二大经济体,国家经济安全是国内经济发展和世界经济发展的中流砥柱。国家经济安全对内关系到中国式现代化和民族复兴的实现,对外关系到世界经济的和平与发展及人类命运共同体的建设。改革开放后,我国把维护国家安全和社会安定作为党与国家的一项基础性工作来抓。进入新时代,我国面临更为严峻的国家安全形势,外部压力前所未有,传统安全威胁和非传统安全威胁相互交织,"黑天鹅""灰犀牛"事件时有发生,我国维护国家安全的能力尚不足,经验尚不丰富,统筹协调的机制尚不完善。以习近平同志为核心的党中央坚持国家利益至上、人民安全至上,以政治安全为根本,以经济安全为基础,以综合国力提升为保障,创造性地提出总体国家安全观,统筹发展和安全,统筹开放和安全,统筹传统安全和非传统安全,统筹自身安全和共同安全,统筹维护国家安全和塑造国家安全,国家安全得到全面加强。

高质量发展阶段,为有效保障我国经济实现可持续安全与高质量发展,必须坚持"五个统筹",夯实筑牢国家经济安全这个国家安全基础。

一、做好国家经济安全监测预警

在经济全球化背景下,准确把握一国经济在全时期的总体状态,正确预测影响国家经济安全的风险及国家经济安全的状态变动趋势是国家经济安全监测预警的主要内容。进行国家经济安全监测预警,可以为政府制定防范和化解风险的措施提供必要的依据。

监测是指对构成国家经济安全的各层面、各指标总体运行状态进行实时性、全时性监督与评价,以发现国家经济安全系统非稳定性因素及其成因,为政府及时采取防控、调节措施提供充分的依据。预警是指对于国家经济安全的长期演化及影响因素的长期变动进行科学的预期性评价，以提前发现系统性风险和非系统性风险，为政府提前进行决策，采取防范和化解风险的措施提供依据。

（一）国家经济安全监测预警对象

进行国家经济安全监测和预警需要根据国家经济安全的构成层面和具体指标建立恰当的监测预警系统来实现。这些构成层面和具体指标即是国家经济安全监测的对象。在开放经济条件下，一国经济安全监测预警对象至少包括四个层面：第一是国内经济安全层面，主要对影响国家经济安全的重要指标和关键领域进行监测，如对经济制度、财政金融、重点产业、资源能源等的运行状况和安全态势进行统计分析、监测预警；第二是国际经济安全层面，主要对开放型经济发展的现状、趋势及影响因素进行监测预警，如对国际贸易依存度、国际资本流动趋势、国际金融主要指标、国际债务水平等进行统计分析、监测预警；第三是经济系统抗风险能力和韧性层面，主要对本国经济抵御系统性风险和非系统性风险的能力及经济的回旋余地进行监测预警，如对国家经济规模与结构、技术创新能力、重点企业生产运行态势、金融市场和业态发展程度等进行统计分析、监测预警；第四是经济系统抵御重大外部冲击影响层面，主要对事关国家经济安全的重要内外部冲击，经济运行的机遇、挑战、危险进行研判，统计分析经济系统对这些冲击或挑战的承载能力。

（二）国家经济安全监测预警的方法

在人工智能和"互联网＋"时代，国家经济安全监测预警的手段和方法日新月异，但统计指数法、案例分析法、数学模型法仍是国家经济安全监测预警的基本方法。

统计指数法是综合反映国家经济安全动态变动及其影响因素变化趋势的统计方法，通过计算国家经济安全重要指标或综合评价国家经济安全各层面、总体层面得出评分，根据评分进行国家经济安全的监测预警。这种方法的优点是可以反映国家经济安全及其构成因素的变动趋势和方向。

案例分析法是通过对国家经济安全典型案例进行深入分析，管窥全豹，由个案或跨案例比较从而获得总体国家经济安全信息的分析方法。该方法的优点是形象生动、简便易行。

数学模型法是利用函数关系建立复杂数学模型或仿真模型，采用动态优化、数学算法、参数及非参数方法研究国家经济安全系统动态变化的分析方法。该方法的优点是能够反映国家经济安全各构成因素的动态联系。

人工智能技术方法是在大数据背景下，利用国家经济安全系统的高维非结构化数据，进行数据切分、特征提取，对各指标进行排序、降维、回归等，通过机器学习、深度学习构建国家经济安全监测预警体系的方法。该方法的优点是能够比较精确地识别国家经济安全的风险点和潜在威胁。

二、坚持党对经济工作的领导，保证基本经济制度安全

党的领导是中国特色社会主义最本质的特征，是中国特色社会主义制度的最大优势。党的坚强领导是我国战胜一切困难、一切挑战和一切风险的根本所在。党对经济工作的集中统一领导是做好各项经济工作的根本遵循，也是成功应对经济社会发展重大风险的根本依靠。坚持党对经济工作的集中统一领导，首先就要坚持基本经济制度，保证基本经济制度安全。党的十九届四中全会通过的《中共中央关于坚持和完善中国特色社会主义制度、推进国家治理体系和治理能力现代化若干重大问题的决定》将公有制为主体、多种所有制经济共同发展，按劳分配为主体、多种分配方式并存，社会主义市场经济体制等列为我国基本经济制度，是对社会主义基本经济制度所作出的马克思主义深化与拓展。正是有了党对经济工作的集中统一领导，有了更为丰富的社会主义基本经济制度，我国才能在百年未有之大变局中爬坡迈坎、勠力前行，克服重重国际国内经济不确定性冲击，扎实做好供给侧结构性改革和现代化经济体系建设。在维护国家经济安全的新征程上，必须更为坚实地加强党对经济工作的集中统一领导，毫不动摇地巩固和发展公有制经济，毫不动摇地鼓励、支持、引导非公有制经济发展。加快完善社会主义市场经济体制，完善科技创新体制机制，建设更高水平的开放型经济新体制。

三、发挥举国体制的制度保障优势

在抵抗重大风险和外部冲击时，我国举国体制的制度优势尽显无遗。所谓举国体制，就是面对国家重大需求，通过政府力量和市场力量协同发力，凝聚和集成国家科技力量、社会资源攻坚克难，完成重大项目攻关和建设、应对重大外部冲击的组织模式和运行机制。举国体制的特征是充分发挥我国制度优势，把政府、市场、社会有机结合起来，综合运用行政、市场、法律等各种手段，集中力量、优化机制、协同攻关。举国体制在我国发展的不同阶段，呈现不同的形式，承担不同的历史使命、发挥不同的历史作用。当前世界处于百年未有之大变局叠加多重不确定性冲击，国际国内经济安全形势异常复杂，因此需建立新型举国体制，将我国政治制度优势与市场机制作用互动协同起来，使举国体制在新时代维护国家经济安全中发挥更强大的创新效能。

四、健全国家经济安全法律制度体系

国家安全立法是国家安全的基本保障。我国历来高度重视国家安全法治建设。新中国成立不久，为应对国家安全的内外部严峻形势，我国制定了《中华人民共和国宪法》，初步奠定了国家安全立法的基础。改革开放后，我国加强社会主义法制建设，法律体系不断完

善,国家安全立法取得了长足进展。我国颁布的 190 多部法律法规涉及国家安全问题,其中数十部主要规范国家安全问题,内容涵盖国家安全各领域,已初步搭建起我国国家安全法律制度体系框架。进入新时代以来,我国提出总体国家安全观,设立国家安全委员会,通过《中华人民共和国反间谍法》《中华人民共和国国家安全法》《中华人民共和国生物安全法》等法律,构建国家安全法律制度体系。

鉴于国家经济安全的重要性,把国家经济安全立法提上日程是全面推进依法治国的重要举措。为了保障我国经济发展拥有良好的法律环境,应充分发挥我国的制度优势,本着维护经济主权原则、适度国家干预原则和促进经济发展原则,尽快制定一部关于国家经济安全的统一法。在短期内无法实现统一立法的情况下,应尽快补充和完善行业的法律法规。

五、坚持做好政府审计

经济安全是保障国家安全的前提,"居安思危,思则有备,有备无患",在维护国家经济安全过程中,要充分重视国家经济安全的潜在威胁因素,防患于未然。政府审计是维护国家经济安全的有效措施。政府审计是一项古老而又现代的经济活动,早在我国西周时期,审计就已成为国家对地方收支进行监督检查的重要举措。西周时期设有"宰夫"一职,专司经济监督工作。春秋时期实行的"上计"制度,为我国最早的政府审计制度,秦汉时期的御史监察制度,主要职责就是对地方经济进行监督审查。隋唐时期的"比部"专司审计,成为独立于财政部门的监督机构。[①]

政府审计是指由专设机关依照法律对国家各级政府及金融机构、企业事业组织的重大项目和财务收支进行事前和事后审查的独立性经济监督活动,是国家安全的"免疫系统"。政府审计能够对有可能发生的风险或问题进行预测和评价,从源头上预防各种风险和损失的发生,发挥风险预判的前瞻性作用;针对审计过程中出现的问题和责任,可以提出解决的有效对策和建议,发挥防御性作用;针对经济领域发生的违法违约行为予以揭露,及时矫正和处罚,发挥执纪执法的批判性作用。

正是政府审计的本质和特点,决定了政府审计是维护国家安全,特别是国家经济安全,保障国家利益的有效措施。维护国家经济安全是审计工作的第一要务,维护国家安全、保护国家利益是政府审计的永恒主题。

(一) 政府审计的内容

政府审计的内容多种多样。根据政府审计对象的不同,可以将政府审计划分为财政审计、金融审计、国有企业审计、资源环境审计、社会保障审计、行政事业审计。

---

① 张鸿杰,贾丛民.中国审计大辞典[M].沈阳:辽宁人民出版社,1990.

(1) 财政审计。财政审计是政府审计机关依照法律对政府公共财政收支的真实性、合规性、合法性和效益性所实施的审计监督,是政府财政监督的形式之一。财政审计包括本级预算执行审计、下级政府预算执行和决算审计,以及其他财政收支审计等。

(2) 金融审计。金融审计是政府审计机关对国家金融机构资金收支的规模、结构的合规性、合法性及效益性进行的审查监督,是金融监督的形式之一。金融审计发挥着重要的防范金融风险作用。

(3) 国有企业审计。国有企业审计是政府审计机关为维护国家所有者权益,依照法律对各级企事业单位的国有资产保值增值情况的真实性、准确性及有关国有资产重要指标的完成情况进行的审计监督,以完善企事业单位的经营管理和外部环境的审计行为。

(4) 资源环境审计。资源环境审计是政府审计机关依据有关环境法规、政策和标准,遵循审计原则运用审计程序和方法,综合性、系统性地对资源环境保护政策实施、资源环境保护专项资金等进行审计,提出整改建议、维护国家权益的一类审计。

(5) 社会保障审计。社会保障审计是政府审计机关对政府部门管理的和社会团体受政府部门委托管理的社会保障资金财务收支的真实、合法、效益进行的审计监督。

(6) 行政事业审计。行政事业审计是政府审计机关对政府管理的行政事业单位的财政、财务收支进行的审计,以确定其财政、财务收支的真实性、合法性,促使其加强财务管理,规范经济活动。

(二) 政府审计维护国家经济安全的途径

政府审计以维护国家经济安全为首要任务,在审计过程中发挥监测、鉴证、预防、预警、纠偏和修复作用。政府审计维护国家经济安全的作用途径可以分为直接途径和间接途径。其中,政府审计的监测、鉴证作用是维护国家经济安全的直接途径,政府审计的预防、预警、纠偏及修复作用是维护国家经济安全的间接途径。

(1) 政府审计的监测作用。政府审计作为公众受托责任,通过对国家经济发展的关键领域重要指标进行监测,从而发现经济安全风险点位和可能隐患。审计部门通过经济统计系统收集原始审计资料,获取国家经济安全系列指标,进行系统分类和归纳整理,确定审计重点、程序和方法,排除和防范经济安全风险。

(2) 政府审计的鉴证作用。政府审计可以借助考核指标和具体标准,鉴定各级政府工作业绩,评判履职尽责程度,形成抵御风险、促进工作、公平竞争、优胜劣汰的局面。这种审计工作主要通过审查被审计单位财政资金收支情况,重要经济活动真实性、合法性和效益性来实施。这类审计一般面向公共资源与资源环境展开,可以揭示公共资源利用效率、资源环境保护程度等。

(3) 政府审计的预防作用。在"互联网+审计"、专项审计调查等审计技术不断创新的背景下,政府审计在查处违法、违纪等问题上的能力不断增强。通过审计发现违法违纪事实,对危害国家经济安全的行为产生威慑力,有利于防微杜渐,预防危害国家和公众经济利益的行为发生。这类审计一般面向重点领域风险防控开展,包括国家重点建设项目、环境保护与治理、金融行业和政府债务等。

(4) 政府审计的预警作用。政府审计不但可以事前预防重大经济风险发生,也可以在事中预警不安全因素对国家经济安全的威胁。国家经济安全的威胁因素除个别为突发性外部冲击外,一般有风险累积过程,经历由量变到质变的过渡。政府审计可以在这一变化过程中实施经济风险识别程序,收集经济安全信息,进行审计统计和量化分析,一旦发现潜在或正在发生的安全威胁,就可以向被审计单位及相关部门预警风险,提示危害,将危害经济安全的威胁因素消除在萌芽阶段。如全球金融危机爆发后,各国政府审计部门都加强了对本国金融机构和资金资本流动的审计工作,及时掌握危机传导机制,进行风险预警。

(5) 政府审计的纠偏作用。由于国家经济安全的综合性及复杂性,威胁经济安全的因素无法在事前或事中被一一识别,导致风险发生。在审计过程中,审计机关可以利用法律赋予的权力,及时采取果断措施,制止违法违规行为继续侵害,纠正被审计单位的错误行为,减小风险发生后的危害后果。政府审计的纠偏作用还体现为对政府专门政策实施的审计,通过跟踪调查,在政策效果出现弱化时及时纠偏,有利于政府宏观调控政策的落地生效。

(6) 政府审计的修复作用。政府审计通过对经济运行过程及其结果的监督与评价,可以发现经济规划与经济政策在执行过程中存在的缺陷,并提供审计证据,为政府部门修复有关规划与政策、完善政府治理体系提供重要支撑。

政府审计维护国家经济安全的途径如图7-3所示。

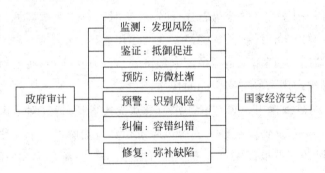

图7-3 政府审计维护国家经济安全的途径

六、运用国际通行规则维护国家经济安全

对外开放是当代中国的鲜明标识,对外开放激活了中国发展的源动力,也激活了世界经济持续增长的重要拉动力。在维护国家经济安全的过程中,不能关起门来谋发展、谋安全,必须做好"制度型开放""规则型开放"。当前面对百年未有之大变局,发达国家试图跳出WTO困境,在服务贸易、数字贸易、国际投资等国际经贸多领域中达成双边协定,以抢占

新一轮信息技术革命和全球化的制高点。我国应更为积极地构建多双边经贸合作关系,积极参与世界贸易组织改革,深度参与多双边经贸规则谈判,推动构建更高水平的国际经贸规则和形成更加公平合理的国际经济治理体系。

【本章复习思考题】

1. 简述国家经济安全的内涵与特征。
2. 简述国家经济安全的基本构成内容。
3. 论述经济全球化背景下世界经济危机对国家经济安全的影响。
4. 论述经济全球化背景下国际贸易失衡对国家经济安全的影响。
5. 论述当代发达国家主导的国际经贸新规则对我国国家经济安全的影响。
6. 论述新时代我国维护国家经济安全的主要对策。

【本章荐读书目】

1. 李孟刚,贾晓俊,华国伟.国家经济安全概论[M].北京:高等教育出版社,2023.
2. 何维达.全球化背景下的国家经济安全与发展[M].北京:机械工业出版社,2012.
3. 雷家骕.国家经济安全:理论与分析方法[M].北京:清华大学出版社,2011.
4. 范维澄.国家安全科学导论[M].北京:科学出版社,2021.
5. 郑通汉.经济全球化中的国家经济安全问题[M].北京:国防大学出版社,1999.
6. 戈莫里,鲍莫尔.全球贸易和国家利益冲突[M].文爽,乔羽,译.北京:中信出版集团,2018.

【即测即练】

第八章

经济全球化与双循环新发展格局

【本章学习目标】

(1) 了解双循环新发展格局的基本逻辑与国际背景;
(2) 熟悉中国经济发展现状与如何畅通国内经济循环;
(3) 分析中国构建双循环新发展格局的国内基础以及实施路径。

【本章基本概念】

双循环新发展格局;国内大循环;国际经济循环;全球经济治理体系;国际经济分工格局;全球价值链分工模式;区域价值链;供应链多元化;经济周期冲击;地缘政治冲突

自2020年以来,在复杂多变的国内外政治经济形势下,我国提出双循环战略,要形成以国内大循环为主体、国内国际双循环相互促进的新发展格局。双循环新发展格局是根据我国新发展阶段、新发展环境、新发展条件变化作出的新时代战略选择,是事关全局的系统性、深层次变革,也是"十四五"乃至未来更长时期我国经济社会发展的主线和重要指导思想。只有深刻认识新发展格局的理论逻辑、核心要义以及国内外背景,才能更好地把握主要着力点和路径,推动形成新发展格局。

第一节 构建双循环新发展格局的国际背景

一、全球经济治理体系重构

2008年国际金融危机以来,国际国内环境发生了巨大的变化。保护主义和极端主义的各种思潮、运动和政治选择不断涌现,使经济全球化进入一个深度调整期。

(一) 全球经济治理体系演进

全球经济治理体系是全球经济治理的制度体系,是各国作为主体协调全球经济的各种国家集团、组织、机制和规则的总和,广义上包括由国家和非国家行为者组成的各种多边、区域和双边机制、协定、正式和非正式规则。在这种意义上,制度是全球经济治理的基础,而全球经济治理的本质就是制度体系。纵观国际政治经济运行的历史,第二次世界大战后本轮经济全球化的特点之一就是制度先行,主导国与主要国家首先谈判,建立和设计以布雷顿森林体系为基础的制度框架,以此形成基于规则的全球经济治理体系。随着全球经济一体化进程的推进,全球经济治理体系也在不断变化和调整。

1. 布雷顿森林体系的兴衰期(20 世纪 40—70 年代)

第二次世界大战之后,基于经济大萧条的经验和战后重建的需求,美国通过主导建立国际援助机构、提供一揽子援助计划,构建起美国主导的布雷顿森林体系(Bretton Woods System),它是全球经济治理体系的基础,在国际金融领域包括国际货币基金组织及世界银行,在国际贸易方面建立了关税及贸易总协定。布雷顿森林体系曾经是"最稳固的货币系统,真正的经济表现也是最好的"。超越国家的国际经济组织的建立,标志着世界体制文明的进一步发展。当然,这个"金字塔"形的国际货币体系,在很大程度上体现了西方发达国家如美欧的利益。

然而,在朝鲜战争和越南战争、石油危机等因素的影响下,美债持续居高不下、国际收支不平衡、美元汇率急剧下跌,导致美元危机的出现。与此同时,日本、西欧等国家逐渐崛起,美国的经济力量相对薄弱,不能担负起稳定美元汇率的重任。因此,各国放弃了与美元挂钩的汇率安排,转而实行浮动汇率制度。1973 年,以美元为核心的世界货币体系解体,布雷顿森林体系也随之崩溃。然而,在布雷顿森林体系结束后,三个主要的国际多边机构仍然占据世界经济的主导地位。

2. 新自由主义制度的兴起期(20 世纪 70—90 年代)

20 世纪 70 年代初期,受石油危机的影响,西方国家的宏观经济由"有效需求不足"转变为"有效供给匮乏",从而使西方国家进入"滞胀"的"高通货膨胀"和"慢增长"的两难境地。在"滞胀"危机的影响下,奉行新自由主义的英、美两国联合发动了新自由主义改革,使得新自由主义在西方国家中成为根除"滞胀"的利器。20 世纪 80 年代,新自由主义开始从理论和学术层面走向政治化、意识形态化和范式化,这是美、英国家垄断企业推动经济全球化进程的一条重要途径。因此,以美国为首的西方发达国家和三个主要的国际组织对发展中国家进行了新自由主义的宣传,并以经济援助的名义引诱发展中国家进行经济、政治和文化变革。

3. 全球经济治理体系复杂演变期(20 世纪 90 年代至今)

以布雷顿森林体系为基础的治理体系可以说是西方国家在冷战时期所主导的全球经济治理体系。但是苏联并没有参与布雷顿森林体系,它在另一个系统中起着重要作用,那就是以卢布为单位的"经济互助委员会"。所以,从严格意义上讲,冷战时期的全球治理体制是两个并行的"半球治理"体系,两大阵营对立,经贸关系薄弱。当然,这两个体系的力量和规模不对称且很多国家都是独立于这两个体系之外的。然而伴随着以苏联解体为标志的冷战终结,国际力量对比发生了深刻的改变。两大阵营的对抗已经结束,美国处在"一超独霸"的状态。随着世界经济一体化进程的加快,俄罗斯等转型期国家也相继加入,商品、商贸、人口往来,世界政治、经济和文化交流日益紧密。同时,中国快速发展,新兴经济体如金砖五国(BRICS)的影响力日益增强,国际势力对比呈现"东升西降"的态势,全球格局也呈现多元化的态势。

东亚金融风暴推动了二十国集团(G20)的建立。作为一种新的国际协作机制,G20 的成立实现了全球经济治理体系的变革。虽然东亚的金融风暴在地区范围内得到了遏制,但是这场危机却让西方七国集团(G7)国家认识到要齐心协力应对亚洲的金融风暴,并对现有的国际金融系统进行改造,从而推动世界经济与金融的稳定。美国的次级抵押贷款问题在 2008 年引发了世界范围内的经济危机,而世界范围内的经济也遭受了 20 世纪 30 年代早期大衰退后的最大打击,这对 G7 国家的全球经济管理体制形成了巨大的挑战。从"G7 时代"到"G20 时代"的一个重要转型,使世界各国的经济管理体制发生了巨大的变化。

(二) 全球经济治理体系现状

当前,各主权国家参与全球经济治理主要通过如下三种不同的组织与合作机制来实现:一是实体性国际组织,主要包括世界贸易组织、国际货币基金组织、世界银行,这些机构制定了具有约束力的国际规则,并拥有较大数量的专职人员,它们仍是全球经济治理的主要渠道。二是非实体合作机制,包括 G20、G7、BRICS 等,它们主要提供对话、协商和政策协调平台,通常没有建立规则的功能,也没有庞大的专职人员队伍。三是经济合作倡议,如以"一带一路"为主体一国提出、多国参与的经济治理模式,为全球经济治理提供新的思路、模式和方案。

1. 传统国际组织仍是全球经济治理的主渠道

尽管全球经济治理领域日益增多、机制日益多元化,但现阶段主要治理渠道仍是以世界贸易组织、国际货币基金组织和世界银行为代表的传统组织机构。这三个机构在短期内具有其他机制无法比拟的优势:一是涉及的领域非常重要。国际经济活动虽然错综复杂,但商品与资本流动是最基本、最重要的内容。世界贸易组织是世界贸易领域唯一的多边组织,国际货币基金组织和世界银行作为国际货币金融领域的主要支柱,在全球经济治理中扮演着举足轻重的角色。二是成员众多。截至 2022 年底,世界贸易组织、国际货币基金组织和世界银行分别拥有 164 个成员、190 个成员和 189 个成员。一国(地区)是这些机构的成员,尤其是世界贸易组织和国际货币基金组织的成员,是其融入国际经济规则体系的重要标志。三是专业化优势。世界贸易组织专门处理与国际贸易有关的事务,国际货币基金组织和世界银行专门处理与国际货币金融有关的事务。这三个机构经过多年的经营,积累了丰富的知识、经验和案例,能够有效地监督和指导国际贸易、货币、金融的运行,为各国(地区)的贸易、货币、金融领域的规则建设和能力建设提供专业意见和建议。四是实用化的优势。这三个机构都建立了一套具有约束力的规则体系,并由专职人员负责规则执行,从某种意义上讲,它们为全球经济治理提供了国际法依据。与之相比,G20 和 G7 等非实体合作机制更多侧重对话、协商和协调,通常不会形成具有约束力的规则,涉及具体领域的具体问题往往需要依靠现有规则体系,如 WTO、IMF 等。

2. G20 成为国际经济合作主要论坛

G20 作为重要的国际经济合作论坛,其优势在于:一是成员覆盖范围广、代表性强,其组成既考虑到发达国家与发展中国家的利益均衡,又考虑到各地区的利益均衡。根据 UNCTAD 统计数据,二十国集团目前拥有全球 2/3 的人口、55% 的国土、86% 的国内生产总值和 75% 的贸易额。二是 G20 将由各国首脑会议主导,由各国财政部部长和中央银行行长组成,以及贸易、劳动就业、农业、能源、数字经济、卫生等领域的部长组成,在宏观和微观层面上都能发挥重要作用。2016 年的 G20 杭州峰会,中国利用议题与议程设定主动权,引领峰会取得一系列具有开创性、先导性、机制性的成就,首次对中国的全球经济管理进行了全面的解读,首次将创新视为其核心成果,将发展放在全球宏观政策的协调中,首次提出了全球多边投资规则的第一个框架,首次发表了关于气候变化的主席宣言,将绿色金融纳入 G20 的第一个日程,尤其是《G20 深化结构性改革议程》之下的一系列定量指标体系,在全球经济治理方面有着中国的烙印。

3. 金砖国家拓展全球治理新平台

随着新兴市场和发展中国家群体性崛起,其越来越多地通过各种机制参与全球经济治理和区域经济合作,其中最重要、最具全球影响力的当属金砖国家合作机制,其成员涵盖亚洲国家(中国和印度)、欧洲国家(俄罗斯)、非洲国家(南非)和美洲国家(巴西),根据《金砖国家联合统计手册》,金砖国家国土面积占世界领土总面积的 26.5%,人口占世界总人口的 42.1%,经济总量约占世界的 1/4,在国际货币基金组织的份额为 14.84%,在世界银行的投票权占比为 13.39%,在新兴市场和发展中国家中具有很强的代表性和影响力。金砖国家领导人于 2017 年 9 月在福建厦门举行第九届金砖国家领导人会晤。中国作为东道主首次提出"金砖+",并邀请了埃及、几内亚、墨西哥、塔吉克斯坦、泰国等发展中国家的领导人,与金砖国家的领导人就"深化互利合作,促进共同发展"的主题进行了对话。"金砖+"概念的提出以及发展中国家和新兴市场国家间的对话,标志着金砖国家合作机制更开放、更具弹性、更好地推动南南合作和全球经济治理。

(三)全球经济治理体系加速重构的挑战

1. 地缘政治冲突的外部冲击

俄乌冲突是多国力量之间复杂而深刻的冲突,对世界的政治、经济和国际秩序产生了巨大的冲击。西方国家在俄乌冲突中"武器化"金融工具,充分显示全球经济治理平台面临政治工具化的危险,全球经济治理体系的有效性与合法性受到质疑。俄乌冲突引发的全球性问题和安全问题日益突出,能源危机、全球通胀加剧、粮食危机等问题层出不穷,加上贸易保护主义抬头和"去全球化"思潮泛起,"真正的多边主义"面临前所未有的制度压力和成本。同时,在俄乌冲突中,"和平赤字"凸显了"泛武器化"现象,影响了全球议题,破坏了合作机制,加速了全球经济治理体系的重构。

2. 美国对外政策的深刻调整

自1918年美国提出威尔逊主义以后,除了20世纪30年代的大危机中短暂的几次之外,美国一以贯之的外交政策主要表现为:美国责任、自由主义和多边主义。第二次世界大战后,以联合国为中心的布雷顿森林体系和世界政治经济格局的形成,是由上述三种思想所决定的。但是,现在美国正从"美国责任"走向"美国优先"、从"自由主义"走向"保护主义"、从"多边主义"走向"单边主义",这三个基本概念都在发生变化。美国外交政策的这种转变,是其国内政治、经济、社会结构发生深刻变革的结果。

"美国优先"对全球经济治理的基本观念产生了重大影响。各国要在全球经济治理中建立稳固的合作关系,首先要承认人类是一个命运共同体这一客观现实,并在保障各自利益的基础上承担相应的国际责任。因此,全球经济治理的理念基础是责任意识,尤其是大国责任意识。如果只顾自己的利益而忽略相应的国际义务,国际社会在某种程度上便处于无政府的"丛林"状态,就难以建立和完善全球经济治理体系。美国是当今世界上唯一的超级大国,它公然宣扬"美国优先",以美国的利益为第一要务,在气候变化、宏观政策协调、发展援助等问题上"退群"来逃避国际义务,不但使国际公共物品供应下降,也使其成为全球政治和经济动荡的一个主要来源,对全球经济治理产生了极为消极的影响。

3. 发达国家与发展中国家力量的相对变化

19世纪末,发达国家和发展中国家之间的经济发展差距不断扩大,全球经济长期呈现"大分流"的形态。20世纪90年代初期,是全球经济由"大分流"转向"大趋同"的一个重要时期。进入21世纪,尤其是全球金融风暴之后,作为新兴经济体和发展中国家的群体力量日渐增强。据IMF测算,1992年发达国家GDP在世界上的份额为83.6%,并在2022年降到59.4%,与此同时,新兴市场和发展中国家GDP全球占比从16.4%上升到41.1%。

但是,作为全球经济治理的主要通道,国际货币基金组织和世界银行等传统的国际组织对新兴市场和发展中国家群体崛起所产生的影响尚未完全体现出来。在国际金融危机之后,尽管国际货币基金组织和世界银行都进行了一些改革,将一些投票权转移给了发展中国家,但是美国领导的发达国家仍然占有绝对的统治地位,尤其是美国在这两个机构中拥有完全的否决权。根据规定,国际货币基金组织和世界银行的重大法案必须得到85%以上的支持,美国在国际货币基金组织拥有17.41%的投票率,在世界银行拥有15.87%的投票率。换句话说,在国际货币基金组织和世界银行体系内,任何违背美国意愿和利益的规则,不管它对世界各国,尤其是对发展中国家有多大的好处,都会遭到美国的一票否决。

4. 新一轮科技革命和产业变革深入推进

当今世界,新一代人工智能和信息技术的不断发展以及科技革命和产业变革不断深化,深刻地改变着人们的生产和生活方式,并促使经济全球化格局发生深刻调整。但是,当前的国际贸易投资规则尚不能完全适应新的形势。例如,随着科技革命与产业变革的有效驱动,商品贸易强度的降低与服务贸易比重的增加已成为必然趋势。2010年以来,全球商品贸易和直接投资没有显著增长,而无形产品和服务,如服务贸易、特许使用和许可费则迅速增长。然而,世界贸易组织虽有服务贸易规则,但采用正面清单法进行市场准入谈判时,各国的服务贸易壁垒明显高于货物贸易。同时,服务贸易不仅涉及准入问题,而且涉及大量边境后监管协调问题,在知识产权领域尤为突出,而现行国际贸易规则的重点仍然是市场准入,缺乏深入的协商与协调机制。与此同时,缺乏充分的准备和有效的应对措施来应对就业和收入不平等。与以往工业革命相比,新一轮科技革命在速度、广度、深度上达到了空前的高度,对就业市场造成更大、更快的破坏,两个层次的就业市场压力可能会加剧,财富会越来越集中于技术和资本所有者,如创新者、投资人和股东,他们和工薪阶层之间的差距会更大。同时,数字技术发展推动企业组织平台化,也加速了财富与权力向少数平台集中,少数几家规模较大的平台可能会成为各行业的寡头。因此,现有的全球经济治理体系已经无法应对上一轮经济全球化带来的利益不均,新一轮科技革命和产业变革可能导致就业和收入不平等的加剧,对全球经济治理体系构成了严峻挑战。

二、国际经济分工格局重构

(一) 国际经济分工模式演进

第一次工业革命以来,国际经济分工模式发生了深刻变化。传统的手工生产方式被机械化的生产方式所取代,并逐步向智能化、数字化的方向发展。国际分工模式也随之发生变化,由传统的以最终品为基础的产业分工模式向产业内分工模式转变,再到以产品价值增值为基础的产品内分工模式。国际分工模式已进入全球价值链时代[①],全球价值链分工模式已成为国际分工的主导形式。但近年来逆全球化趋势抬头,国际分工增长乏力,全球价值链面临多重挑战,本地化、区域化等新特征开始显现,对全球价值链分工模式提出新的要求。同时,世界范围内的价值观、意识形态等非经济要素对全球价值链的形成也产生了一定的冲击。当前国际形势复杂,调整国际贸易政策体系是新形势的内在要求。因此,中国要深刻认识全球价值链的结构特征及其对国际贸易规则和政策体系的影响,既要把握经济全球化与国际生产、分工方式的历史演进及其内在规律,又要紧密结合当前国际形势的变化。

1. 产业内分工模式

随着社会生产力的发展,国际分工模式也在不断演进和发展。自18世纪中期以来,随着机械的出现和大量应用,生产力得到了前所未有的提升,生产方式由工场手工业逐渐过渡到大型机械生产法,为世界劳动关系的发展打下了坚实的物质基础,分工前所未有地深

---

① World Bank. World development report 2020: trading for development in the age of global value chains[R/OL]. https://openknowledge.worldbank.org/handle/10986/32437 License: CC BY 3.0 IGO.

化。直至19世纪60年代，世界上的分工模式才逐渐成形。在此期间，欧美等以英国为主体的国际分工枢纽，相继实现了工业革命，传统的农业型经济被逐步取代，生产率大大提高，而伴随着机械工业技术的发展，工业革命后，各国的产量也随之暴涨，一方面是为了适应国内的需要，另一方面是为了扩大国内的消费。这时，为了满足大机械产业的需要，各地区逐步建立不同的生产组织，而不同地区的劳动分工也从单一的国家和民族中分离出来。在此期间，比较优势理论是国际贸易的理论基础，产业间贸易是国家之间交易的主要形式。

自19世纪70年代起，第二次工业革命出现的电力发明、电动机和内燃机，大大促进了生产力的发展，并促进了资本主义国家重工业的迅速发展，从而确立了世界上资本主义工业的地位。同时，生产的发展，市场竞争的激烈，促使资本集中化，资本主义的独占生产模式逐步成形，而且在持续地扩展。随着资金的不断出口，国际劳动分工不断深化。总体而言，该阶段的国际劳动分工格局是由发达国家和亚非拉两个经济体形成的"垂直型"的劳动关系，直至第二次世界大战结束。与此同时，在这个过程中，出现了"水平式"的资本主义分工格局。

2. 产品内分工模式

第二次世界大战以后，世界范围内的国际分工不断深化。自第三次工业革命以来，原子能、电子计算机等技术的发展和运用，不但促进了美国等资本主义大国的高技术工业的发展，而且促进了亚非拉等国和区域的工业化，并对全球经济的整体格局造成了巨大的冲击。第二次世界大战之后，不但高科技工业迅速发展，而且世界地缘格局出现了巨大的变革：战前的殖民地制度解体，大量的发展中国家实现了政治上的独立自主，它们也谋求经济上的进步，进入工业化的轨道，进一步参与国际上的劳动分工。不同经济结构、不同发展水平的国家，依据各自的技术水平，已不限于行业间的相互竞争，而是在各个行业中深入，并在全球范围内进行分工。从第二次世界大战结束至20世纪80年代，发展中国家的工业化水平得到了显著提高，与发达国家之间的工业产品贸易有所增加，但与发达国家之间的技术鸿沟依然很大。在此期间，发展中国家从事的大多是劳动密集、技术水平低下、被发达国家所淘汰的工业，而发达国家的工业却在转型，从事高科技工业的分工。因此，在这个阶段，世界上的贸易以发达国家和发展中国家的技术含量较高的商品为主。

3. 全球价值链分工模式

20世纪80年代后，受科技革命的冲击，新一代信息技术迅速发展，降低了通信及贸易的成本，同时减少了观念沟通的代价。随着全球化的到来，世界范围内的生产方式及劳动分工方式也在逐步发展。随着跨国互联程度的提高以及数字技术的发展，各国之间的国际生产和贸易更加分散，从而使各国可以更好地参与世界生产和交易。与此同时，随着跨国公司在国际经济中的崛起和参与，国际分工由产品层面的产业内分工细化为产品内部不同工序间的分工，即产品内分工或全球价值链。具体来说，无论是生产分工形式的新特征还是全球中间产品贸易的变化，都表明国际分工体系进入全球价值链时代。

从生产分工的形式来看，全球价值链与"产品和服务的生产及销售过程中的一系列阶段"紧密联系在一起,每一阶段都增加了价值,不同国家至少生产了两个阶段,而且每个国家不再只出口完全在本国境内生产的产品,而是越来越注重产品生产的特定阶段。20世纪80年代以来,随着国际分工的深化,产品生产过程被分解成不同的环节,不同国家根据各自的生产优势参与产品生产过程中的某一环节,形成不同国家专业化生产不同工序和区段的新国际分工体系,也即形成"多阶段生产"的分工模式。因此,从生产分工演进来看,国际分工已经进入全球价值链时代。同时,从全球中间品贸易的变化来看,作为全球价值链基础的中间品贸易近年来发展迅速,在很长一段时间内,中间品贸易占全球总出口额的50%以上。正是中间品贸易的迅速发展,使国际生产分工向全球化方向发展,最终推动全球价值链时代的到来。此外,随着全球化生产分工进入全球价值链时代,全球价值链在全球贸易中占有越来越重要的地位,全球价值链贸易持续增长,特别是21世纪之初,全球价值链占全球贸易总额的比重迅速上升,一度超过50%,推动了全球经济的繁荣。

虽然自20世纪80年代开始,世界范围内的产业分工得到了进一步的发展,并且世界范围内的价值链条得到了迅速的发展。另外,由于生产环节的技术壁垒不断加深,生产过程的劳动分工不能无限制地进行;而世界范围内的贸易保护主义抬头,特别是英国脱欧等问题的出现,必然使世界的经济变得更加动荡,从而影响整个世界的价值链条。随着世界经济一体化的不断发展,世界范围内的价值链条随之步入一个新的发展时期。在这一进程中,一些国家出于社会和工业安全考量,加快了将重要的工业转移到本国发展的步伐,同时也为了防止国际上的价值链断裂,世界范围内的分工越来越多样化。而随着全球经济一体化的不断发展,世界范围内的价值链也逐渐走向区域性。因此,在目前的发展时期,全球化的价值链条表现出本土化、区域化、多元化等新特点,并且越来越受价值观、意识形态等因素的制约,各国之间越来越注重国际价值链条的稳定性。

(二)国际经济分工格局面临的挑战与调整

20世纪80年代以来,信息技术的变革极大地降低了资本、信息和人才在全球自由流通的成本,促进了以纵向专业分工为标志的全球化分工,从而使以中间产品为代表的全球贸易继续保持较快的速度,而以中国为代表的发展中国家则能够迅速地参与全球化的进程,从而促进经济快速发展。但在经历了全球经济危机后,这种传统的经济增长势头开始减弱,2011—2016年,国际贸易额增长速度始终比全球增长速度慢,跨境资本的规模也没有达到经济危机之前的程度。虽然新一波的资讯科技变革将价值链条的零碎与分散发展推向了新的高度,然而"逆全球化"的浪潮却带来了世界范围内的深刻变革。

1. 供应链多元化趋势

在全球金融危机爆发后,各国为促进经济复苏,以及应对新一次工业革命的影响,都采取了"再工业化"的策略,试图将海外的生产基地带回本国。在新冠病毒感染疫情暴发以后,这一目标得到了进一步强化。白宫全国经济理事会曾提及一项政策,这一政策可以使美国公司从中国回流,即100%将资金从中国转移至海外,目的是支付美国公司迁离中国的成本。为了缓解新冠病毒感染疫情的不利影响,日本工业部门出台了 108 万亿日元(约合人民币 7 万亿元)的经济援助方案,特别列出了 2 435 亿日元(约合人民币 158 亿元)资金,以帮助日本企业从中国撤走生产线,并在日本增加工厂产能,同时也防止过度依靠中国的供应链。法国马克龙在视察一家制造面具的中小型企业时表示,要增加法国的产量,确保其在一些行业拥有绝对的独立性,而不是现在依赖其他国家。虽然这也许只是各国政府一厢情愿的想法,但是在"逆全球化"背景下,各国政府对于自己企业供应链多元化的支持程度可见一斑。

2. 区域供需网络和新价值链形成

"逆全球化"的思想是,一方面促使人们寻求经济主权的回归,加剧了全球经济的不稳定性;另一方面促使全球价值链的分化与断裂,促使新的价值链结构对国际分工系统发挥作用。"逆全球化"的结果是,一些与安全、民生相关的行业,想要在国内建立一条相对完整的产业链,从而获得更多的控制权,这既可以解决"倚外"的问题,也可以减少制造业的空心化造成的失业问题,从而在某种程度上增强国家价值链(NVC)的能力,也就是依靠本国的市场,掌握价值链的关键,从而建立起一个相对封闭但完整的价值链体系。另外,随着双边和地区自由贸易协议的日益增多,以及中美贸易摩擦的持续冲击,世界价值链从两个主要经济体的直接分工转变为间接的路径,"北-北"的全球分工和"南-南"的加速,已经改变了行业的国际分工格局,并催生了新的区域价值链(regional value chains,RVC)。在新兴经济体与发达国家间,RVC 的发展日益深入,当前产品价值创造环节的区域化特征日益明显,产品价值链由美国、德国、日本、中国四巨头组成,逐步形成北美区域价值链、欧洲区域价值链以及亚洲区域价值链。贸易摩擦不仅打破了世界价值链的均衡,而且加深了各国对国际投资基金的参与。从某种意义上说,区域价值链是对全球价值链的一种有益补充,可以有效地减小贸易摩擦的消极影响。

3. 国际经贸规则的重构

随着"逆全球化"浪潮的兴起,世界经济贸易秩序随之发生巨大的变革。首先,区域化的原则取代了全球的规范。日、美、欧等发达国家和地区积极参加区域贸易协定的谈判,其中包括 CPTPP、《跨大西洋贸易与投资伙伴协议(TTIP)》、USMCA、RCEP 等一系列协定。其次,开放的贸易和投资的门槛更高。发达国家或地区将发展中国家或地区视为"搭便车",但没有承担同样的责任,因此建立了一个较高的双边贸易标准,以便在今后的 GVC 中继续占据优势,这表现在以下方面:更高的市场门槛,更宽的竞争政策,更多的知识产权,更严格的劳动和环保标准以及更强大的争议处理机制。此外,服务业的法规也日益重要。新的经济政策调整重心由商品交易转移到服务业等领域,发达国家也在努力减少服务贸易、维护外国投资者的利益,以此来强化自己的竞争优势。

4. 收入不平等对国际分工的挑战

生产全球化极大地扩展了资本要素的利益,极大地解放了生产资本以获取全球绝对要素优势这一最高诉求。在此过程中,资本根据边际产出,通过 FDI 或 ODI 与全球市场相融合,由此形成的全球价值链和分工必然导致大量的就业机会转移。此外,全球化进程的加快,高收入阶层收入迅速增长,代际流动性下降,收入差距不断扩大,这些因素对经济全球化政策造成了更大的阻力。

首先,就业岗位一直在减少。根据美国劳工部数据,1979年,美国创造了1 943万个制造业就业岗位的峰值,之后一直下滑,从2000年的1 727万个就业岗位,到2010年的1 153万个,而在2016年只有1 235万个。制造业就业在总就业中的占比也持续下降,从1943年的38.7%到了2016年底的8.4%。其次,劳动者的绝对收入在代际流动中(剔除物价影响)持续下降。根据不同年代出生的美国工人及其父母的收入调查结果,在1970年至2014年,30岁的劳动者收入超过父母(同30岁)的比例从90%下降至41%。再次,中产阶层的下降幅度最大,根据世界不平等数据库的数据,美国中产阶级和底层群体的收入占比由1980年的63.6%降至2019年的54.2%。与此形成鲜明对比的是,高收入阶层(社会前10%)子女的收入高于其父母的比例稳定地保持在高位。换句话说,20世纪70年代后,收入增长主要集中在高收入家庭,中低收入家庭收入增长越来越困难。最后,更值得注意的是,这种收入下降的主要原因不是国家经济增长放缓,而是收入差距扩大。由于全球化福利主要集中于高收入群体,整体经济增速的提高无法缓解总劳动人口中代际收入下降的现象,而这些群体则成为不满全球化的主要力量。

第二节 构建双循环新发展格局的国内基础

一、超大规模市场

(一)中国超大规模市场的特征

1. 体系完整

中国拥有庞大的人口和庞大的经济体量,同时是世界上少数几个能够保持中高速增长的经济体。超大规模市场是指拥有一个完整的内需系统,它既包括居民消费需求,也包括产业需求。中国居民的消费需求呈现多样性特征,不同地区、不同年龄、不同文化、不同职业背景的不同人群的消费需求呈现不同的特征。就产业需求而言,大型市场可以支持产业门类完整、产业链条完整、产业配套系统健全。中国产业类型齐全、产业链条完整、产业配套相对完善,同时企业的生产设备、工艺和软件系统差异很大,产业结构多元化。

2. 层次丰富

超大规模市场能够容纳多层次的需求。从消费需求的视角来看,我国目前存在着以数量为主、价格敏感的生存型需求,以及追求高品质、新颖、个性化的享受型和发展型需求。从行业的需求来看,中国的工业发展是不均衡的。比如,在行业中,存在着高度智能的"灯塔工厂"、仍在自动生产中的以及在机械化乃至人工生产中的企业。这些公司有的处于全球价值链条的顶端,也有很多处于全球价值链条的中端,同时有很多缺乏创新能力、产品附加值低、处于全球价值链条底层的公司,从而导致行业对各种生产设备和中间投入的多层次需求。

3. 高速增长

中国是世界第二大经济体,拥有超过14亿人口的超大规模市场。这一市场增长迅速,为中国本土企业提供了巨大的发展空间和潜力。从宏观环境来看,中国正处于由快速发展过渡到高质量发展的时期。根据国家统计局发布的数据,2019年,中国GDP增长率为6.1%,虽然较前几年有所下降,但仍然高于全球平均水平。在全球范围内,超越中国的只有几个国家,而那些国家的GDP和人均GDP都和中国有着很大的差距。因此,中国真正成了一个"增量强国",即在全球市场上占据着巨大的增量空间。这一特征意味着中国仍然有着强劲的经济增长动力和潜力。从微观条件来看,中国拥有庞大而活跃的消费市场,中国的中产阶层是最主要的消费人群。随着中国经济持续发展以及有关"共富"的政策落实,中国居民收入水平将进一步提高,消费需求将更加多元化和个性化。这将促进中国消费市场向高端化、品质化、服务化方向升级,也意味着中国有着巨大的消费升级空间和潜力。

4. 持续升级

消费需求方面,中国消费已由过去的生存型消费向发展型消费转变,以健康、绿色、品质、个人价值等新消费观念取代低价、实惠、攀比模仿等旧消费观念,服务消费、数字消费取代物质产品消费成为增长最快的领域,居民消费从模仿型攀比式消费向个性化、多样化消费不断升级。同时,中国拥有全球最大的中等收入群体,消费升级方兴未艾,消费对经济发展具有基础性作用,连续多年成为我国经济增长的第一拉动力。就产业需求而言,中国已成为世界第二大研发投入国,2019年研发强度已达2.23%,超过许多发达国家水平,加上大批高学历工程师加入劳动大军,工程师红利凸显,推动中国创新能力持续增强,产业技术水平已由跟跑向并跑、领跑迈进,在全球价值链中的地位不断升级。据工业和信息化部统计,2012年至2020年,中国规模以上工业增加值由19.986万亿元人民币增至40.186万亿元人民币。2022年,规模以上工业企业新产品销售收入占主营业务收入比重为18.8%左右,这也意味着中国工业需求层次不断提高,而且会持续下去。

(二)超大规模市场优势与"双循环"新发展格局

尽管逆全球化暗流涌动,世界范围内的供应链趋向本土化和区域化,但总体的开放趋势并未改变,各国根据各自的相对利益,以各自的相对利益为基础进行全球产业链的分工,仍然是最优的选择。"双循环"既包括中国进口国外商品,利用外资和国外人才、技术等生产要素,又包括中国向国外出口商品、进行对外投资、输出人才和技术等生产要素。国际市场是国内市场的延伸,超大规模市场为中国参与"双循环"提供了良好的条件。

1. 超大规模市场是构建"双循环"新发展格局的坚实基础

产业链与价值链的分布是资金全球化布局的表象,而资本的逐利性使资本成为产业链和价值链布局的引导。中国正在从过去的劳动密集型产业向技术密集型和创新驱动型产业升级,推动着经济结构的优化和提高。这将有助于提高中国企业的核心竞争力,并在全球价值链中发挥更重要的作用。同时,中国积极推进科技创新和研发投入,努力提高自主创新能力。这将进一步加强"双循环"中的国内循环,促进产业链上下游协同发展。中国在国际贸易中的积极参与和开放程度也为构建"双循环"提供了重要支撑。中国是全球最大的贸易国之一,积极推动贸易自由化和投资便利化。中国加入世界贸易组织以来,已经实施了一系列开放措施,吸引了大量外国投资和技术。通过积极参与全球贸易,中国不仅能够从国际市场中获取资源和技术,还可以将自身的产品和服务出口到世界各地。这种开放和互利的贸易关系为构建"双循环"提供了外部支持,并促进了中国经济的增长和发展。巨大的国内市场需求、产业升级和转型、积极的对外开放政策,这些因素相互作用,将促使中国经济更好地适应国内和国际经济环境的变化,并实现更加可持续和高质量的发展。通过依靠国内市场的强大需求推动内需增长,同时通过加强创新能力和积极参与全球贸易来促进外部需求的增长,中国能够实现内外需的良性互动,形成相互促进的新发展格局。

2. 超大国内市场支撑下的产业链难以替代

自 20 世纪 80 年代产品内部分工出现以来,历经 30 余年的发展,已形成了以产业链条的内部分工为特征的全球生产网络,世界主要国家之间的经济已经形成了"你中有我、我中有你"的紧密联系、相互依赖的关系。中国已成为全球第二大经济体,同时是第一制造大国和制成品出口大国。中国在超级市场的支持下,产业规模庞大,产业门类齐全,产业链条完整,分工完善,其他国家难以达到。对发达国家而言,由于长期的外包,没有足够的工业支持和劳动力供应。对发展中国家而言,由于基础设施、劳动力素质、产业配套程度等因素,在较短时间内难以与中国企业在产业链的技术层面进行竞争。从长远来看,其他新兴经济体人口、土地资源与中国有较大的差异,难以形成完整的工业门类,并建立起与中国相媲美的完整的工业支撑系统。中国在世界范围内的价值链是不可替代的。自从中美两国出现贸易摩擦后,美国对中国产品征收很高的关税,但中国依然是美国的主要进口国。中国依靠其强大的产业链弹性,不仅实现了出口逆势增长,而且出口量达到了新的峰值。

3. 产业结构升级推动"双循环"不断深化

中国产业结构持续稳定升级,产业结构升级既表现在产业之间,也表现在产业内部和价值链内部。从产业间结构来看,中国三次产业结构将继续向服务业比重稳步提高、制造业结构保持相对稳定的方向发展。在门类和大类产业中,资本、知识和技术密集型产业比重提高,劳动密集型产业比重下降。以制造业为例,随着中国人口红利的消退,中国的劳动成本优势将逐步削弱,劳动密集型产业呈现向更低成本的发展中国家转移的趋向。在价值链内部,中国产业整体上向价值链的高附加值环节升级,研发设计、高精尖零部件和材料、品牌管理等活动所占比重提高,而劳动密集型的加工制造环节、低技术含量和低附加值产品的比重下降。中国产业结构的升级：一方面将会带来中国对劳动密集型最终产品、高技术中间投入品进口需求的增长；另一方面会增强中国中间产品、高附加值最终产品和服务的国际竞争力，有利于中国产品和企业更好地开拓国际市场。

4. 超大规模市场锤炼的产业能力有利于更好地开拓国际市场

超大规模市场支撑了中国本土企业高速成长。在2021年《财富》杂志全球500强排行榜中，中国公司的排名数量已经连续两年超越美国。首先，超大规模市场为企业提供了广阔的发展空间和内部需求。在一个庞大的市场中，企业可以通过规模效应实现成本降低和生产效率提高。由于需求规模大，企业有更多机会进行产品研发、创新和品牌建设，提高产品质量和竞争力。这种通过在国内市场锤炼产业能力将企业推向国际市场的模式已经在中国取得了很大成功。其次，超大规模市场培养了企业的适应能力和竞争优势。在一个竞争激烈的市场中，企业必须不断提升自身的能力和竞争力，以生存和发展。这包括技术创新、产品升级、管理优化等方面。通过在超大规模市场中与其他企业竞争，企业不断优化和提升自己的能力，为进军国际市场打下坚实基础。再次，超大规模市场为企业提供了丰富的市场经验和信誉积累的机会。在国内市场中，企业可以通过与消费者的互动和市场反馈不断改进产品和服务。这种积累的市场经验和良好的信誉对于进军国际市场至关重要。在国际市场中，消费者更加注重品质和信誉，而那些在国内市场中积累了良好声誉的企业更容易获得国际消费者的认可和接受。最后，超大规模市场还可以为企业提供更好的资源支持。在国内市场中，企业可以更容易地获取本土供应链、人力资源、资本支持等各种资源。这些资源的有效利用可以帮助企业提高生产效率、降低成本，并在国际市场上具备更强的竞争力。

二、产业体系高质量发展

（一）产业转向高质量发展的主要特征

1. 从"数量追赶"转向"质量追赶"

我国自改革开放以来，从短缺经济起步，经过40多年的快速发展，加上产能的快速膨胀，基本填补了"数量缺口"。1979年至1999年，产能每年平均以9.4%的速度增长。社会生产力得到了极大的提高，2010年制造业增加值超越美国，"有没有"的问题得到了很好的解决。同时，随着我国居民收入水平的不断提高，中等收入人群的不断扩大，消费结构不断向高端、服务化、多样化、个性化方向发展，对产品的质量、品质、品牌的要求也越来越高，"质量缺口"依然很大，"好不好"的问题也越来越突出。如果说"数量缺口"是经济快速发展的动力来源，"数量追赶"是其首要任务，那么，要想在高质量发展的过程中弥补"质量缺口"，就必须把"质量追赶"作为主攻方向，使我国的经济发展取得明显的质量优势。

2. 从"规模扩张"转向"结构升级"

在高速增长阶段，经济发展主要依赖产能规模的扩大，而随着钢铁、煤炭、石化、建材、有色金属等行业产能的不断提高,传统工业的大规模扩张已经基本完成,发展方式要从"铺摊子"向"上台阶"转变,要把产业价值链和产品附加值提高,从加工制造向研发、设计、标准、品牌、供应链管理等高附加值部分转移,迈向全球价值链中高端。"上台阶",既要从低技术、低附加值的产品过渡到高科技、高智能产品,以适应市场对产品的要求,也要把生产要素由产能过剩的地区向有市场需求的地区、由低效益地区向高效益地区转移,从而提高资源的配置效率。

从产业结构变化的趋势来看,根据国家发展研究中心数据,2019年我国三次产业增加值的比率为7.1∶39∶53.9,"十四五"期间,工业增加值比重将会持续下滑,而服务业的比重会不断提升,到2025年,三次产业的增加值比重将会达到5∶30∶65,2035年则将会达到4∶26∶70的水平。值得注意的是,过去一段时间里,服务业比重的快速增长主要是由于房地产业和金融业的迅猛发展,"十四五"期间制造业比重过快下滑的局面将会扭转,而服务业增长的步伐将会减缓。从产业内部结构来看,传统产业在逐步达到高峰后比重将会持续回落,而高科技、战略性新兴产业的比重将会持续提高,大数据、物联网、人工智能等的广泛应用,互联网支撑的横向分工和跨产业链融合继续深化,要素精细化配置和产业数字化、智能化转型加快,移动支付、电子商务、平台经济、工业互联网等新技术、新产业、新业态、新模式快速发展,将为提升产业链现代化水平和迈向全球价值链中高端创造条件。

3. 从"要素驱动"转向"创新驱动"

改革开放以来,我国的资源禀赋在不断地发生变化,劳动力的净增长由快到慢,甚至停滞不前。长期以来,中国经济发展主要依靠大规模的资源投入和劳动密集型产业。高强度的生产要素投资方式在一定程度上推动了经济快速增长,但也面临资源短缺、环境污染等问题。随着劳动年龄人口的不断减少和生态环境制约加强,要素资源"数量红利"逐渐消失,"要素驱动"依赖于生产要素的高强度投资方式已经不能满足可持续发展和更高水平的经济增长需要,必须向"创新驱动"转型。"创新驱动"经济的核心是科技创新和人力资本提升。目前,我国经济发展的主要推动力已经从大规模、高强度的生产要素投入转向了科技创新和人力资本提升所产生的"乘数效应"。

近年来,我国实施创新驱动发展战略取得积极成效。根据世界知识产权组织《2019年全球创新指数报告》,我国在全球范围内科技投入达到了2.23%,远远高于欧洲15个国家的平均水平,创新方面的排名已经上升到了11名,全球创新指数排名连续10年稳步上升。但是,我们必须认识到,目前我国的科技创新能力还不能满足高质量发展的需要,在基础科研方面存在着明显的不足,在2019年,我国的科研经费只有6%,远远落后于美国、英国、法国、日本等发达国家。我国目前还没有从根本上改变我国的自主创新技术和战略性高技术供应,尤其是高端芯片、基础软件、工业母机、基础材料等关键技术的制约。美国对华技术封锁不断加剧,如果不能在关键核心技术上实现重大突破,我们将会处于更为不利的地位。"十四五"期间,要进一步提高我国的自主创新能力,加快我国科技自主,实现我国科技强国的目标。

（二）产业高质量发展与双循环新发展格局

1. 生产率持续提高的优势

经济发展程度越高，生产力就越能促进经济增长。在未来的发展趋势中，国家间的竞争越来越多地体现在生产力竞争上。生产力与分工程度密切相关，分工深度取决于市场规模，市场规模越大，分工越精细。我国超大规模的国内市场为扩大产业领域、深化产业分工创造了条件，在促进专业化分工和规模经济发展方面具有一般经济体无法比拟的优势。分工深化提高了产业链各环节的生产率，创造了更多的增加值。与此同时，我国各地根据资源要素禀赋，进行分工合作，提高各自的专业化水平，形成了东中西部地区众多的产业集群和制造中心。

2. 产业体系完整的优势

对于大国来说，产业体系越完整，经济韧性越强，就越能抵御国际竞争的压力和风险，越能从被动变成主动。中国的产业体系具有全面的产业链布局。从资源开采、原材料加工、制造生产到产品销售和服务，中国的产业链环环相扣，形成了一个完整的生产流程。这种完整的产业链布局使中国能够在不同环节进行协同合作和资源配置，提高效率和降低成本。中国产业体系涵盖多个领域和产业。中国不仅在传统制造业领域具有较强的实力，如钢铁、汽车、电子等，还在新兴产业和高科技领域有所突破，如新能源、人工智能、生物科技等，涵盖了联合国划分的39个大类、191个中等类、525个小类工业部门。中国产业体系的完整性还为外商投资提供了良好的环境和机会。外国企业可以通过与中国企业合作，参与中国的产业链，共享中国超大规模市场带来的机遇。

3. 具有高水平创新创业创造的优势

在信息化和即将到来的人工智能时代，高水平创新创业创造是一个国家发展的动力源，决定着这个国家在全球经济格局中的地位。而企业的创新能力与水平则与企业经营活动的规模和品质有关。从实际出发，世界范围内的主要生产因素特别是高端产品在空间上的分配不均衡，主要以大型经济为主，特别是大型经济大国。由于我国的经济规模庞大，其要素的丰富性、市场的开放性、成本结构的多样性等因素的相互影响，将会对世界范围内的生产资料产生更大的吸引力。由于资本积累的周期性作用，我国对世界范围内的资本流动具有更大的吸引力和聚集作用。当前，拥有雄厚科技实力的跨国企业已经开始积极投身于我国的创新创业活动，并在技术转移、项目对接、人才交流等方面形成了良好的合作机制。随着我国与世界范围内的创新合作，我国的创新和创造性将会得到进一步加强。

三、中国特色社会主义经济体制

（一）社会主义基本经济制度优势

1. 所有制优势：激发各类市场主体活力

改革开放40余年，我国从计划经济到社会主义市场经济的转变，取得了巨大的成就。

从农村家庭联产承包责任制、城市个体私营经济的发展、外资的引进、国有经济的战略性调整，到混合所有制改革、公有制多种实现形式的探索，逐步形成了公有制为主体、多种所有制经济共同发展的所有制结构。这种所有制结构在解放和发展生产力方面具有明显的制度优势。

首先，充分调动了一切推动生产力发展的资源和力量，为持续高质量发展提供了动力保障。在改革开放40多年中，国有企业和私营企业为实现国家的持续发展作出了巨大的、无可取代的贡献。国企是增强国家综合实力、保障人民共同权益的重要动力，私营经济作为创业就业的主要领域、技术创新的主体、国家税收的重要来源和推动我国经济发展的重要力量，正如习近平总书记在民营企业座谈会上所指出的，民营经济贡献税收占全国税收的50%以上、国内生产总值的60%以上、技术创新的70%以上、城镇就业人口80%以上、企业数量90%以上。

其次，充分发挥不同所有制经济在各自专长领域的比较优势，为实现包容性、开放性和平衡性的经济发展提供制度保障；国有经济比较优势主要表现为具有深厚的经济基础、重视社会福利、具有深厚的信用、广泛的公共认可，以及在公共利益和天然垄断方面的作用。在新的历史条件下，新的发展动力和发展模式的转变，都离不开国有企业的领导。非公有制经济的比较优势是：经营活动的多样化、技术的先进、管理的高效是促进就业的重要途径，尤其是具有竞争力的行业。多种所有制经济的协调发展为其比较优势的实现提供了体制上的保证。

最后，推动了不同所有制经济的相互竞争，为我国经济的高质量发展注入了动力和效率保证。在计划经济中，由于存在单一的利益主体，它与市场经济是不相适应的。利益主体的多元化是市场竞争机制发挥作用的一个重要条件。多种所有制经济协调发展，使其相互竞争，特别有利于国有企业找到自身的缺陷，推动国有企业进行改革和战略调整。

2. 分配制度优势：实现效率和公平的统一

根据马克思主义理论，分配关系由生产关系决定，分配关系实质上与生产关系相同，按劳分配是主体，多种分配方式并存，就是以公有制为主体，多种所有制经济共同发展的所有制制度在分配制度中的表现。分配体系的效率和公平与否，直接影响着我国经济的高质量发展。

一方面，完善初次分配制度，不仅要注重效率，还要注重公平。以"按劳分配"为主要内容，强调在社会主义初期劳动或生活方式下，坚持"多劳多得""少劳少得""不劳不得"的分配原则，以体现对劳动的价值和对劳动者的保护；多种分配模式共存，着重于劳动、资本、土地、知识、技术、管理、数据等各要素的所有者均可通过要素所有权进行分配，并通过市场对各要素的贡献进行评估，按贡献决定其报酬。这样的分配机制可以极大地激发各要素拥有者对生产要素的投入热情，使各种社会财富的生产活动相互竞争，从而促进资源的有效配置，激发经济发展潜能。

另一方面，健全了再分配调节机制，更加注重公平。再分配是指在初始分配的基础上，通过税收、社会保障和转移支付等方式实现国家二次分配。在资源配置中,不同区域、不同群体之间的资源配置,实现公平、协调、共享。同时,充分发挥第三次分配的功能,通过慈善、志愿行动、捐赠等方式,通过社会组织、慈善组织、社会捐赠等形式,建立"先富带动后富"的机制,进一步消除社会分化和分歧问题,为经济高质量发展搭建一个和谐的社会平台。

3. 体制优势:"有为政府 ＋ 有效市场"

社会主义市场经济是社会主义和市场经济相结合的产物,是史无前例的一次伟大的创造。市场经济作为一种资源分配的工具,它与社会主义社会制度相结合,不仅是一种资源的分配,而且带有一种制度的性质,它决定着经济的发展方向和目标。社会主义市场经济的目标是让市场在资源的分配中发挥决定性的作用,从而更好地发挥政府的职能,这比单纯的单一的计划经济模式更有效地分配资源,具有较大的制度优势。

一方面,尽管我国发展市场经济起步较晚,但依靠社会主义的制度优势建设市场,市场经济水平会更高,包括完善产权制度、要素市场化配置制度和公平竞争制度等,这些制度的不断完善将为建设现代化经济体系提供坚实的基础,为推动高质量发展提供有力的制度支撑。另一方面,中国特色社会主义市场经济建设牢牢把握社会主义发展方向,以"以人民为中心"作为发展目标、以"为人民谋幸福"作为追求,坚持了党的领导,强化了政府职能,既能纠正"市场失灵",又能从根本上解决发展不平衡和不协调的问题,以全面的体制手段建设国有基础设施项目和跨地区项目,这是任何一种资本主义市场经济都做不到的。有效协调市场与政府职能,发挥市场与政府的优势,为实现高水平的发展创造广阔的发展空间。

(二) 构建新发展格局的制度基础

中国的社会主义基本经济制度为经济活动提供了稳定的基础。在这一制度下,国家在经济领域发挥着重要的调节和引导作用,通过产权保护、市场规范、公平竞争等措施,确保经济运行的有序性和公正性。这种制度安排有助于消除市场失灵和不公平现象,维护社会稳定和公共利益。

充分发挥有效市场与有为政府的作用,能够保证国内大循环稳定且强劲运行。社会主义市场经济制度强调市场的决定作用,并利用市场的特定选择和激励功能,有效地分配各类资源;同时,也强调更好地发挥政府的职能,有效地防止市场和社会的两极化,突出政府和市场的双重调控。首先,按照市场经济的基本原则,通过市场的方式集中资源和力量,合理运用市场机制来解决问题;其次,充分发挥社会主义体制集中办大事的特殊优势,以解决"市场失灵"为核心,为双循环的良性运转提供政策和体制保证。

坚持公有制为主体、多种所有制经济共同发展为基础的经济体制,可以确保我国大循环既具有稳定性、又具有创新性。坚持公有制为主体,有利于促进我国国民经济持续健康发展。坚持多种所有制经济协调发展,既保证了各主体的利益,又能充分发挥各主体的积极性、主动性和创造性,为我国的大循环提供强劲的动力。坚持公有制为主体、多种所有制经济共同发展,就是要充分调动社会资源,使多种所有制经济相互竞争,推动公有制经济深化改革、调整优化布局、完善实现形式,不断增强竞争力、创新力、控制力、影响力以及抗风险能力。

坚持以按劳分配为主、多种分配方式共存的基本分配体制,有利于扩大我国大循环的空间和使其迅速流动。按劳分配是主体,多种分配方式共存,它以保障劳动者收入、激励劳动致富为基础,以市场评价贡献,按贡献决定奖励,使生产要素的市场活力得到充分发挥。它既能充分调动广大劳动者的劳动热情和创造力,又能提高居民的收入,促进消费、扩大生产,扩大市场。另外,它可以调动其他生产要素的积极性,使劳动、知识、技术、管理、资本等各个方面的力量相互竞争,使各种资源得到最大限度的利用,从而使内部大循环平稳运行。

第三节 构建双循环新发展格局的主要举措与路径

一、构建双循环新发展格局的核心要义

(一)新发展格局是开放体系下生产力与生产关系的调整

中国的发展战略是"依托国际经济大循环,以外部带动内部",还是以国内经济大循环为主,以内促外?战略调整要坚持以生产力为衡量战略调整的核心标准,要根据我国的分工体系和技术发展的阶段和需要,必须从生产力、综合国力、国民福利等方面进行判断。提高中国竞争力必须建立在内部循环畅通、技术进步的基础上,适应生产力发展的生产关系调整不仅体现在新型创新体系的构建上,也体现在各种生产组织体系的创新与发展上,新型科技体系与企业家创新活力是新发展格局形成的核心要素。在生产力与生产关系调整的基础上,新发展格局的"新"体现在新供需格局、新分配格局、新生产格局、新贸易格局等方面。

(二)新发展格局的核心要义是统筹发展与安全

新发展格局的核心要义是统筹发展与安全,这一理念强调的是发展和安全的相互依存关系,发展和安全是一体两面的关系,缺一不可。在新发展格局的理念中,我们需要通过统筹发展和安全来实现经济的可持续增长和社会的稳定。安全是发展的根本,发展必须实现安全。安全系统的核心在于建立一个高水平、高效率、即使在极端条件下也能维持稳定的内部大市场。从整体发展和稳定两个方面来看,在新发展格局下我们要找到建设新的发展模式的着力点、重点、出发点和落脚点,实现全球价值链、产业链的可控性、自主性和可循环性,建立起一个有效、可控制、可循环的系统。

（三）新发展格局的最本质特征是高水平的自立和自强

中国要实现强大和复兴，必须大力发展科学技术，实施人才强国战略，努力建设世界一流的人才、一流的科学中心和创新高地。构建新的发展格局，最根本的特征就是实现高水平的自立和自强。同时，构建新的发展格局，必须坚持以创新为核心，加强基础研究与原始创新，集中力量在面临"卡脖子"风险的领域自力更生。解决"卡脖子"问题是新发展格局的关键，但突破"卡脖子"技术不能简单地进行有针对性的技术突破，而要建立以内循环为核心的高效的国家科技创新体系。

（四）新发展格局要形成国内国际循环的良性互动

首先，以国内循环为主的新发展模式并非封闭的，而是国内和国际双循环相互促进的国民经济循环。构建新的发展格局，不仅有利于中国经济的发展，而且有利于促进和带动世界经济的发展。其次，要形成国内"大"循环而非"小"循环，既要在量上促进全国统一"大"市场的形成，又要在质上加强全国经济联系的均衡性与系统性，特别是要加强南北、东西经济高质量的系统性联系，形成国内"好"市场，为国内"大"循环的形成创造条件。

二、构建双循环新发展格局的主要路径

（一）国内大循环

生产、分配、流通、消费是社会生产与再生产的重要构成部分。要实现大循环的顺畅，就必须把生产与消费相联系，把生产与消费相融合，以内销为基础，引导企业转型升级。

以产业链条"补短板"和"锻长板"，畅通生产环节。生产环节是一切经济活动的基础，是经济运行的最重要的物质资源。制造业是兴国之基、强国之器，是一国之本。当前，中国一些制造业产品的附加值低，关键技术研发水平低，与美国等发达国家相比存在较大的差距，需要进一步巩固制造业的生产基础，通过产业链条的"锻长板""补短板"，实现产业转型升级，走上高端领域。一方面，产业链条"补短板"就是要缩小重要产业链和产业链关键环节与世界领先水平的差距。要从提高技术创新能力入手，加强自主研发，追赶先进国家。特别是要把重点放在高科技产业等方面，大力推进短板产品的国产替代。通过扶持国产和进口替代，以龙头企业为基础，扩大国内供应商的规模，提升产业链和供应链的主导能力，为畅通国内大循环打通生产供给方面的通道。另一方面，在"锻长板"的产业链条上，要在技术水平和产品性能上形成国际核心竞争能力。借助完善的工业系统和超大型的规模优势，中国可以持续规避生产要素成本上升的压力，并将先进的技术转化为全球通用的技术标准。同时，依托数字经济的先行优势，推动新一代数字技术深入制造业，加速产业互联网的发展，充分利用人工智能、大数据、物联网等数字技术对传统制造业进行改造，升级传统

制造业，提高中国制造业的创新力、竞争力和影响力。

以完善的生产要素参与分配机制畅通分配环节。党的十九届四中全会提出"健全劳动、资本、土地、知识、技术、管理、数据等生产要素由市场评价贡献、按贡献决定报酬的机制"。这有利于中国"按劳分配为主，多种分配方式共存"的分配体制得以延续和巩固，同时对什么生产要素可以参与分配、如何分配等问题做了进一步的规定。党的十九届五中全会进一步提出，要推进土地、劳动力、资本、技术、数据等要素市场化，完善要素市场的运作。由此可以看出，中国加速要素市场化改革的脚步从未停止，在新的环境下，必须加速建立统一开放、有序竞争的要素市场，以健全的市场机制客观、科学、公正地评价各要素的贡献，以达到帕累托优化、社会福利最大化的目的。首先，明确各种生产要素的所有权，确立严格的产权保障体系；马克思曾指出："商品不能自己到市场去，不能自己去交换。因此我们必须找寻它的监护人——商品所有者。"因此，产权的明确和保护是生产要素参与生产、获取收入的先决条件，也是因为产权的明晰，要素所有者才能合法地获取各种产权利益，进而形成激励机制，最大限度地调动生产要素所有者引导和带动要素参与财富创造的积极性，从而为社会创造更多的效益。其次，充分利用市场实现资源的分配。通过建立有效反映供求关系、资源稀缺程度的市场机制，实现对生产和供应的调控，并通过市场的优胜劣汰，实现资源的集约发展和转型升级。

以高质量的现代流通体系畅通流通环节。流通是生产与消费的纽带，是经济运行的微观基础，也是提高经济运行效率的关键。中国的流通业是近几年发展起来的，但是整个物流系统的运作效率很低。所以，必须构建高品质的现代流通系统，以达到"大市场大流通"的目标。一方面，加速物流系统向数字化、智能化转变，提高流通环节的运营效率；大规模应用数码技术可以实现对商品的智能识别和定位，大大节约人力、时间、成本，规避人工操作带来的错误；各种云计算和管理平台的广泛使用，可以使物流信息实时汇集，以最大效率、最小能耗为原则，实现最优规划、最精确、最有效的管理。因此，要降低物流成本，降低能源消耗，提高物流效率，打通物流环节，必须提高物流管理水平。另一方面，加快跨区域、跨城乡的运输和物流的整合，为打通流通环节奠定良好的基础。持续提高城乡、区域运输网络水平、运输保障能力，加强不同运输形式之间的联系与协作；积极推进运输、物流信息的公开与共享，协调跨区域、跨城乡的运输和物流体系，不断降低要素流动成本，提高要素配置效率，为构建大循环的微观环境奠定坚实的基础。

以释放国内巨大内需潜力畅通消费环节。消费是一切经济活动的出发点与归宿，巨大的消费潜能是推动消费升级的源泉，也是经济持续稳步增长的重要力量。所以，要把扩大内需作为连接消费环节、促进经济发展的战略基础；一是提高居民的收入，打牢扩大内需的根基。提高居民收入，是创造和扩大消费需求的基本来源，也是促进需求侧经济发展的重要途径。二是培育新的消费方式。要加快发展新的业态和模式，引导新的消费，有效地促进消费和工业的双重升级。中国目前的社会主要矛盾已经转化为人民日益增长的美好生活需要与不平衡不充分的发展之间的矛盾，消费需求更加多样化、更加丰富，市场供给具有广阔的发展空间,今后的消费结构调整要以满足新的需求为出发点,实现工业与消费的双重升级。

(二)国际循环

21世纪初期,全球价值链循环形成了以中国为中介枢纽的"双环流"体系。中国作为"双环流"分工体系中的一个中介环节,有效地将发达国家的价值链和发展中国家的价值链环流联系起来。在发达国家价值链环流,发达国家的价值链处于高位,而中国则处于价值链的最底层,因此必须引进先进的技术、管理经验,并将技术水平较低的中间产品大量输出给发达国家;发展中国家价值链环流中,中国是一个具有强大经济和具有相对高国际地位的装备制造强国,中国向发展中国家转移一些中间产品,并向发展中国家提供大量的原材料和制成品。中国还应继续加强与发展中国家的经贸合作,利用直接投资、贸易等方式,在中国工业的价值链上进行布局,并将高新技术产品推向发展中国家,使其参与新的价值链条。目前,全球经济正在经历一场"逆全球化"浪潮,中国这个全球价值循环的中心,必然遭受更多的冲击。中国要想更好地融入世界经济,就必须不断地扩大开放,采用多种价值链环流策略。

在发达国家价值链环流中,中国的价值链升级是中国在国际经济循环中抗衡发达经济体、获取竞争优势的关键所在。长期以来,中国在世界范围内的分工一直以加工贸易为主,一些行业严重依赖发达经济体的资本和技术,处于世界价值链的中下层,中高端价值链的上升受到一定的阻碍,而且中国在世界经济体制改革和规则制定过程中并没有足够的参与。在上环流中,企业要加强核心能力,延长企业的价值链。实施创新驱动发展战略,中国通过不断引进先进国家的高端技术和先进技术,模仿消化再创新;同时,坚持"共商、共建、共享"的全球治理方针,加强与发达国家的多边及双边对话磋商,增强"共赢"的发展理念,通过广泛的协商和交流,探索建立新型的国际合作机制,积极参加国际贸易规则的谈判和制定,提高自己在世界经济治理中的话语权,在国际经济循环中获得竞争优势。

在发展中国家价值链环流中,以"一带一路"倡议引领新型全球化是中国主导未来国际经济循环的重要抓手。中国在"一带一路"倡议下,和沿线国家逐渐形成以中国为中心、以贸易投资为载体的区域生产网络与价值流通系统。同时,"一带一路"的国际产能合作也为沿线国家提供了切实可行的发展机遇,推动了世界经济的包容性、协同性和可持续发展。所以,在下一轮的建设中,我们要做好"一带一路"的工作。在"中国技术"和"自然资源+劳动力"的工业合作模式下,可以最大限度地发挥各自的比较优势,不断优化和升级;通过模块分解,加强核心技术模块的开发,使其增值,并不断加强和巩固核心技术模块的控制地位。同时,充分发挥沿线国家的生产能力和市场潜力,强化沿线国家之间的分工与合作,形成一个利益共同体,为消费者提供更多的商品,吸引更多的国际买家,增加其成员企业的业务量,促进其形成规模经济,推动沿线国家工业化进程,并不断提升自身产业链和供应链的安全系数,在不断变化的全球经济格局中抢占先机。

(三)国内国际双循环相互促进

新发展格局绝不是封闭的国内循环,而是开放的国内国际双循环。推动形成顺畅的国内经济循环,有利于更好地吸引全球的资源,满足内需,促进我国的工业技术发展,从而在国际上建立新的竞争优势。由此可见,国内大循环和国际大循环是相互补充、不可分割的两个循环体系,它们必须相互促进、有效互动、相互支持,才能实现内外循环的双重驱动,推动中国经济的高质量发展。

国内大循环是国际大循环的坚实基础。中国以巨大的经济总量、国土面积、人口数量和市场统一性,拥有显著的规模优势。这使中国能够吸引全球生产要素,使其发挥最大作用,并实现最高效率的经济发展。同时,中国经济结构已从过去的投资驱动转向消费驱动,这将产生对需求的激励。这为全球经济的下行趋势提供了强大的推动力,并为引导经济复苏作出积极贡献。

国际大循环是国内大循环的重要辅助。以更高的品质引入外资、先进技术,可以使我国的发展更加完善,使我国的科技水平不断提升,使我国的产品和服务品质不断得以改善;以更快的速度走向全球产业链,将会使中国在全球范围内的全球供应链系统和产业链集群得到进一步完善,从而为我国的优质高效产能的释放,对全球产业分工的控制提供内生动力;把更高的国际标准贯穿中国的生产、消费、流通等各个方面,并积极参加国际经济贸易规则的谈判和制定,会使中国在国际经济贸易中获得更多的力量和信心,从而为国内大循环创造更好的国际环境。

【本章复习思考题】

1. 自20世纪40年代以来,全球经济治理体系共经历了哪几个阶段?总结各阶段全球经济治理体系的主要特征。

2. 阐述新发展格局与以往经济发展的联系与区别。

3. 结合国内国际双循环的基本逻辑,思考并阐述中国如何利用超大规模市场优势,打通内循环堵点进而构建双循环新发展格局。

4. 完整的产业体系与向高质量发展阶段的转型逐渐成为中国构建新发展格局的重要基础,哪些行业具有领先的竞争优势,以及如何促进国内产业布局协调发展以适应新发展格局的需要?

5. 思考并阐述中国特色社会主义经济体制对新发展格局的构建有何助益。

【本章荐读书目】

1. 高培勇,黄群慧.构建新发展格局理论大纲[M].北京:人民出版社,2022.

2. 蔡昉,等.双循环论纲[M].广州:广东人民出版社,2021.

3. 陈元,黄益平.双循环:中国经济新格局[M].北京:人民日报出版社,2021.

4.樊纲,郑宇劼,曹钟雄.全球价值链分工体系下中国贸易利益研究[M].长春:吉林大学出版社,2018.

5.刘元春.读懂双循环新发展格局[M].北京:中信出版集团,2021.

【即测即练】

第九章

经济全球化与共同富裕

【本章学习目标】

(1) 了解共同富裕的内涵与中国扎实推进共同富裕的必要性；
(2) 熟悉中国对外开放缩小贫富差距的影响效应与作用机制；
(3) 分析新一轮高水平对外开放条件下中国扎实推进共同富裕的原则与实施路径。

【本章基本概念】

共同富裕；贫富差距；关税削减；自由贸易试验区；乡村振兴

改革开放以来，随着中国经济的持续快速发展，中国综合国力和国际竞争力不断增强。对外开放给中国经济社会发展带来了深刻的变化，促进了生产率的进步、区域经济增长以及消费者福利改善。对外开放促进总体社会福利改进的同时，其过程往往伴随劳动力市场的就业调整与收入再分配。消除贫困、改善民生，逐步实现共同富裕，成为中国式现代化的本质要求与重要特征。在新一轮高水平对外开放的背景下，培育国际竞争新优势和积极扎实推进共同富裕，成为我国建设更高水平开放型经济新体制的重要组成部分和促进国内国际双循环新发展格局构建的重要推动力量。

第一节 共同富裕的内涵与必要性

一、共同富裕的内涵

(一) 共同富裕的含义

共同富裕是在中国特色社会主义制度保障下，全体人民共创日益发达、领先世界的生产力水平，共享日益幸福而美好的生活。共同富裕是社会主义的本质要求，是人民群众的共同期盼，也是中国式现代化的重要特征。习近平总书记在2021年第20期《求是》杂志上发表重要文章《扎实推动共同富裕》，对共同富裕作出新的阐释："我们说的共同富裕是全体人民共同富裕,是人民群众物质生活和精神生活都富裕,不是少数人的富裕,也不是整齐划一的平均主义。"①这意味着共同富裕不是均等富裕,而是一种合理、有差别的富裕。实现共同富裕不是采取简单的再分配方式,而是在实现权利平等、机会均等基础上,人人参与共建共享发展的过程达到富裕社会。共同富裕的具体内涵可以从政治、经济和社会三个层面加以把握。②

1. 政治内涵:国强民共富的社会主义社会契约

共同富裕是党的初心,是党对人民的庄严承诺,是党带领全体人民沿着中国特色社会主义道路团结奋斗的旗帜。习近平总书记在省部级主要领导干部学习贯彻党的十八届五中全会精神专题研讨班上的讲话指出:"共同富裕,是马克思主义的一个基本目标,也是自古以来我国人民的一个基本理想。"中国共产党的初心和使命,就是为人民谋幸福、为民族谋复兴。新中国成立后,就一直在理论和实践上探索共同富裕的道路。党的十八大以来,习近平总书记提出以人民为中心的发展思想和新发展理念,明确强调"共同富裕是中国特色社会主义的根本原则",实现共同富裕"是关系党的执政基础的重大政治问题"。党的二十大报告指出,实现全体人民共同富裕是新时代新征程中国共产党的使命任务,是中国式现代化的本质要求。

2. 经济内涵:人民共创共享日益丰富的物质财富和精神成果

共同富裕以中国特色社会主义基本经济制度为保障,是基本经济制度的自然逻辑延伸。

共同富裕建立在不断发展的生产力、不断增强的综合国力基础上,是全体人民的共同富裕、共享发展成果、共同过上幸福美好的生活。《中华人民共和国国民经济和社会发展第十四个五年规划和2035年远景目标纲要》提出,"展望2035年,我国将基本实现社会主义现代化。经济实力、科技实力、综合国力将大幅跃升,经济总量和城乡居民人均收入将再迈上新的大台阶,关键核心技术实现重大突破,进入创新型国家前列。""人均国内生产总值达到中等发达国家水平,中等收入群体显著扩大,基本公共服务实现均等化,城乡区域发展差距和居民生活水平差距显著缩小。""人民生活更加美好,人的全面发展、全体人民共同富裕取得更为明显的实质性进展。"③

3. 社会内涵:中等收入阶层在数量上占主体的和谐而稳定的社会结构

坚持按劳分配为主体、多种分配方式并存,提高劳动报酬在初次分配中的比重,完善工资制度,健全工资合理增长机制,着力提高低收入群体收入,扩大中等收入群体。共同富裕意味着中等收入阶层在数量上占主体。这是一种和谐而稳定的橄榄形社会结构,大部分人口有体面、稳定、高质量的就业,有较高的收入和消费水平,享有良好的社会保障。

(二)共同富裕的历史探索

新中国成立初期,"共同富裕"这一概念第一次出现在党史文献中。1953年12月,中共

---

① 习近平.扎实推动共同富裕[J].求是,2021(20):4-8.
② 刘培林,钱滔,黄先海,等.共同富裕的内涵、实现路径与测度方法[J].管理世界,2021,37(8):117-127.
③ 资料来源:《中华人民共和国国民经济和社会发展第十四个五年规划和2035年远景目标纲要》。

中央通过了《中国共产党中央委员会关于发展农业生产合作社的决议》,明确指出"为着进一步地提高农业生产力,党在农村中工作的最根本的任务,就是要善于用明白易懂而为农民所能够接受的道理和办法去教育和促进农民群众逐步联合组织起来,逐步实行农业的社会主义改造,使农业能够由落后的小规模生产的个体经济变为先进的大规模生产的合作经济,以便逐步克服工业和农业这两个经济部门发展不相适应的矛盾,并使农民能够逐步完全摆脱贫困的状况而取得共同富裕和普遍繁荣的生活"。以毛泽东为核心的党和国家第一代领导人将"共同富裕"融入社会主义制度理念和制度确立的进程中。社会主义基本政治经济制度的确立,为实现全体人民共同富裕提供了根本政治前提和制度基础。

1978年12月,中共中央召开了党的十一届三中全会,作出了把工作重心转移到社会主义现代化建设上来、实行改革开放、推进农村改革的重大决策。以邓小平为核心的党和国家第二代中央领导集体,提出了"让一部分人、一部分地区先富起来""先富带动后富""消除两极分化"的收入分配政策,作出了社会主义初级阶段的科学论断,制定了推动共同富裕、实现现代化的"三步走"战略。"社会主义的本质,是解放生产力、发展生产力,消灭剥削、消除两极分化,最终达到共同富裕",经过20世纪80年代和90年代的发展,"共同富裕"理论上升到了社会主义本质的高度,并成为全党的一个奋斗目标。步入21世纪以来,深化收入分配制度改革,增加城乡居民收入,着力发展社会事业,着力完善收入分配制度,保障和改善民生,走共同富裕道路。

百年来,中国共产党带领中国人民不断向共同富裕道路迈出坚实步伐,取得了巨大成就。坚持发展为了人民、发展依靠人民、发展成果由人民共享,是中国推进改革开放和社会主义现代化建设的根本目的,决定了我们必须坚定不移完成全体人民共同富裕的历史任务。面对前进道路上存在的地区差距、收入差距、城乡差距等问题,必须依靠全面深化改革和推进高质量发展加以解决。

(三) 党的十八大以来的共同富裕实践探索

党的十八大以来,以习近平同志为核心的党中央把握发展阶段新变化,把逐步实现全体人民共同富裕摆在更加重要的位置。习近平总书记发表一系列重要论述、提出一系列重要论断、阐明一系列重要观点,对共同富裕理论作出新阐释,对共同富裕战略作出新部署。2012年11月15日,在与中外记者见面会上,习近平总书记郑重宣示"人民对美好生活的向往,就是我们的奋斗目标",强调"坚定不移走共同富裕的道路",充分彰显了团结带领全党全国各族人民走共同富裕道路的决心信心。2017年10月18日,在党的十九大报告中,习近平总书记明确指出:"必须坚持以人民为中心的发展思想,不断促进人的全面发展、全体人民共同富裕"。

2021年1月11日,在省部级主要领导干部学习贯彻党的十九届五中全会精神专题研讨班上,习近平总书记从党的根本宗旨高度强调,"实现共同富裕不仅是经济问题,而且是关系党的执政基础的重大政治问题",要"让人民群众真真切切感受到共同富裕不仅仅是一个口号,而是看得见、摸得着、真实可感的事实"。

2021年7月1日,习近平总书记在庆祝中国共产党成立100周年大会上深刻揭示中国共产党过去为什么能够成功、未来怎样才能继续成功的根本所在,指出,"必须团结带领中国人民不断为美好生活而奋斗","着力解决发展不平衡不充分问题和人民群众急难愁盼问题,推动人的全面发展、全体人民共同富裕取得更为明显的实质性进展"。

2022年10月16日,习近平总书记在党的二十大报告中首次全面地阐述了中国式现代化的思想,并明确将实现共同富裕作为中国式现代化的重要内涵之一。

习近平总书记的系列重要论述,进一步丰富和发展了我们党对共同富裕的规律性认识,这是习近平新时代中国特色社会主义思想的重要组成部分,是扎实推动共同富裕的科学遵循。

此外,促进共同富裕,要鼓励各地因地制宜探索有效路径,总结经验。浙江富裕程度高、均衡性强,具备探索建设共同富裕示范区的条件。2021年6月,《中共中央 国务院关于支持浙江高质量发展建设共同富裕示范区的意见》正式发布,赋予了浙江重要示范改革任务,支持浙江在高质量发展中扎实推动共同富裕,着力在完善收入分配制度、统筹城乡区域发展、发展社会主义先进文化、促进人与自然和谐共生、创新社会治理等方面先行示范,构建推动共同富裕的体制机制,着力激发人民群众积极性、主动性、创造性,促进社会公平,增进民生福祉,不断增强人民群众的获得感、幸福感、安全感和认同感。

支持浙江高质量发展建设共同富裕示范区,有利于通过实践进一步丰富共同富裕的思想内涵,为创新理论特别是共同富裕的思想内涵提供丰富的理论素材和生动的实践例证;有利于探索破解新时代社会主要矛盾的有效途径,有针对性地解决人民群众最关心最直接最现实的利益问题,在高质量发展进程中不断满足人民群众对美好生活的新期待;有利于为全国推动共同富裕提供省域范例,及时形成可复制推广的经验做法;有利于打造新时代全面展示中国特色社会主义制度优越性的重要窗口,推动中国特色社会主义制度优势转化为治理效能、发展优势,形成全球治理贡献中国智慧的重要窗口。

二、推进共同富裕的必要性

(一)我国共同富裕的现状与演变

2020年中国消除了绝对贫困,全面建成小康社会,从此进入一个新发展阶段。实现共同富裕将是新发展阶段的一个新发展目标。除此之外,将共同富裕作为一个新的发展目标还有着国内外的背景。从国内来看,过去40多年的改革开放促进了中国经济快速发展和人民生活水平明显改善,但是发展不平衡的问题仍没有得到有效解决。发展不平衡,表现在社会经济的各个方面,包括收入差距过大和收入分配不公问题,以及区域发展不平衡问题、城乡关系不协调带来的城乡差距问题与基本公共服务均等化程度不高的问题等。

准确把握促进共同富裕具有重大意义。共同富裕可以多种维度衡量,其中富裕度和共享度是最为重要的参考性指标。从耦合协调视角看,共同富裕就是富裕度和共享度子系统在高度耦合的情况下实现高度协调。以下拟利用耦合协调度模型测度共同富裕指数。参考共同富裕指数模型构建的研究,构建涵盖富裕度指数与共同度指数的共同富裕评价指标体系如表9-1所示。其中,富裕度子系统包括人均GDP、城镇居民人均可支配收入、农村居民人均可支配收入、城镇单位就业人员平均工资等代表性指标。共同度子系统包含基尼系数、城乡居民收入倍差、城镇化率等代表性指标。

表 9-1 共同富裕评价指标体系

子系统	原始指标	属性	权重/%
富裕度指数	人均GDP	正	27.06
	城镇居民人均可支配收入	正	21.94
	农村居民人均可支配收入	正	24.67
	城镇单位就业人员平均工资	正	26.32
共同度指数	基尼系数	负	55.21
	城乡居民收入倍差	负	6.70
	城镇化率	正	38.09

资料来源:郑石明,邹克,李红霞.绿色发展促进共同富裕:理论阐释与实证研究[J].政治学研究,2022(2):52-65,168-169.

注:城乡居民收入倍差=城镇居民人均可支配收入/农村居民人均可支配收入;城镇化率=城镇常住人口数/常住人口数。

基于表9-1的共同富裕评价指标体系,进一步测算中国各个省份在2000—2021年的变化情况,首先测算得到2000—2010年各个省份的富裕度指数、2000—2020年各个省份的富裕度指数,以呈现不同时间段的富裕度变化情况。其次,测算得到2000—2020年各个省份构成富裕度指数的二级指标的变化情况,如省份人均GDP、农村居民人均可支配收入、城镇单位就业人员平均工资、城镇居民人均可支配收入,测算结果如表9-2所示。

从2000—2010年的富裕度水平变化情况来看,所有省份的富裕度均有提升,但各个省份的富裕度变动存在很大的差异性,其中富裕度提升幅度最大的省份是北京市,达到0.2526,提升幅度最小的省份是甘肃省,为0.0845,两者之间的差异巨大,这源于两个省份在经济发展水平、居民收入等方面存在较大差异。富裕度提升幅度最大的5个省份分别是北京市、上海市、浙江省、天津市、江苏省,这5个省份的共同特点是均位于东部地区,而富裕度提升幅度最小的5个省份为甘肃省、贵州省、云南省、青海省、黑龙江省,这5个省份大多位于西部地区。

进一步将时间延长,从2000—2020年的变化情况来看,不同省份的富裕度整体上均有了大幅提高,富裕度水平进一步提升,但值得注意的是,富裕度水平在不同省份的差异也出现了不同程度的变化,2000—2020年富裕度水平提升幅度最大的5个省份依次为上海、北京、浙江、江苏、天津,而提升幅度最小的5个省份依次为甘肃、黑龙江、河南、贵州、广西,这5个省份均位于中西部(东北)内陆地区。由此可以看出,中国不同省份的富裕度水平整体呈增长趋势,但省份之间的增长差异巨大,在不同时间段内各省份在全国的富裕度指数排名也发生了不同程度的变化。

表 9-2 2000—2020 年中国各省份（不含港澳台）富裕度指数变化

省份	富裕度 (2000—2010 年)	富裕度 (2000—2020 年)	人均 GDP/元 (2000—2020 年)	农村居民人均可支配收入/元 (2000—2020 年)	城镇单位就业人员平均工资/元 (2000—2020 年)	城镇居民人均可支配收入/元 (2000—2020 年)
北京	0.252 6	0.849 8	158 966	28 770	172 145	70 928
天津	0.187 0	0.570 3	97 496	24 357	109 629	43 540
河北	0.109 7	0.364 3	47 206	15 695	73 083	34 149
山西	0.115 1	0.361 9	59 099	13 358	72 393	32 718
内蒙古	0.136 7	0.443 0	78 920	16 279	83 571	39 225
辽宁	0.127 4	0.409 8	53 849	16 879	86 629	37 643
吉林	0.113 1	0.375 9	48 804	15 613	86 629	30 881
黑龙江	0.099 9	0.340 6	39 751	15 753	74 409	28 665
上海	0.246 9	0.856 0	143 323	32 949	174 357	70 648
江苏	0.171 4	0.592 4	125 274	23 200	86 629	50 988
浙江	0.190 2	0.646 9	99 565	30 915	101 375	59 251
安徽	0.112 2	0.421 0	65 174	16 400	84 661	37 732
福建	0.135 7	0.518 9	105 745	19 984	83 437	43 856
江西	0.105 7	0.399 8	60 709	16 533	75 692	36 568
山东	0.134 1	0.450 8	72 467	18 131	84 624	40 649
河南	0.112 8	0.359 0	53 960	15 522	66 347	32 360
湖北	0.119 9	0.429 7	80 295	15 946	82 725	34 766
湖南	0.110 5	0.406 4	63 850	16 061	75 433	38 592
广东	0.140 6	0.514 5	85 468	18 694	105 099	45 336
广西	0.103 3	0.360 7	44 554	14 442	82 034	32 730
海南	0.104 2	0.402 5	56 909	15 868	88 210	34 881
重庆	0.118 0	0.454 4	80 496	16 200	94 199	37 351
四川	0.104 6	0.405 7	59 370	15 646	87 601	35 558
贵州	0.085 4	0.359 1	48 049	11 457	88 461	34 094
云南	0.087 7	0.383 0	52 872	12 689	93 827	34 628
西藏	0.103 2	0.446 9	52 259	15 602	118 526	39 044
陕西	0.114 1	0.397 6	70 392	13 273	80 960	35 615
甘肃	0.084 5	0.309 7	36 883	9 975	77 259	31 217
青海	0.098 4	0.380 4	51 260	12 100	100 569	32 524
宁夏	0.116 5	0.400 7	57 173	13 577	87 996	33 397
新疆	0.101 4	0.377 1	54 353	13 931	87 473	31 921

注：数据由作者计算得到。

从不同的时间段来看,第二阶段(2000—2020年)的富裕度年均增长幅度较大,省份之间的差异性也更大,相对而言,2000—2010年的富裕度年均增长幅度较小,其中有15个省份2000—2020年的富裕度提升幅度是2000—2010年的提升幅度的3.5倍以上(云南、西藏、贵州、四川、海南、重庆、青海、福建、江西、安徽、新疆、湖南、甘肃、广东、湖北),而其他诸多省份在2000—2020年的富裕度提升幅度也均高于2000—2010年的富裕度提升幅度。

从2000—2020年各个省份构成富裕度指数的二级指标的变化情况来看,各个省份人均GDP、农村居民人均可支配收入、城镇单位就业人员平均工资、城镇居民人均可支配收入均有所上升,但在不同维度下不同省份的提升也存在较大差异。就人均GDP而言,2000—2020年提升幅度最大的5个省份分别是北京、上海、江苏、福建、浙江;就农村居民人均可支配收入而言,2000—2020年提升幅度最大的5个省份分别是上海、浙江、北京、天津、江苏;就城镇单位就业人员平均工资而言,2000—2020年提升幅度最大的5个省份分别是上海、北京、西藏、天津、广东;就城镇居民人均可支配收入而言,2000—2020年提升幅度最大的5个省份分别是北京、上海、浙江、江苏、广东。由此不难看出,构成富裕度指数的二级指标的提升幅度均集中于东部省份,进而加权平均得到的富裕度也大多表现为东部省份较大幅度的提升。

在此基础上,进一步测算中国各个省份在2000—2010年的共同度指数、2000—2020年的共同度指数,以呈现不同时间段的共同度变化情况。其次,测算得到2000—2020年各个省份构成共同度指数的二级指标的变化情况,如基尼系数、城乡居民收入倍差、城镇化率。测算结果如表9-3所示。

表9-3 2000—2020年中国各省份(不含港澳台)共同度指数变化

省份	共同度 (2000—2010年)	共同度 (2000—2020年)	基尼系数 (2000—2020年)	城乡居民 收入倍差 (2000—2020年)	城镇化率 (2000—2020年)
北京	0.068 3	−0.112 7	0.044	0.112	0.1
天津	0.158 5	0.245 1	−0.056	0.024	0.125
河北	−0.210 6	0.119 3	0.008	−0.09	0.352
山西	−0.006 6	−0.163 9	0.08	0.028	0.275
内蒙古	−0.005 2	0.170 6	−0.018	−0.083	0.26
辽宁	−0.114 7	−0.086 7	0.044	0.667	0.179
吉林	0.267 1	0.208 4	−0.045	0.757	0.14
黑龙江	0.305 3	0.245 4	−0.053	0.291	0.152
上海	0.030 9	0.173 4	−0.05	0.034	0.001
江苏	−0.139 5	0.011 1	0.032	1.04	0.324
浙江	0.224 7	0.386 5	−0.087	0.265	0.213
安徽	0.282 1	0.139 3	−0.006	0.391	0.296
福建	0.341 7	0.187 7	−0.021	0.121	0.277

续表

省份	共同度 (2000—2010年)	共同度 (2000—2020年)	基尼系数 (2000—2020年)	城乡居民 收入倍差 (2000—2020年)	城镇化率 (2000—2020年)
江西	0.499 2	0.347 0	-0.062	0.684	0.338
山东	0.116 5	0.139 8	-0.012	-0.147	0.232
河南	-0.177 6	-0.193 3	0.095	0.451	0.341
湖北	0.278 2	0.344 5	-0.074	0.652	0.236
湖南	0.184 4	0.334 7	-0.06	0.141	0.309
广东	0.116 0	0.238 2	-0.044	-0.34	0.196
广西	-0.058 1	0.145 2	-0.009	-0.147	0.27
海南	-0.121 4	-0.018 6	0.032	-0.342	0.211
重庆	-0.196 7	-0.004 8	0.041	0.52	0.347
四川	0.163 4	0.360 6	-0.067	0.104	0.317
贵州	-0.168 1	0.132 5	-0.001	-0.518	0.308
云南	0.206 8	-0.012 4	0.036	-0.306	0.255
西藏	-0.042 4	-0.234 7	0.095	-2.207	0.167
陕西	0.349 5	0.304 6	-0.05	-0.703	0.301
甘肃	0.364 9	0.298 7	-0.051	-0.088	0.293
青海	0.305 9	0.131 9	-0.006	0.018	0.263
宁夏	-0.148 6	-0.083 2	0.064	-0.284	0.322
新疆	-0.349 1	-0.137 1	0.066	0.208	0.228

注：数据由作者计算得到。

从2000—2010年的共同度水平变化情况来看，有些省份的共同度呈上升趋势，有些省份的共同度呈下降趋势，并且各个省份的共同度变动存在很大的差异，其中，共同度提升幅度最大的省份是江西，达到0.499 2，下降幅度最大的省份是新疆，为-0.349 1，两者之间的差异巨大，这源于两个省份在居民收入、城镇化率等方面存在较大差异。共同度水平提升幅度最大的5个省份分别是江西、甘肃、陕西、福建、青海，而共同度下降幅度最大的5个省份为新疆、河北、重庆、河南、贵州。

进一步将时间延长，从2000—2020年的变化情况来看，不同省份的共同度的差异依然巨大，有些省份的共同度呈上升趋势，有些省份的共同度呈下降趋势，并且相较2000—2010年发生了不同程度的变化。2000—2020年，共同度水平提升幅度最大的5个省份依次为浙江、四川、江西、湖北、湖南，而下降幅度最大的5个省份依次为西藏、河南、山西、新疆、北京。由此可以看出，中国不同省份的共同度水平整体呈增长趋势，但省份之间的增长差异巨大，在不同时间段内省份在全国的共同度指数排名也出现了不同程度的变化。从不同的时间段来看，第二阶段（2000—2020年）的共同度年均增长幅度较大，省份之间的差异性也更大，相对而言，2000—2010年的共同度年均增长幅度较小，其中2000—2010年共同度指数上升的省份有18个，2000—2020年共同度指数上升的省份则有21个。

从2000—2020年各个省份构成共同度指数的二级指标的变化情况来看，各个省份在基尼系数、城乡居民收入倍差、城镇化率等方面均有所不同,在不同维度下不同省份的变化也存在较大差异。就基尼系数而言,2000—2020年大多数省份的基尼系数出现了下降趋势,表明收入不平等现象得到了一定程度的缓解,但也有部分省份的基尼系数出现了上升,其中上升幅度最大的5个省份分别是河南、西藏、山西、新疆、宁夏,意味着这些省份的不平等现象存在加重的趋势。就城乡居民收入倍差而言,只有12个省份的城乡居民收入倍差在2000—2020年呈下降态势,而其他大多数省份的城乡居民收入倍差在2000—2020年依然呈现上升趋势,其中提升幅度最大的5个省份分别是江苏、吉林、江西、辽宁、湖北,意味着这些省份的城乡居民收入差距依然呈现较大的扩大态势。就城镇化率而言,所有省份的城镇化率在2000—2020年均有所提升,其中提升幅度最大的5个省份分别是河北、重庆、河南、江西、江苏。由此不难看出,构成共同度指数的二级指标的提升幅度在不同省份间存在较大差异,继而造成了共同度在不同省份的巨大差异性。

最后,根据测算结果,绘制富裕度指数和共同度指数的逐年变化情况,如图9-1所示。可以看出,从全国所有省份而言,富裕度指数在2000—2020年呈现逐年上升趋势,而共同度指数在2000—2020年整体呈现上升趋势,但在某些年份波动较大。

(二)推动共同富裕的必要性

党的二十大报告指出:"在充分肯定党和国家事业取得举世瞩目成就的同时,必须清醒看到,我们的工作还存在一些不足,面临不少困难和问题。主要有:发展不平衡不充分问题仍然突出,推进高质量发展还有许多卡点瓶颈,科技创新能力还不强;确保粮食、能源、产业链供应链可靠安全和防范金融风险还须解决许多重大问题;重点领域改革还有不少硬骨头要啃;意识形态领域存在不少挑战;城乡区域发展和收入分配差距仍然较大;群众在就业、教育、医疗、托育、养老、住房等方面面临不少难题。"

在涉及民生福祉和人民生活品质方面,依然存在不少困难和问题,这些问题已经成为经济社会发展的阻碍因素,都是实现共同富裕过程中要逐步解决的问题。

1. 发展不平衡不充分问题仍然突出

我国经过改革开放40多年的发展,经济实力和综合国力实现了重大突破,但多年持续的高速发展也积累了若干结构性的问题。我国经济总量已稳居世界第二,经济始终保持高速或中高速增长,但社会发展相对滞后,教育、医疗、社会保障等基本公共服务总量不足,均等化程度偏低。区域之间、城乡之间发展不平衡,从总体上来看,我国东、中、西各个区域的城乡居民生活不断改善,基础设施建设、社会保障体系、收入增长率都稳步推进与提升,但是在实际的发展过程中,中西部地区经济和社会发展水平与东部地区还有不小的差距。近年来,东北地区的经济又出现了增速明显下滑的问题。

2. 居民收入差距扩大的问题依然突出

分配制度是促进共同富裕的基础性制度,然而当前中国居民的收入差距问题依然比较突出,中国居民的收入差距在过去很长一段时间经历了先上升后下降到高位波动的变化过

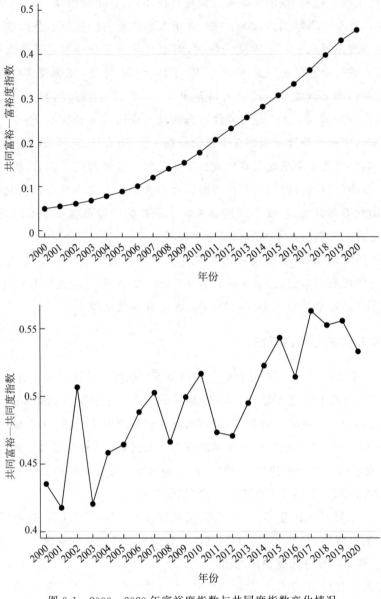

图 9-1 2000—2020 年富裕度指数与共同度指数变化情况

程。20 世纪 80 年代初期全国基尼系数为 0.3 左右,从 80 年代中期起居民收入差距出现了较长时间的扩大过程,到了 2008 年基尼系数达到 0.49。根据国家统计局的估计,2003—2008 年中国居民收入差距的基尼系数呈现持续上升的趋势,在 2009—2015 年全国基尼系数呈现持续下降的态势,然而近几年又有所反弹,2020 年的基尼系数仍在 0.47 左右。也就是说,在过去 10 多年中全国收入差距处于一种高位波动的状态,并没有出现一个长期、持续、稳定的下降趋势。应着力促进全体人民共同富裕,坚决防止两极分化,防止居民收入差距持续扩大。

3. 基本公共服务均等化程度低

不均等的公共服务构成了一个新挑战,作为再分配过程的重要工具,基本公共服务均等化是解决收入分配不公、实现社会公平的主要形式。推进基本公共服务均等化,对早日实现共同富裕具有十分重要的意义。步入21世纪以来,我国基本公共服务均等化取得了一定的进展,2022年《中国统计年鉴》数据显示,截至2021年底,义务教育均衡发展深入推进,国民受教育机会显著增加,我国九年义务教育巩固率达95.4%,高中阶段毛入学率提升至91.4%,高等教育毛入学率达57.8%。实施就业优先战略,公共就业创业服务和职业培训不断强化,截至2021年底,全国就业总人数达到74 652万人,就业率达到95.7%;城镇登记失业率较2020年相比下降0.28个百分点。覆盖城乡的社会保障体系进一步健全,城乡居民养老保险制度实现整合。基本公共文化体育服务惠及更多人群,《2021年度人力资源和社会保障事业发展统计公报》数据显示,2021年,全国共有公共图书馆3 215个,群众文化机构数达43 531个,广播节目、电视节目综合人口覆盖率分别达到99.48%、99.66%。但是按照共同富裕的标准,实现基本公共服务均等化仍需作出更大的努力,仍需大力解决城乡间、地区间和人群间享受的基本公共服务水平和质量的差异。

深刻认识共同富裕是中国式现代化的重要特征,对于全面建设社会主义现代化国家具有重要意义。总之,当前推进共同富裕恰逢其时。

第二节 对外开放与贫富差距的缩小

一、发展中国家贸易开放与贫富差距的有关理论分析

在过去的40多年中,发展中国家实施了大规模的贸易开放政策,以积极融入全球贸易分工体系,进出口贸易成为其国民经济发展的重要推动力,并且发展中国家贸易规模发展迅速,约占全球贸易规模的40%。过去很长一段时间,发展中国家在全球出口中所占的份额大幅上升,这在很大程度上是由中国、印度等发展中国家在世界出口中所占份额的增加所推动的。《中国贸易外经统计年鉴》的数据显示,中国出口额占世界出口总额的比重从1980年的0.9%上升到1990年的1.8%、2000年的3.9%、2010年的10.3%、2020年的14.7%,2021年达到15.1%,连续多年位居世界第一。与此同时,发展中国家经济增长对国际贸易的依赖远超以往,世界银行数据库显示,印度商品出口额占GDP的比例从1990年的4.0%上升至2021年的12.4%,商品进口额占GDP的比例从1990年的7.3%上升至2021年的18.0%。我国的商品出口额占GDP的比例从1990年的8.0%上升至2021年的17.4%,商品进口额占GDP的比例则从1990年的5.8%上升至2021年的14.6%。综上所述,发展中国家的全球一体化程度大幅提升。

国民收入增长、运输成本下降以及贸易政策壁垒减少是国际贸易增长的重要推动因

素,发达国家的平均进口关税不到5%。随着经济全球化的发展,诸多发展中国家相继实施了规模性、全领域的贸易自由化措施,削减进口关税,开放国内市场,包括20世纪70年代的智利与其他拉丁美洲国家,20世纪80年代和90年代初的哥伦比亚、巴西和印度。为了更好地融入经济全球化,我国不断推进改革开放,并于2001年底加入世界贸易组织。来自世界综合贸易方案中的关税数据库的资料显示,我国进口关税水平从1992年的42.26%下降到2001年的15.92%,并逐步下降至8.33%。

发展中国家的贸易开放为了解国际贸易如何影响一个国家的增长、不平等和贫困提供了极好的环境。政策变化的巨大规模和其他特征有助于从影响增长、贫困和不平等的其他因素中确定贸易政策的影响。此外,发展中国家贸易开放进程中的贸易政策变化性质各不相同,有些国家贸易开放的重点是降低国内进口关税,促进国内生产者更好面对进口竞争,进而使国内生产者获得更便宜和种类更多的生产投入。有些国家的贸易改革重点主要是将进入高收入和低收入贸易伙伴出口市场的成本降低,为国内生产者提供新的出口机会。还有一些国家同时降低了国内外市场的进口关税。这有助于理解进出口如何影响发展中国家的不平等和贫困。学界普遍认为,国际贸易最能通过对经济增长的影响来影响贫困。经济增长使许多人摆脱了极端贫困,并在过去40多年促成了中国和印度等国家中产阶层的壮大。

根据要素禀赋理论,一方面,贸易开放使资本相对丰裕国家的资本密集型产品的相对价格上升,进而使该国对资本的需求提高,对劳动力的需求下降,从而导致劳动力就业下降;另一方面,贸易开放使劳动力相对丰裕国家的劳动密集型产品的相对价格上升,进而使该国对劳动力的需求提高,从而导致劳动力就业上升。此外,贸易开放导致的劳动力需求变化使劳动力在行业内或行业间流动,进而影响不同行业间劳动力之间的收入不平等。在特定生产要素模型中,贸易导致的收入分配效应主要是因为生产要素在短期内存在较高的流动成本。然而,这两种新古典主义理论所分析的贸易分配效应均体现在国家层面,2010年以来10多年的实证研究主要侧重于国家内部不同地区劳动力市场的产业构成差异如何导致该地区在国际贸易冲击下的分配差异。经济活动最显著的特征之一是企业生产、贸易往来和劳动力收入在地理空间上的不均匀分布,这种经济活动的集中在城市表现得最为明显。因此,空间地理逐渐成为考察国际贸易分配效应的重要维度。

从国际经验来看,有关研究表明,尽管印度不同地区的贫困发生率在20世纪90年代均呈现急剧下降趋势,但与相对受影响较小的地区相比,进口关税削减程度较高地区的贫困发生率明显降低。平均而言,进口关税削减导致当地的贫困发生率下降11%～12%,而未受关税影响的地区贫困发生率则下降14%。巴西的贸易开放导致了地区间持续的动态差异,贸易开放20年以后关税变化对地区收入的影响大约是贸易开放10年以后影响的3倍。

二、中国对外开放进程与实践

改革开放以来,中国逐步放弃进口替代战略并逐步朝市场化方面进行了综合配套改革,大幅度削减进口关税税率和取消非关税壁垒,如进一步放开进出口商品经营权,减少进口数量限制。这一时期中国的进口关税水平大幅下降,从1992年的42.26%下降到2001年的15.92%(图9-2)。这一阶段中国逐步放弃进口替代战略,中国的进口规模从1992年的805.85亿美元上升到2001年的2 438.53亿美元,进口规模增加了2.03倍。[①] 这一时期多数年份为贸易逆差,只有少数年份出现了贸易顺差,并且工业制成品与初级产品进口的规模差异逐年扩大。中国于2001年底加入WTO,实施了诸多贸易自由化政策,进口关税进一步削减,2002年1月与美国正式确立永久性的正常贸易关系,取消诸多非关税壁垒,外商直接投资管制进一步放松。对外贸易的便利化程度大幅提高,例如,进口关税水平从2001年的15.92%进一步降到了2010年的8.33%。"十五"计划(2001—2005年)指出"增加国内急需的关键技术装备和重要资源的进口"。"十一五"规划(2006—2010年)指出"鼓励进口先进技术设备和国内短缺资源,完善大宗商品进出口协调机制",以及"着重引进先进技术、管理经验和高素质人才,做好引进技术的消化吸收和创新提高"。2006年,中国外贸政策发生重大调整,明确提出"积极扩大进口"。中国的市场更加开放,对外开放水平进一步提高。这一阶段中国进口关税进一步削减,取消诸多非关税壁垒。中国的外贸增长呈现的主要特征是"大进大出",进口规模进入快速增长阶段,从2001年的2 438.53亿美元上升到2012年的18 184.05亿美元,进口规模提高了6.46倍(图9-3)。虽然在2008年受全球金融危机的影响出现了短暂的下滑,但随后在2009年和2010年增长速度得以恢复。原材料和中间投入品是进口的主要构成,这一时期中国的加工贸易快速增长,中国成为"世界工厂"。另外,进口规模的扩大直接导致中国工业制成品生产能力的提升,有200多种产品的生产能力位居世界首位。

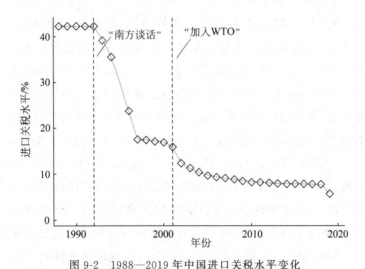

图9-2 1988—2019年中国进口关税水平变化

资料来源:世界综合贸易解决方案中的关税数据库(WITS-TRAINS数据库)。

2012年,商务部发布《对外贸易发展"十二五"规划》,提出"实施积极主动的进口战略",

---

① 数据来源:作者根据世界综合贸易方案(World Integrated Trade Solution,WITS)数据测算得到。

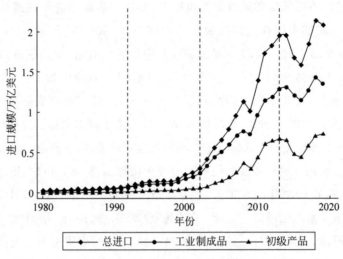

图 9-3 1980—2019 年中国进口规模变化情况

资料来源：历年《中国统计年鉴》。

增强进口主动权,进一步扩大进口规模。党的十八大以来,中国逐步推行积极扩大进口的政策措施。"十三五"规划指出"实施优进优出战略"以及"积极扩大进口,优化进口结构,更多进口先进技术装备和优质消费品"。对外贸易政策由过去的以"走出去"战略为主逐步转变为"坚持出口与进口并重"。2018 年,习近平主席在海南博鳌亚洲论坛的主旨演讲中指出,在新一轮对外开放的重大举措中更加重视进口作用,将"主动扩大进口"作为中国尽快实施的四个对外开放重要举措之一。

这一阶段,中国采取了积极扩大进口的政策措施,进口规模整体呈上升趋势,其中 2013—2015 年出现了下降,这与全球贸易需求下降及出口增速放缓有关。2016 年及以后进口规模呈现上升趋势,并且最终消费品进口扩大,如汽车、科技生活品、高端装备、医疗器械等高质量产品成为进口博览会的主要产品展区。国内需求增加和经济结构调整是进口规模增加的最大动力,积极的贸易政策实施以及稳定的国际贸易发展环境使中国的进口贸易进入快速增长时期。但值得注意的是,这一趋势在 2008 年国际金融危机之后发生了变化,受全球需求层面的周期性因素与供给层面的结构性因素共同驱动的影响,2010 年以后全球贸易发展呈现低速增长甚至负增长的疲软态势。同时期中国的外贸发展呈现与全球总体贸易相似的变化趋势,中国的进口增长率由 2010 年的 31.1% 下降到 2013 年的 7.8%,并在 2015—2016 年出现了负增长。① 虽然近几年全球贸易和中国贸易增速有所回升,但可以预见,由于中美贸易摩擦、国际政治经济风险凸显等不确定性事件的频发,未来的国际贸易增长形势依然不容乐观。

对外开放地区差异巨大。从 2002—2019 年的进口规模变化情况来看,不同省份的进口规模整体上均有了大幅度增长,进口规模进一步扩大,但值得注意的是,进口规模在不同省

---

① 数据来源：作者根据世界综合贸易方案数据测算得到。

份间的差异发生了变化,进口规模最大的 5 个省份依次为北京、广东、上海、江苏、山东,而最小的 5 个省份依次为西藏、青海、宁夏、甘肃和新疆,这 5 个省份大部分位于西北内陆地区。由此可以看出,中国不同省份的进口规模整体呈增长趋势,但省份之间的增长差异巨大,在不同时间段内各省份在全国的进口排名发生了不同程度的变化。

在新的历史时期,《中华人民共和国国民经济和社会发展第十四个五年规划和 2035 年远景目标纲要》指出:"实行高水平对外开放 开拓合作共赢新局面。"坚持实施更大范围、更宽领域、更深层次对外开放,依托我国超大规模市场优势,促进国际合作,实现互利共赢,推动共建"一带一路"行稳致远,推动构建人类命运共同体。"十四五"时期,中国将进入新发展阶段,在新发展理念引领下构建以国内大循环为主体、国内国际双循环相互促进的新发展格局。依托我国超大市场的规模效应,以扩大内需为战略基点,利用创新驱动、高质量供给引领并创造新的需求。党的二十大报告指出:"推进高水平对外开放。依托我国超大规模市场优势,以国内大循环吸引全球资源要素,增强国内国际两个市场两种资源联动效应,提升贸易投资合作质量和水平。稳步扩大规则、规制、管理、标准等制度型开放。"

三、中国的对外开放与贫富差距关系

国际贸易可以促进经济结构变革和劳动力从农业到制造业部门的重新分配,也可以促进区域经济发展。在贸易开放如何通过出口拉动型增长帮助农村摆脱贫困方面,中国无疑是一个典范。事实上,自 20 世纪 80 年代以来,中国许多劳动力从农村地区转移到城市地区,由之前从事的农业部门转移到制造业部门。劳动力迁移以及生产力的提高,为中国的贫困人口大幅减少作出了重大贡献。除了基础设施、私有化、国有企业重组方面的大规模投资的内部改革以外,中国的贸易开放在提高制造业生产率方面也发挥了重大作用。中国加入 WTO,在削减进口关税的同时,与美国建立了正常的贸易关系,减小了主要出口目的国贸易政策的不确定性,进而增加了中国企业对美国的出口。事实上,贸易开放促进了经济结构转型和工人从农业向制造业的再分配。根据中国县域原有的产业结构,受贸易政策变化影响更大的县的农业就业和产出在萎缩,而制造业和服务业的就业与产出在扩大。在贸易政策改变后,受影响较大县的 GDP 和人均 GDP 有更为明显的提高,并且外国直接投资的流入和出口增长在这一过程中也发挥了重要作用。

第三节 推进共同富裕的基本路径

一、推进共同富裕的原则

深入研究不同阶段的目标,分阶段促进共同富裕:到"十四五"末,全体人民共同富裕迈

出坚实步伐,居民收入和实际消费水平差距逐步缩小。到2035年,全体人民共同富裕取得更为明显的实质性进展,基本公共服务实现均等化。到21世纪中叶,全体人民共同富裕基本实现,居民收入和实际消费水平差距缩小到合理区间。此外,《中华人民共和国国民经济和社会发展第十四个五年规划和2035年远景目标纲要》也指出:"展望2035年……人民生活更加美好,人的全面发展、全体人民共同富裕取得更为明显的实质性进展。"

推进共同富裕,要把握好以下原则。

(1) 鼓励勤劳创新致富。幸福生活都是奋斗出来的,共同富裕要靠勤劳智慧来创造。要坚持在发展中保障和改善民生,把推动高质量发展放在首位,为人民提高受教育程度、增强发展能力创造更加普惠公平的条件,提升全社会人力资本和专业技能,提高就业创业能力,增强致富本领。要防止社会阶层固化,畅通向上流动通道,给更多人创造致富机会,形成人人参与的发展环境,避免"内卷""躺平"。

(2) 坚持基本经济制度。要立足社会主义初级阶段,坚持"两个毫不动摇"。要坚持公有制为主体、多种所有制经济共同发展,大力发挥公有制经济在促进共同富裕中的重要作用,同时要促进非公有制经济健康发展、非公有制经济人士健康成长。要允许一部分人先富起来,同时要强调先富带后富、帮后富,重点鼓励辛勤劳动、合法经营、敢于创业的致富带头人。不提倡靠偏门致富,违法违规的要依法处理。

(3) 尽力而为,量力而行。要建立科学的公共政策体系,把蛋糕分好,形成人人享有的合理分配格局。要以更大的力度、更实的举措让人民群众有更多获得感。同时,也要看到,我国发展水平离发达国家还有很大差距。要统筹需要和可能,把保障和改善民生建立在经济发展和财力可持续的基础之上,不要好高骛远,做兑现不了的承诺。政府不能什么都包,重点是加强基础性、普惠性、兜底性民生保障建设。即使将来发展水平更高、财力更雄厚,也不能提过高的目标、搞过头的保障,坚决防止落入"福利主义"养懒汉的陷阱。

(4) 坚持循序渐进。共同富裕是一个长远目标,需要一个过程,不可能一蹴而就,对其长期性、艰巨性、复杂性要有充分估计,办好这件事,等不得,也急不得。一些发达国家工业化搞了几百年,但由于社会制度原因,到现在共同富裕问题仍未解决,贫富悬殊问题反而越来越严重。我们要有耐心,实打实地一件事一件事办好,提高实效。要抓好浙江共同富裕示范区建设,鼓励各地因地制宜探索有效路径,总结经验,逐步推开。

二、推动共同富裕的路径选择

党的二十大报告指出:"我们要实现好、维护好、发展好最广大人民根本利益,紧紧抓住人民最关心最直接最现实的利益问题,坚持尽力而为、量力而行,深入群众、深入基层,采取更多惠民生、暖民心举措,着力解决好人民群众急难愁盼问题,健全基本公共服务体系,提高公共服务水平,增强均衡性和可及性,扎实推进共同富裕。"总的思路是,坚持以人民为中心的发展思想,在高质量发展中促进共同富裕,正确处理效率和公平的关系,构建初次分配、再分配、三次分配协调配套的基础性制度安排,加大税收、社保、转移支付等调节力度并提高精准性,扩大中等收入群体比重,增加低收入群体收入,合理调节高收入,取缔非法收入,形成中间大、两头小的橄榄形分配结构,促进社会公平正义,促进人的全面发展,使全体人民朝着共同富裕目标扎实迈进。

(1) 提高发展的平衡性、协调性、包容性。要加快完善社会主义市场经济体制,推动发展更平衡、更协调、更包容。要增强区域发展的平衡性,实施区域重大战略和区域协调发展战略,健全转移支付制度,缩小区域人均财政支出差异,加大对欠发达地区的支持力度。要强化行业发展的协调性,加快垄断行业改革,推动金融、房地产同实体经济协调发展。要支持中小企业发展,构建大中小企业相互依存、相互促进的企业发展生态。

(2) 着力扩大中等收入群体规模。要抓住重点、精准施策,推动更多低收入人群迈入中等收入行列。高校毕业生是有望进入中等收入群体的重要方面,要提高高等教育质量,做到学有专长、学有所用,帮助他们尽快适应社会发展需要。技术工人也是中等收入群体的重要组成部分,要加大技能人才培养力度,提高技术工人工资待遇,吸引更多高素质人才加入技术工人队伍。中小企业主和个体工商户是创业致富的重要群体,要改善营商环境、减轻税费负担,提供更多市场化的金融服务,帮助他们稳定经营、持续增收。进城农业转移人口是中等收入群体的重要来源,要深化户籍制度改革,解决好农业转移人口随迁子女教育等问题,让他们安心进城、稳定就业。要适当提高公务员特别是基层一线公务员及国有企事业单位基层职工的工资待遇。要增加城乡居民住房、农村土地、金融资产等各类财产性收入。

(3) 促进基本公共服务均等化。低收入群体是促进共同富裕的重点帮扶保障人群。要加大普惠性人力资本投入,有效减轻困难家庭教育负担,提高低收入群体子女受教育水平。要完善养老和医疗保障体系,逐步缩小职工与居民、城市与农村的筹资和保障待遇差距,逐步提高城乡居民基本养老金水平。要完善兜底救助体系,加快缩小社会救助的城乡标准差异,逐步提高城乡最低生活保障水平,兜住基本生活底线。要完善住房供应和保障体系,坚持"房子是用来住的,不是用来炒的"定位,租购并举,因城施策,完善长租房政策,扩大保障性租赁住房供给,重点解决新市民住房问题。

(4) 加强对高收入的规范和调节。在依法保护合法收入的同时,要防止两极分化、消除分配不公。要合理调节过高收入,完善个人所得税制度,规范资本性所得管理。要积极稳妥推进房地产税立法和改革,做好试点工作。要加大消费环节税收调节力度,研究扩大消费税征收范围。要加强公益慈善事业规范管理,完善税收优惠政策,鼓励高收入人群和企业更多回报社会。要清理规范不合理收入,加大对垄断行业和国有企业的收入分配管理,整顿收入分配秩序,清理借改革之名变相增加高管收入等分配乱象。要坚决取缔非法收入,坚决遏制权钱交易,坚决打击内幕交易、操纵股市、财务造假、偷税漏税等获取非法收入行为。经过多年探索,我们解决了贫困问题,但在如何致富问题上还要探索积累经验。要保护知识产权,保护合法致富。要坚决反对资本无序扩张,对敏感领域准入划出负面清单,加强反垄断监管。同时,也要调动企业家积极性,促进各类资本规范健康发展。

(5) 促进人民精神生活共同富裕。促进共同富裕与促进人的全面发展是高度统一的。要强化社会主义核心价值观引领,加强爱国主义、集体主义、社会主义教育,发展公共文化事业,完善公共文化服务体系,不断满足人民群众多样化、多层次、多方面的精神文化需求。要加强促进共同富裕舆论引导,澄清各种模糊认识,防止急于求成和畏难情绪,为促进共同富裕提供良好舆论环境。

(6) 促进农民农村共同富裕。促进共同富裕,最艰巨、最繁重的任务仍然在农村。要全面推进乡村振兴,加快农业产业化,盘活农村资产,增加农民财产性收入,使更多农村居民勤劳致富。要加强农村基础设施和公共服务体系建设,改善农村人居环境。实施乡村振兴战略是实现全体人民共同富裕的必然选择。农业强不强、农村美不美、农民富不富,关乎亿万农民的获得感、幸福感、安全感。乡村振兴,生活富裕是根本。实施乡村振兴战略,不断拓宽农民增收渠道,全面改善农村生产生活条件,促进社会公平正义,有利于增进农民福祉,让亿万农民走上共同富裕的道路,汇聚起建设社会主义现代化强国的磅礴力量。

(7) 进一步扩大开放,通过高水平的对外开放来加快建设共同富裕的步伐。如上所述,发展中国家的贸易开放对于缩小贫富差距具有一定的正面影响和效应,为此,我们要持续提升出口贸易质量,坚持扩大进口的基本国策,同时进一步扩大和深化国内自由贸易试验区的地理辐射范围与改革措施成效,推动和形成高水平对外开放格局,为缩小贫富差距,实现共同富裕提供有利的外部渠道和途径。

最后,值得提出的是,像全面建成小康社会一样,全体人民共同富裕是一个总体概念,是对全社会而言的,不能分成城市一块、农村一块,或者东部、中部、西部地区各一块,各提各的指标,要从全局上来把握和理解。要实现14亿多人共同富裕,必须脚踏实地,不是所有人都同时富裕,也不是所有地区同时达到一个富裕水准,不同人群不仅实现富裕的程度有高有低,时间上也会有先有后,不同地区富裕程度还会存在一定差异,不可能齐头并进。这是一个在动态中向前发展的过程,要持续推动,不断取得成效,从而达到最终的社会主义共同富裕目标。

【本章复习思考题】

1. 阐述共同富裕的内涵和必要性。
2. 分析中国对外开放与共同富裕的关系。
3. 考察中国扎实推进共同富裕的路径选择。

【本章荐读书目】

1. 厉以宁,黄奇帆,刘世锦,等.共同富裕:科学内涵与实现路径[M].北京:中信出版集团,2021.
2. 皮凯蒂.21世纪资本论[M].北京:中信出版社,2014.

3.贾康,苏京春.共同富裕:"先富共富"的中国梦[M].广州:广东经济出版社,2022.

【即测即练】

教师服务

感谢您选用清华大学出版社的教材！为了更好地服务教学，我们为授课教师提供本书的教学辅助资源，以及本学科重点教材信息。请您扫码获取。

》 教辅获取

本书教辅资源，授课教师扫码获取

》 样书赠送

国际经济与贸易类重点教材，教师扫码获取样书

 清华大学出版社

E-mail：tupfuwu@163.com
电话：010-83470332 / 83470142
地址：北京市海淀区双清路学研大厦 B 座 509

网址：https://www.tup.com.cn/
传真：8610-83470107
邮编：100084